公路跨海大桥
工程监理实务

◎胡昌炳　庄　勇　编著

人民交通出版社

内 容 简 介

本书以东海大桥工程以及建设中的上海崇明越江通道长江大桥工程为依托，针对公路跨海大桥工程监理特点，阐述了工程监理的准备工作、工程自然条件、工程质量监理、工程进度监理、安全监理以及工程监理的收尾工作，重点对从事公路跨海大桥工程监理人员必须具备的知识和相关经验进行介绍和总结。

本书可供从事公路跨海大桥工程以及其他桥梁工程监理人员使用，也可供从事桥梁工程管理、设计、施工、咨询以及科研人员和大专院校师生参考。

图书在版编目(CIP)数据

公路跨海大桥工程监理实务/胡昌炳，庄勇编著．—北京：人民交通出版社，2007.7

ISBN 978-7-114-06642-9

Ⅰ．公… Ⅱ．①胡…②庄… Ⅲ．公路桥：跨海峡桥-工程施工-监督管理 Ⅳ．U448.14

中国版本图书馆 CIP 数据核字(2007)第 090900 号

书　　名：公路跨海大桥工程监理实务
著 作 者：胡昌炳　庄　勇
责任编辑：沈鸿雁　丁润铎
出版发行：人民交通出版社
地　　址：(100011)北京市朝阳区安定门外外馆斜街 3 号
网　　址：http://www.ccpress.com.cn
销售电话：(010)85285838，85285995
总 经 销：北京中交盛世书刊有限公司
经　　销：各地新华书店
印　　刷：北京牛山世兴印刷厂
开　　本：787×960　1/16
印　　张：16.25
字　　数：264 千
版　　次：2007 年 7 月第 1 版
印　　次：2007 年 7 月第 1 次印刷
书　　号：ISBN 978-7-114-06642-9
定　　价：40.00 元

序

自我国首座真正意义上的超长外海公路跨海大桥——东海大桥开始，在我国沿海，一批公路跨海大桥相继进入了建设或规划之中。

东海大桥位于杭州湾口无遮蔽海域，联结远离陆域逾30多公里的外孤岛。由于地处海洋环境，其工程具有建设条件复杂，建设规模巨大，工艺内容繁多，防腐要求高，工程建设需求量多、投入大，工期压力大，管理跨度大、难度高等鲜明的特殊性，这些同时也对公路跨海大桥的建造技术提出了新的课题。东海大桥的桥梁建设者克服了大桥建设过程中所遇到的种种困难，成功攻克了一系列公路跨海大桥建造的关键技术。从某种意义上说，东海大桥的建成，体现了当代中国的桥梁建设水平，对我国外海大桥建设作出有益尝试，积累了宝贵经验，为我国超长公路跨海大桥的建设开启了新篇章；但从客观和全局来看，我国公路跨海大桥的建设尚处于起步阶段，关键技术在细节和创新上仍需进一步完善和跨越，作为实务则更需经验的累积和提炼。

本书编者所在的中铁武汉大桥工程咨询监理有限公司作为主办单位承担了东海大桥工程的施工监理工作。本书编者之一的胡昌炳同志是东海大桥工程常务副总监，参与了大桥工程监理工作的全过程；另一编者庄勇同志是东海大桥工程监理联合体组长，直接参与并领导了全桥的监理工作。在东海大桥的建设过程中，他们是我的同事，和诸多业内同行一道奋战在大桥建设的第一线，他们和他们的同事一起创造的监理业绩经受了大桥工程实践的检验并受到了业内同行的广泛好评，对我国公路跨海大桥工程监理实务作出了有益探索。

难能可贵的是，他们不但出色地完成了东海大桥的监理工作任务，更将实践成果加以整理提炼，将这样一本著作呈现给了广大读者。从总体上来看，本书内容较为详尽，紧扣现行法律法规和技术规范标准，对我国公路跨海大桥监理工作进行了较好地总结，对我国公路桥梁工程监理，尤其是公路跨海大桥工程监理具有较高的参考价值。

在我个人看来，本书不仅仅是编者工作经验的成功总结，更是我国公路跨海大桥工程监理业务领域的一份珍贵财富。我相信，这本著作的出版对我国公路跨海大桥的建造技术的进步必将起到其应有的推动作用。在此，我也要向两位编者以及所有为我国桥梁事业发展进步添砖加瓦的专家学者致以崇高的敬意。

是为序。

方春汉

2007.5.15

前言

随着我国国民经济水平的提高与发展，自进入21世纪以来，在国内掀起了超长公路跨海大桥工程建设高潮，如长度为32.5km的东海大桥已经建成通车，长度为36km的杭州湾跨海大桥、长度为26.5km的舟山连岛工程金塘跨海大桥（其中跨海大桥长18.27km）以及长度为26.7km的青岛海湾大桥等超长公路跨海大桥工程正在修建之中。

公路跨海大桥工程建设不同于一般江、河、湖、海上的桥梁工程，它的显著特征是海洋环境的不同。宽阔海域中的风、浪、水流（海流）、潮汐等自然条件对公路跨海大桥工程设计方案、施工技术、施工装备、施工进度以及施工安全管理等提出了新的要求，增加了新的难度；海水及海洋大气中的氯离子等腐蚀桥梁结构物，对桥梁结构耐久性设计、施工及科研提出了新的课题。

我国桥梁建设者已经攻克了修建公路跨海大桥工程的某些关键技术。如，海上打桩GPS定位系统的研制成功，解决了打桩船在远离海岸水域打桩定位问题；借鉴海上石油钻井平台设计理念，研制了导管架施工平台技术，为在恶劣海域快速搭建桥梁施工平台开辟了新路；大型构件的预制—运输—安装等一体化施工工艺的研究，减少了跨海大桥工程非通航孔段海上施工作业量，提升了公路跨海大桥工程的建造速度；高性能混凝土在公路跨海大桥工程建设中研制和推广使用，提高了桥梁混凝土结构物的耐久性等。由于超长公路跨海大桥的建造在我国刚刚起步，某些技术和细节仍需要继续加以研究和完善，如桥梁结构物耐久性设计与施工技术措施、墩身预制安装中的湿接头裂缝问题、公路跨海大桥工程设计与施工所遵循的技术规范及标准问题、超长公路跨海大桥非通航孔段在运营过程中的防撞问题等。

尽管我国公路桥梁工程技术规范与标准体系较为完善，但在宽阔海域修建跨海大桥工程，仍缺乏某些可以遵照的技术规范与标准。目前公路跨海大桥工程建设借鉴了海港工程及其他行业的某些技术规范和经验，如海港水文规范、海港工程钢结构防腐蚀技术规定、港口工程桩基规范等，因此完善和补充公路跨海大桥工程所需要的技术规范和标准已迫在眉睫。

本书主要从工程监理的角度进行阐述，从施工监理准备工作开始，直至监理收尾工作结束，重点针对公路跨海大桥工程所处海洋环境特点，试图对从事公路跨海大桥工程监理工作所需具备的工程自然条件、质量与技术、进度、安全等方面知识和相关经验进行介绍和总结。

鉴于公路跨海大桥工程费用监理工作与一般公路桥梁工程无明显差异，且我国大型公共建筑工程的建设，多以业主为管理核心，工程费用监理主要是按照施工合同文件中的工程量清单、计量规则、计量程序等开展工作，监理机构处理工程变更费用、费用索赔等方面工作较少，故本书未涉及此方面内容。

本书共分六章：第一章，介绍了工程监理准备工作的内容，强调监理机构应协助业主构建全桥工程管理制度和程序，为全桥工程管理创造一个良好的开端；第二章，对公路跨海大桥工程自然条件进行简要介绍，了解和熟悉工程自然条件将会有助于开展公路跨海大桥工程监理工作；第三章，介绍了公路跨海大桥工程耐久性设计与施工、工程测量技术、施工船舶以及公路跨海大桥工程（常见结构类型）施工方法等，同时介绍了施工过程中可能会遇到的技术及质量问题以及处理这些问题的经验；第四章，介绍了公路跨海大桥工程参建各方的进度管理工作的内容及注意事项，同时介绍了东海大桥工程主要施工标段实际进度，以便以后类似工程借鉴；第五章，介绍了公路跨海大桥工程安全监理工作内容、程序、控制途径、安全管理制度、监理机构自身安全管理以及编者认为目前开展安全监理工作值得注意的问题；第六章，介绍了工程监理的收尾工作。

本书以东海大桥工程以及建设中的上海崇明越江通道长江大桥工程为依托，引用了正在建设中的杭州湾跨海大桥工程某些做法和经验，采用了部分作者在国内期刊杂志上发表的文章及观点，谨对这些作者表示感谢！

本书由中铁武汉大桥工程咨询监理有限公司胡昌炳、庄勇主编，徐烈审核。

中铁武汉大桥工程咨询监理有限公司张自荣、薛进、李超、李晓山、邓士明、刘伯勋、王龙酋、王军、罗先钰、杨建成、王晨等同志参与了部分编制和校核工作。

需要说明的是，书中附件是编者和同事们在监理工作中共同完成的，谨对大家表示深深的谢意！

限于编者认知水平，加之时间仓促，书中难免出现疏漏或错误，请读者甄别并不吝赐教！

编　者

2007 年 5 月 1 日

目　录

第一章　工程监理的准备工作

现阶段我国大型公共建筑工程建设管理大多是基于以业主为核心的管理模式,公路跨海大桥工程的建设也是如此。由于公路跨海大桥工程施工标段多,参建单位多,在施工准备工作阶段,由业主建立起适合本工程的“一套程序、一套制度、一套表式”并形成文件,使各承包商按照统一的规则不断调整和完善自身的管理体系。

由于各工程项目业主管理水平存在差异,工程条件与目标也不尽相同,监理机构在进场后,应了解有关程序、制度及表式建立情况,协助业主做好这方面的准备工作,力求工程施工有一个良好开端,同时,也是为监理机构创造一个良好的工作环境。

监理准备工作应在熟悉工程设计文件、熟悉全桥各标段施工组织设计、了解施工环境的基础上,进行相关风险分析,在监理规划中,列出全桥工程质量、安全、进度等关键控制点以及监理措施,以便在监理工作中有重点地实施控制。

工程监理的准备工作主要有:①组建监理组织机构;②设置工程管理程序与制度;③进行单位工程、分部及分项工程划分;④明确质量检验与评定标准;⑤编制工程表式;⑥建立施工技术文件清单与报审程序;⑦编制监理规划;⑧监理机构自身后勤保障建设等。本章仅对①~⑦项进行阐述。

第一节　监理组织机构

一、业主的组织模式

目前,我国跨海大桥的业主大多采用“一套班子,两块牌子”的组织模式,即建设公司和指挥部。建设公司主要承担建设资金的筹措工作,指挥部主要承担工程的管理工作,而指挥长一般由当地政府或部门行政领导人兼任。如东海大桥工程、杭州湾跨海大桥工程及舟山大陆连岛工程等项目。

业主的组织机构一般设置决策层和职能部门,决策层一般由指挥长、副指挥长、总工程师等组成，职能部门一般由工程管理部、设计管理部、计划合同部、财务部和办公室等组成。如东海大桥工程业主共配置管理人员约50人，负责32.5km长的大桥建设项目管理工作。

二、施工标段发包模式

公路跨海大桥工程一般具有工程规模大、投入资金大、建设周期长、施工环境恶劣等特点。目前多采用平行施工发包模式，即没有全桥总承包商，各标段承包商为平行关系，分别按照各自的施工承包合同完成自身施工任务。

采用平行发包模式的优点是，能够充分发挥各施工单位的优势；其缺点是，业主的工程管理和协调工作量大。如东海大桥工程主体结构共分为10个施工标段（全桥施工高峰期施工人员总数为13 500人），其中海上打桩工程由具有几十年海上打桩施工经验的中国港湾工程有限责任公司承担施工，70m大型箱梁预制与安装由具有几十年桥梁施工经验的中铁大桥局集团有限公司承担施工。

三、工程监理模式

目前，国内公路跨海大桥工程监理模式，主要有平行监理模式和总监理模式两种。

平行监理模式是由业主将全桥工程监理工作分标段进行监理招投标，平行发包给多个监理单位进行监理，各监理单位属于平行关系，分别组建驻地监理工程师办公室（简称驻地办），一个驻地办可以负责一个或两个甚至多个施工标段的监理工作。

总监理模式是由业主将全桥工程监理工作一次完成监理招投标，发包给一个监理单位（联合体）进行监理，由监理单位（联合体）组建总监理工程师办公室（简称总监办）和驻地办等二级监理机构。

采用平行监理模式的，主要有杭州湾跨海大桥工程以及舟山大陆连岛工程金塘跨海大桥工程等项目；采用总监理模式的，主要有东海大桥工程及上海崇明越江通道长江大桥工程等项目。

采用平行监理模式的，需要业主配置精通监理业务的管理人员，对全桥工程监理工作进行总体策划，制订有关监理的管理规则，并领导全桥监理工作，以便各监理单位统一开展工作。采用平行监理模式的优点是，可以发挥各监理单位的优势；其缺点是，业主对多个现场监理机构的管理与协调工作量大,业主人员配置数量较多。

采用总监理模式的,总监办负责全桥监理机构的总体管理,驻地办负责相应标段的日常监理工作。采用总监理模式的优点是,业主的工程管理和协调工作量小,可以减少业主管理人员配置数量,同时,总监办可以协助业主构建全桥有关工程管理程序、制度及表式;其缺点是,组建总监办需要监理单位派出业务素质较高的监理人员常驻现场,对监理单位人员素质相对要求较高。

四、监理组织机构模式

采用平行监理模式的,由中标监理单位组建驻地办,驻地监理工程师代表监理单位履行施工监理合同。监理组织机构一般采用直线制监理机构模式,一般应按照结构、试验、测量、安全以及合同等专业配置监理人员。

采用总监理模式的,由中标监理单位(联合体)组建总监办和驻地办,总监理工程师代表监理单位(联合体)履行施工监理合同。二级监理机构的职责划分由监理单位(联合体)确定,一般实行总监办领导下的驻地办负责制。监理机构一般采用直线职能制监理模式,即总监办设置职能部门负责全桥监理的策划、指导以及检查工作,一般应设置工程技术、工程安全、合同管理以及综合管理等部门,驻地办一般仍采用直线制模式,按照结构、试验、测量、安全以及合同等专业配置监理人员。

采用总监理模式的,为减少监理机构的内部管理难度和协调工作量,驻地办设置的个数应尽量少。驻地办设置的原则是,结合标段工程特点和标段地理位置等因素,一个驻地办可以监理一个或两个甚至多个施工标段,避免两个或两个以上驻地办监理同一个施工标段。

采用总监理模式的,在监理机构内部宜建立结构、试验、测量、安全四个监理体系,各体系定期或不定期举行会议,达到相互交流、统一尺度、提高监理机构工作效率和业务水平的目的;同时,各体系之间应明确工作接口,明确责任。

第二节　工程管理程序与制度

如果业主已经建立了有关本项目工程管理程序、制度以及工程表式,则监理机构在进驻施工现场后,应尽快熟悉和在工作中严格执行。

如果业主没有建立有关本项目工程管理程序、制度以及工程表式，则建议监理机构按照如下方式处置：若本项目采用的是总监理模式，则总监理工程师应就本项目工程的管理程序、制度以及工程表式与业主充分协商和沟通，然后写入监理规划和监理交底文件中，以便承包商、监理机构和业主在工程建设过程中共同遵循；若本项目采用的是平行监理模式，则驻地监理工程师应建议或提醒业主构建起全桥工程的管理程序、制度以及工程表式。

本节就公路跨海大桥工程管理程序与制度进行阐述，工程表式将在下节进行阐述。

一、主要管理程序

公路跨海大桥工程施工标段多，有必要制订全桥管理程序，以便统一和规范承包商和工程监理行为。

全桥主要管理程序由业主设定，采用总监理模式的，业主也可以委托总监办设定。

设定管理程序应依据法律法规、规范标准、施工标段发包模式、工程监理模式、施工合同以及监理合同等进行制订（由于各公路跨海大桥工程情况不尽相同，本书未能给出通用程序框图）。管理程序应简单明了，每个管理程序宜包括程序框图和使用说明两部分。

在进行施工招标时，由业主将主要管理程序纳入施工招标文件中，以便施工投标人响应。

公路跨海大桥工程主要管理程序如下：

（1）标段开工报审程序；

（2）分部分项工程开工报审程序；

（3）施工组织设计（施工方案或安全专项施工方案）报审程序；

（4）工程分包资格报审程序；

（5）工程原材料、半成品、成品报审程序；

（6）工程测量首级控制网复测程序；

（7）工程测量加密控制网测设程序；

（8）施工放样（验收）测量工作程序；

（9）试验与检测工作程序；

（10）大型机械、施工船舶、特殊工种作业人员资格报审程序；

（11）大型临时工程（设施）等验收程序；

（12）质量事故报告与处置程序；

(13)安全事故报告与处置程序;

(14)变更设计程序;

(15)计量支付程序;

(16)工程交工报验程序。

二、主要管理制度

公路跨海大桥工程施工标段多,有必要制订全桥管理制度,以便统一和规范承包商和工程监理行为。

全桥主要管理制度由业主设定,采用总监理模式的,业主也可以委托总监办设定。

设定管理制度应依据法律法规、规范标准,并结合施工标段发包模式、工程监理模式、施工合同、监理合同、工程不利环境因素以及重大危险源等进行制订(由于各公路跨海大桥工程情况不尽相同,本书未能给出具体管理制度)。管理制度应简单明了,必要时应附程序框图。

在进行施工招标时,由业主将主要管理制度纳入施工招标文件中,以便施工投标人响应。

公路跨海大桥工程主要管理制度如下。

1. 工程质量检验评定制度

全桥各施工标段应按照统一的单位工程、分部工程和分项工程划分进行施工管理和质量评定。

2. 工程资料填报制度

全桥各施工标段应按照统一的工程表式进行填报,各施工标段报送的文件份数(不同的文件,报送份数可能不同)应统一。

3. 设计文件统一发放制度

全桥设计文件包括图纸、设计说明、设计变更等,由业主统一发放给各承包商和监理机构(采用总监理模式的,也可以由总监办统一发放),避免错发、漏发、迟发设计文件的现象发生。设计文件上盖有三个图章(即设计出图章、设计审图章和发图章)者为有效图纸,避免用错。

4. 质量检查制度

采用总监理模式的,全桥工程质量检查由总监办组织,邀请业主参加,质量检查每月进行一次;每次工程质量检查结束后,由总监办对各标段存在的质量问题进行分析和整理,形成当月工程质量报告,向各承包商进行通报并抄送给业主。

采用平行监理模式的，全桥质量检查由业主组织，也可以由各驻地办按照业主要求平行组织。

5. 安全生产检查制度

采用总监理模式的，全桥安全生产检查由总监办组织，邀请业主参加，每月进行一次；每次安全生产检查结束后，由总监办对各标段存在的安全隐患或问题进行分析和整理，形成当月工程安全生产报告，向各承包商进行通报并抄送给业主。

采用平行监理模式的，全桥安全生产检查由业主组织，也可以由各驻地办按照业主要求平行组织。

6. 会议制度

全桥例会一般有两种，即安全生产例会和生产计划例会。会议由业主主持，每月进行一次。

标段例会由驻地监理工程师主持，会议一般每周举行一次。其中各标段第一次工地会议由总监理工程师主持。

专题会议根据工程需要可以随时召开，由业主或监理机构主持。

7. 监理交底制度

全桥实行监理机构向承包商交底的制度。

采用总监理模式的，监理交底制度分为两个层次，第一个层次为监理总体交底，在标段第一次工地会议上进行，交底由总监办向承包商进行交底；第二个层次为质量监理细则和安全监理细则交底，在相应分部工程（含大型临时工程和设施）开工前，由驻地办向承包商进行交底。

采用平行监理模式的，监理总体交底可由业主向承包商进行交底。

8. 施工月报制度

承包商应在规定的时间（如每月 2 日）内，向监理机构和业主各报送一份上月施工月报，各承包商施工月报应按照统一格式填报。

9. 质量、安全事故报告制度

当发生质量或安全事故时，承包商应以最快的速度向政府有关部门或有关单位报告，同时向监理机构和业主进行报告，24h 之内报送书面事故快报，具体要求应统一制订。

10. 防台防汛及防强冷空气袭击报告制度

全桥实行防台防汛及防强冷空气袭击报告制度。其中防台制度采用“四报”的方式，即发布台风消息、台风警报、紧急警报以及台风过后，承包商向监理机构和业主各报送一次；防强冷空气采用“二报”方式，即发布强冷空气和强冷空气过后，承包商向监理机构和业主各报送一次。具体要求应统一制订。

11. *船舶撞击桥梁构筑物报告制度*

当发生船舶撞击已建桥梁构筑物（含施工临时设施）时，承包商应同时按照安全和质量两个程序进行处理。

安全程序：当发生船舶撞击已建桥梁构筑物（含施工临时设施）时，承包商以最快速度向海事部门、监理机构和业主报告，24h之内报送书面事故快报。

质量程序：当发生船舶撞击已建桥梁构筑物（含施工临时设施）时，无论是否发现结构物损伤，承包商应填报质量问题（事故）报告单，以便及时鉴定和消除构筑物可能存在的质量隐患。

船舶撞击桥梁构筑物报告制度的具体要求应统一制订。

12. *施工船舶离（退）场报告制度*

经监理机构准入的施工船舶，承包商因某种原因中途离开现场，或该船舶已完成本项目的施工任务时，承包商应及时向监理机构办理施工船舶离（退）场手续，以便监理机构掌握施工船舶的动态，同时，也是监理机构进行进度控制和开展安全监理工作的需要。具体要求应统一制订。

第三节　工程划分、工程表式与质量检验评定标准

一、工程划分

公路跨海大桥工程施工标段较多，在施工准备阶段，需要完成全桥单位工程、分部工程及分项工程划分，以便据此进行工程质量管理与检验评定。

关于由谁进行工程划分，颇有争议，《公路工程质量检验评定标准》（JTG F80/1—2004）规定由承包商进行工程划分。编者认为，鉴于公路跨海大桥工程承包商众多，建议按照如下要求办理：采用总监理模式的，工程划分可由业主或总监办先完成全桥单位工程和分部工程划分，再由承包商完成分项工程划分，报送监理机构和业主批准后执行。

工程划分应按照确定的施工标段以及《公路工程质量检验评定标准》（JTG F80/1—2004），并结合《公路工程竣工验收办法》完成工程划分，并形成文件。该文件编制完成后由业主报送当地质量监督站认可和备案。

工程划分的原则:主体工程施工标段一般应划分为两个及两个以上单位工程,分部工程及分项工程按照《公路工程质量检验评定标准》进行划分;桥面及附属工程标段可以根据实际情况,可以划分为一个单位工程或一个分部工程,以与主体结构标段工程划分相均衡为原则。

目前国内大型公路桥梁工程在施工前都进行了单位工程、分部工程、分项工程的划分。在东海大桥修建过程中,工程划分先由总监办完成单位工程、分部工程划分,经业主、质监站同意后,再由各施工标段据此进行分项工程划分,并报监理和业主批准。如东海大桥共划分为单位工程 48 个,分部工程 154 个,分项工程 28 030 个。

二、工程表式

公路跨海大桥的施工标段较多,为统一全桥各承包商、监理机构的资料,采用表式进行工程管理,编制一套完整的全桥工程表式是必要的。工程表式在施工准备阶段应当编制完成。

采用平行监理模式的,工程表式由业主编制。采用总监理模式的,工程表式由业主或总监办编制均可。

工程表式主要由通用表式、质量表式、安全表式、进度表式以及验工计价表式等组成。

表式的设计,应按照《公路工程施工监理规范》(JTG G10—2006)及《公路工程质量检验评定标准(土建工程)》(JTG F80/1—2004)、《公路工程质量检验评定标准(机电工程)》(JTG F80/2—2004),并结合业主管理方式、工程监理模式以及施工标段发包模式等设计。

在东海大桥工程施工准备阶段,由总监办完成全桥表式编制,经业主、质监站同意后,发全桥承包商和驻地办使用。

表式编制工作量很大,建议在行业内统一工程表式。

三、质量检验评定标准

公路跨海大桥工程质量检验评定应遵循现行《公路工程质量检验评定标准》(JTG F80/1—2004)的规定,由于每个行业规范都自成体系,当某些项目的检验需要按照实际情况或参照其他行业规范时,应认真研究,谨慎对待。

由于跨海大桥所处环境特点,或采用了新技术、新材料、新工艺等原因,部分项目的质量检验评定,现行《公路工程质量检验评定标准》(JTG F80/

1—2004)不能完全涵盖,因此需要对标准进行补充或对某些指标进行调整,形成适合跨海大桥工程专项质量检验的评定标准。

制订专项质量检验评定标准,由业主或由业主委托专门咨询单位进行。

制订专项质量检验评定标准是规范所容许的。在《公路工程质量检验评定标准(土建工程)》(JTG F80/1—2004)中第 1.0.4 条规定:对特大桥梁、特长隧道、特殊地区,或采用新材料、新结构、新工艺的工程,在本标准中缺乏适宜的技术规定时,在确保工程质量的前提下,可参照相关标准或按照实际情况制订相应的技术标准,并按规定报主管部门批准。

公路跨海大桥工程专项质量检验评定标准内容较多,归纳起来主要有以下两个方面。

1.《公路工程质量检验评定标准》(JTG F80/1—2004)中没有涵盖的项目

《公路工程质量检验评定标准》(JTG F80/1—2004)中没有涵盖的项目,应参照其他行业标准并结合跨海大桥工程的实际情况制订。比如海上打入桩施工,在我国港口工程行业已很成熟,需依据《港口工程质量检验评定标准》拟定出沉桩工程的实测项目以及相应检验标准。由于公路跨海大桥不同于港口工程,在远离海岸水域进行打桩作业,由于受自然条件等的影响,桩的允许偏位值一般应在《港口工程质量检验评定标准》基础上适当上调。另外,由于港口工程与公路工程在质量评定方面有着明显不同,前者不进行分值计算,后者对工程进行分值计算,因此按照港口工程标准确定检验项目,需要比照《公路工程质量检验评定标准》(JTG F80/1—2004)的做法,并给出各实测项目的分值。

2.《公路工程质量检验评定标准》(JTG F80/1—2004)中已涵盖的项目

《公路工程质量检验评定标准》(JTG F80/1—2004)中已涵盖的项目,由于跨海大桥的特殊性,需要对标准中的某些指标进行调整。这种调整分两种情况,一种是按照《公路工程质量检验评定标准》(JTG F80/1—2004)规定在施工中难以做到的,比如,对于需要采用 GPS 定位的项目,如钻孔桩钢护筒、承台套箱、墩身模板等安装,应对标准中规定的平面和轴线偏位值进行调整,调低标准中的相应指标。另一种是由于跨海大桥结构的耐久性要求等原因,比如对混凝土保护层,应对标准中的规定值进行调整,调高标准中的相应指标。

东海大桥工程专项质量检验评定标准是由业主在工程开工前编制完成,经设计单位进行了必要的计算与认可,再经专家评审,报政府建设主管部门批准后执行。这也是目前国内多座跨海大桥业主的通用做法。

为便于公路跨海大桥工程质量检验评定，由行业部门对涉及跨海大桥的标准进行及时研究和补充，尽快形成标准，以统一公路跨海大桥工程的质量检验与评定。

在进行施工招标时，由业主将专项质量检验评定标准纳入施工招标文件中，以便施工投标人按照专项质量检验评定标准的规定，编制出符合专项质量检验评定标准要求的投标文件和相应的投标报价。

第四节　施工技术文件

在工程开工前，应专门针对施工技术文件制订相关规定。在该规定中，列出全桥各施工标段需要承包商编制报审的所有施工技术文件，按照施工技术文件的重要程度，明确审查流程、审查方式和审查周期，并形成文件发各承包商和监理机构执行。这是一项十分有益的工作。

制订施工技术文件相关规定，采用总监理模式的，由业主或总监办制订，采用平行监理模式的，由业主制订。

一、施工技术文件分类

有关施工技术文件的分类，在现行技术规范中未见有明确和系统的规定，编者按照有关工程建设法律法规、公路桥涵施工技术规范、其他技术规范以及习惯做法，将公路跨海大桥工程施工技术文件的分类如下。

1. 标段工程开工前需编制报审的施工技术文件

(1)总体施工组织设计；

(2)施工现场安全生产保证计划；

(3)施工现场临时用电组织设计。

施工现场安全生产保证计划可以纳入标段总体施工组织设计中，也可以单独编制报审。

2. 在相应分部分项工程开工前或不利环境气候来临前，需要完成编制报审的施工技术文件

(1)施工方案；

(2)安全专项施工方案；

(3)安全专项防护措施；

(4)应急预案。

二、施工技术文件审查流程

公路跨海大桥工程施工技术文件审查流程的制订，应按照业主管理方式、施工标段发包模式、工程监理模式、监理合同赋予监理机构的审查权限和施工技术文件的重要性等综合考虑，一般分为如下四种流程。

①一般施工技术文件：承包商编制→驻地办审查。

②较重要施工技术文件：承包商编制→驻地办审查→总监办审查。

③重要施工技术文件：承包商编制→驻地办审查→总监办审查→业主审查。

④特别重要施工技术文件：承包商编制→专家审查→施工单位技术负责人审查→驻地办审查→总监办审查→业主审查。

其中，第④项审查流程，主要是指以下两类施工技术文件。

(1)安全专项施工方案

符合《建设工程安全生产管理条例》规定、应组织专家进行论证的安全专项施工方案，该条例规定由承包商组织专家论证，专家论证报告作为安全专项施工方案的附件，由施工单位技术负责人审查并签署，再报送监理机构审查并由总监理工程师签署。

(2)总体施工组织设计文件

总体施工组织设计文件是否应组织专家审查，未见有明确规定，由承包商、监理机构和业主商定。

三、施工技术文件编制内容

监理机构应熟悉各类施工技术文件的编制内容，以提高对施工技术文件的审查质量，各类施工技术文件的编制内容如下。

1. 总体施工组织设计

按照《公路桥涵施工技术规范》(JTJ 041—2000)第 3.1.3 条的规定，总体施工组织设计宜包括如下内容。

(1)编制说明；

(2)施工组织机构；

(3)施工平面布置图；

(4)施工方法；

(5)施工详图；

(6)资源计划；

(7)总进度计划；

(8)质量管理、安全生产与环境保护。

2. 施工现场安全生产保证计划

按照上海市《施工现场安全生产保证体系》(DGJ 08—903—2003)第3.2.4条的规定，施工现场安全生产保证计划内容应包括如下内容。

(1)项目安全目标及部门或岗位职责和权限；

(2)危险源与不利环境因素识别、评价、论证的结果和相应的控制方式；

(3)适用法律法规、标准规范；

(4)实施阶段有关各项要求的具体控制活动和方法；

(5)检查、审核、评估和改进活动的安排，以及相应的运行程序和准则；

(6)实施、控制和改进施工现场安全生产保证体系所需的资源与提供方式；

(7)施工现场安全生产保证体系文件清单；

(8)提供证据所需的安全记录清单。

3. 施工现场临时用电组织设计

按照《施工现场临时用电安全技术规范》(JGJ 46—2005)第3.1.2条的规定，施工现场临时用电组织设计应包括如下内容。

(1)现场勘测；

(2)确定电源进线、变电所或配电室、配电装置、用电设备位置及线路走向；

(3)进行负荷计算；

(4)选择变压器；

(5)设计配电系统；

(6)设计防雷装置；

(7)确定防护措施；

(8)制订安全用电措施和电气防火措施。

4. 施工方案

施工方案的编制对象较多，其编制内容尚未见规范有明确的规定，应根据所编制对象的特点并结合工程实际，参照总体施工组织设计的编制内容，综合考虑确定，但编制深度应比总体施工组织设计要深。

5. 安全专项施工方案

按照《建设工程安全生产管理条例》规定，结合桥梁工程施工的特点，在跨海大桥工程建设中,要求承包商编制安全专项施工方案。现行规范及标准对安全专项施工方案的编制内容尚未见具体要求,本书列出的编制内容,部分参照了《建筑施工安全检查标准》(JGJ 59—99)的有关要求,并结合编者对安全专项施工方案的理解所提出,供监理机构在审查安全专项施工方案时参考。

在公路跨海大桥工程施工过程中,需要承包商编制报审的安全专项施工方案较多,本书仅列出较为常见的安全专项施工方案。

(1)基坑支护工程安全专项施工方案

编制对象是指为施工桥墩承台而开挖的深度大于5m的基坑(基坑深度小于5m,当地下水位高于坑底时,也需要编制安全专项施工方案)。基坑支护安全专项施工方案的编制内容如下:

①专项工程概况;

②基坑支护结构设计与施工方法;

③基坑开挖方法;

④基坑降水;

⑤基坑监测;

⑥基坑回填;

⑦基坑施工安全措施。

(2)模板工程安全专项施工方案

编制对象是指塔墩施工的爬模、箱梁悬臂浇筑施工的挂篮、箱梁就地浇筑施工的模板、大型箱梁预制(或其他大型预制构件)施工的模板、箱梁现浇施工的移动模架等。模板工程安全专项施工方案的编制内容如下:

①专项工程概况;

②模板及支撑系统设计;

③模板及支撑系统搭设与安装方法;

④模板及支撑系统验收;

⑤模板及支撑系统使用过程中的检查与维护;

⑥模板及支撑系统拆除方法;

⑦模板及支撑系统搭设、安装及拆除施工安全措施。

(3)脚手架工程安全专项施工方案

编制对象是指落地式钢管脚手架(高度超过24m)、悬挑脚手架、附着式脚手架(如爬模外脚手架)、吊篮脚手架等。脚手架工程安全专项施工方案的编制内容如下:

①专项工程概况；

②脚手架结构设计；

③地基处理与基础设计；

④脚手架搭设方法；

⑤脚手架验收；

⑥脚手架使用过程中的检查与维护；

⑦脚手架拆除方法；

⑧脚手架搭设与拆除施工安全措施。

(4)起重吊装工程安全专项施工方案

编制对象是指起重吊装质量超过一定限值的陆上或水上施工作业[沪市政建(2003)779号文件规定为50t]。起重吊装工程安全专项施工方案的编制内容如下：

①专项工程概况；

②起重机械或船舶的选型与布置；

③吊装工艺；

④支腿基础设计或地基处理(水上吊装无此项)；

⑤吊索具安全验算；

⑥吊装施工安全措施。

(5)承重支架工程安全专项施工方案

编制对象是指桥墩(塔)旁支架或托架、就地浇筑梁体的各类支架、临时码头、施工平台及栈桥等。承重支架工程安全专项施工方案的编制内容如下：

①专项工程概况；

②支架结构设计；

③地基处理与基础设计；

④支架搭设方法；

⑤支架验收；

⑥支架使用过程中的检查与维护(危险性大时，还应有安全监测措施)；

⑦支架拆除方法；

⑧支架搭设与拆除施工安全措施。

(6)特种设备安装工程安全专项施工方案

编制对象是指塔吊、电梯、架桥机、龙门吊机、桥面吊机等特种设备安装

作业,其安全专项施工方案的编制内容如下:

①专项工程概况;

②设备性能选择与布置;

③地基与基础验算或锚固点验算;

④设备安装方法;

⑤设备安装后的验收;

⑥设备使用过程中的检查与维护;

⑦设备拆除方法;

⑧设备安装及拆除施工安全措施。

6. 安全专项防护措施

在跨海大桥工程建设中,应针对水下管线(位于陆地地下管线可以参照编制)和临时封航等编制安全专项防护措施。现行规范及标准对安全专项防护措施的编制内容尚未见具体要求,本书列出的编制内容,仅仅是基于编者对安全专项防护措施的理解,供监理机构在审查安全专项防护措施时参考。

1)水下管线安全专项防护措施

(1)专项工程概况(包括水下管线数量、种类、方位等)

(2)主要危险分析

①施工船舶走锚、断缆或锚机滑车;

②在离水下管线上下游100m水域之内作业;

③大潮汐及恶劣气象的威胁。

(3)组织措施

①建立水下管线保护应急组织机构,明确成员及其职责;

②指定有经验的水下管线保护专管人员;

③统一VHF联系频道,设置船舶调度室,随时保持船岸之间的联系;

④对外求救及内部通信联系方式。

(4)技术措施

①水下管线实地勘察及水下管线路由图的配备;

②向施工船舶交底,并发放水下管线路由图;

③编制水下管线安全防护措施报送管线单位,必要时与管线单位签订管线保护协议;

④现场配备大马力保驾拖轮随时处理险情;

⑤施工船舶在离管线较近抛锚作业时,应事先规划锚位草图;

⑥施工船舶近点抛锚,必须经 GPS 锚位测定,锚位应如实记录;

⑦在水下管线附近施工,应预先通知管线单位,并邀请其至现场监护;

⑧施工船舶应配置足够的锚数和锚重,临水锚缆(或锚链)应有足够的长度,以防走锚;

⑨在恶劣气象条件下,严禁在桥轴线上下游 1 500m 内及管线附近抛锚;

⑩必要的情况下,采用在保护区内适宜的位置安放锚坠子,以增加锚固,防止走锚,但事先需经得管线单位同意;

⑪在管线附近施工的船舶,应加强护船值班制度。

(5)出现险情后的应急措施

①水下管线出现险情或损坏时的判断方法;

②水下管线出现险情或损坏时的报告与处置。

2)临时封航安全专项防护措施

(1)专项工程概况;

(2)主要危险分析;

(3)组织机构与职责;

(4)施工前的准备工作;

①向当地海事部门申请发布航行通告;

②设置航标;

③在主通航孔平台设置夜间反光灯;

④配备现场值班拖轮。

(5)施工过程中的组织与技术措施;

①设置安全作业区或警戒区,设置警戒标志;

②在主通航孔上下游各设警戒船一艘,施工中加强瞭望,必要时向海事部门申请巡逻;

③在主通航孔塔墩处,张挂大幅警示标语;

④值勤警戒船舶应与海事巡逻艇加强联系。

(6)施工完成后的工作;

①施工完成后的报告;

②施工完成后的恢复工作。

7. 应急预案

在公路跨海大桥工程建设中,应要求编制防台防汛和防雾防强冷空气等两项应急预案。现行规范及标准对应急预案的编制内容尚未见具体要求,本书列出的编制内容,仅仅是基于编者对应急预案的理解,供监理机构在审查应急预案时参考。

1)防台防汛应急预案

(1)专项工程概况;

(2)主要危险分析;

(3)组织机构与职责(设置船舶调度室,明确部门或岗位职责与分工,气象的搜集与处置,对外求救及内部通信联系方式);

(4)应急预案的演练;

(5)施工船舶避风安排(包括明确应急预案分级启动条件,船舶数量清单,锚地的选择与评估,拖轮的选择与配置,施工船舶与对应的避风锚地安排,施工船舶与对应的拖轮安排,船舶防风缆的备件,VHF 联系频道等);

(6)人员撤离安排;

(7)工程结构与大型设施防台防汛措施;

(8)大型机械设备、电气设备及线路防台防汛措施;

(9)现场施工材料防台防汛措施;

(10)防台防汛所需的物资器材;

(11)台风过后的工作:

①台风过后的检查与报告;

②台风过后的修复与恢复生产。

2)防雾防强冷空气应急预案

(1)专项工程概况;

(2)主要危险分析;

(3)组织机构与职责(设置船舶调度室,明确部门或岗位职责与分工,气象的搜集与处置,对外求救及内部通信联系方式);

(4)防雾

①调度指令:当视程小于1 000m 时,大型施工船舶应当停止航行;当视程小于500m 时,禁止船舶航行。

②雾中锚泊的船舶:开启灯号,并按规定鸣放声号;及早开启雷达、甚高频、航行灯;备车、备锚以及应急救助器材;加强锚泊时护船值班的监视;所有准备工作就绪应向调度室报告。

(5)防强冷空气(此部分参照防台防汛应急预案相关部分编制);

(6)雾后或强冷空气过后的工作:

①雾后或强冷空气过后的检查与报告;

②雾后或强冷空气过后的修复与恢复生产。

四、施工技术文件审查

1. 审查内容

(1)程序性审查

①检查采用的报审表式是否符合要求;

②检查施工技术文件的签署手续是否符合要求;

③检查是否按照规定进行了专家论证。

(2)技术性审查

①检查施工技术文件编制内容是否完整;

按照本书列出的各类施工技术文件编制内容进行审查,发现有较为严重的漏项时,应要求承包商补充。

②审查施工技术文件内容是否正确。

重点审查施工技术文件是否符合强制性条文的规定,是否符合施工合同(含施工招投标文件)、设计文件、施工规范等要求,应从各专业(结构、测量、试验、安全、进度)的角度进行全面审查。

2. 审查方式

一般情况下,驻地办和总监办对施工技术文件审查应采用专业(结构、试验、测量、安全等)会审的形式;特殊情况下,还应采用内部会议审查方式。

3. 审查周期

(1)驻地办对施工技术文件的审查一般不超过7d,总监办对施工技术文件的审查一般不超过7d。监理机构不得积压施工技术文件,且应尽量缩短审查周期。需要注意的是,在重大节假日前,监理机构应尽量将承包商报送的施工技术文件审查完成。

(2)驻地办在审查施工技术文件时,当发现程序性不符合要求时,应立即要求承包商补充改正;当发现技术性不符合要求、甚至需要重新编制报审时(不直接退回承包商),应由驻地办尽快提出意见后报送总监办,总监办尽快提出意见后报送业主,业主提出意见后,文件按原路线返回,以便承包商按照各方意见一次修改完成。这样做的目的是避免同一施工技术文件多次被退回承包商修改而耽误时间。

4. 审查意见

(1)三类意见

对施工技术文件中的某一具体问题，监理意见可归纳为三类，一类是需要承包商改正的意见；一类是建议性意见；一类是提醒承包商注意的意见。属于改正类的意见，承包商应给予补充改正或回复；属于建议性意见，承包商可以不回复；属于提醒类意见，承包商无需回复，但监理机构在工作中应予关注。

(2)意见的提出

提出的意见应注明不符合相应规范标准、设计文件、施工合同等的条文号。需要注意的是，监理机构不得提出施工技术文件中已经交代清楚的问题。

(3)采用规范化格式和语言

当监理的意见较多，报审表式中写不下时，应另行附审查意见。意见应明确具体，不能模棱两可，不能使用"基本同意"、"原则同意"、"方案可行"、"考虑周全"之类的文字，应采用规范化的格式和语言。

5. 审查结论

监理机构在对某一施工技术文件审查时，在审查意见的结尾，应有明确的结论，结论有三种：所报方案应重新编制报审；所报方案应进行补充报审；同意所报方案，但需要引起注意的事项。

五、值得注意的几个问题

1. 关于施工现场安全生产保证计划的编制问题

在上海市从事工程建设活动，要求承包商编制施工现场安全生产保证计划，且对编制内容有明确规定。施工现场安全生产保证计划可以单独编制，也可以纳入总体施工组织设计中编制。在其他省市从事工程建设活动，需要了解当地政府或部门是否对此有具体要求。

2. 关于施工技术文件合并与分开编制的问题

本书所列安全专项施工方案是按照《建设工程安全生产管理条例》和建设部建质〔2004〕213 号文件的规定，并结合公路跨海大桥工程特点所拟订。在施工过程中，可能存在某些安全专项施工方案是合并还是分开编制的问题，比如，采用支架法就地浇筑箱梁，包含承重支架和模板两个安全专项施工方案，编者认为宜合并为一个文件编制报审；又比如，塔身施工的爬模，包含了模板和附着式脚手架两个安全专项施工方案，编者认为宜合并为一个文件编制报审；再比如，主通航孔钢箱梁节段吊装施工，包含桥面吊机设备和起重吊装两个安全专项施工方案，编者认为宜合并为一个文件编制报审。当然，上述包含两个安全专项施工方案的，也可分别编制，但需要承包商注意做好同步策划和同步报审工作。

本书所列安全专项施工方案，部分安全专项施工方案包含了搭设安装和拆除作业，编者认为搭设安装和拆除是不宜分开的，在编制方案时就应对拆除进行认真考虑，以防因事先考虑不周，造成日后拆除工作困难，因此应以一个文件编制报审。

本书所列应急预案，比如防台防汛和防雾防强冷空气两项应急预案，实际上也可合并为一个文件编制。

3. 关于施工技术文件中的计算书和详图

承包商编制报审的施工技术文件，应附有计算书和详图，这不仅是监理机构进行技术性审查的需要，也是承包商自身进行施工组织管理的需要。监理在审查施工技术文件时应予注意，并视情况要求承包商补充。

4. 关于施工技术文件名称问题

在建筑工程专业，施工技术文件分为两个层次，相应的名称为：施工组织总设计和单体工程施工组织设计及分部工程施工组织设计；在公路工程专业，施工技术文件也是两个层次，相应的习惯名称是：总体施工组织设计和施工方案。对第二个层次的名称，建筑工程称为施工组织设计，编者认为比较准确，公路工程称为施工方案欠妥当，因为施工方案是施工组织设计的一部分。

对安全专项施工方案也有多种名称，比如“安全专项施工方案”、“专项安全施工方案”等，应统一按照建设部建质〔2004〕213 号文件名称，即安全专项施工方案。总之，对于施工技术文件名称问题尚有待行业部门进行规范。

第五节　监理文件

监理机构需要编制的监理文件较多，本节主要阐述监理规划、监理交底文件以及监理细则的编制。

一、监理规划

在新版《公路工程施工监理规范》（JTG G10—2006）中，已将“监理规划”改为“监理计划”，规范条文说明没有对此进行解释。本书仍沿用“监理规划”名称。

监理规划是指导项目监理机构全面开展监理工作的指导性文件，在第一次工地会议之前或监理合同规定的期限内完成编制，并按监理合同规定履行报批手续后执行。

采用总监理模式的工程项目，监理规划由总监理工程师主持编制；采用平行监理模式的工程项目，监理规划由驻地监理工程师主持编制。

1. 监理规划组成内容

《建设工程监理规范》（GB 50319—2000）第 4.1.3 条规定，监理规划的编制应包括如下主要内容。

（1）工程项目概况；

（2）监理工作范围；

（3）监理工作内容；

（4）监理工作目标；

（5）监理工作依据；

（6）监理组织机构；

（7）人员配备计划；

（8）人员岗位职责；

（9）监理工作程序；

（10）监理工作方法及措施；

（11）监理工作制度；

（12）监理设施。

《公路工程施工监理规范》（JTG G10—2006）第 4.1.4 条规定，监理计划应明确监理目标、依据、范围和内容，监理机构各部门及岗位职责，监理人员和设备的配备及进退场计划，监理方案，监理制度，监理程序及表格，监理设施等。

2. 监理规划编制要点

（1）在编制监理规划前，监理机构要收集和熟悉有关资料和文件。比如法律法规、地方和行业文件；施工和监理合同组成文件；设计文件；业主编制的有关文件等。

（2）在编制监理规划时，建议监理机构与业主、质监、安监等单位沟通，听取他们的意见和建议。

（3）在编制监理规划时，监理机构应了解工程表式、工程划分、工程管理程序与制度等情况，以便监理规划的内容与之相呼应，不会出现矛盾。

（4）监理规划常常与实际监理工作脱节，不具有指导性，原因是监理规划编制得不好。编制不好的原因主要是对工程的认识不深，对监理规划的重要性认识不够。

(5)安全监理内容不宜独立编制成“安全监理规划”,应纳入监理规划中,以便明确安全监理和质量监理工作接口与分工,同时便于安全和质量监理人员阅读和明确,体现监理规划的全局性。

(6)缺陷责任期监理工作不应列入监理规划中。

(7)监理机构在完成监理规划编制后,应首先报监理单位审批,再报送业主审批。监理规划是否需要报业主批准,规范无明确规定,应按照监理合同约定办理。编者建议,在监理单位批准监理规划后,至少应报送业主征求意见。

(8)监理规划交底。编者建议,在监理规划批准后,监理机构应开展具有针对性的监理交底文件的编制工作,监理交底文件发承包商并向承包商进行交底,监理规划不再发承包商。

二、监理交底文件

监理交底文件是监理机构就监理机构设置、监理工作程序、监理工作制度等方面,向承包商进行交底的书面文件。由监理机构在第一次工地会议或专门监理交底会议上向承包商进行交底。监理机构编制书面的交底文件体现了监理工作规范化的要求。

关于监理交底文件是否编制,规范并无明确要求,监理机构可结合工程实际情况确定。编者认为,监理机构有两个原因需要编制监理交底文件:一是基于监理规划是指导监理机构开展监理工作的文件,如果以监理规划向承包商交底,则其针对性不强,监理机构也不需要将监理规划中的所有内容向承包商进行交底,比如监理规划中的监理设施、监理控制的重点等内容无需向承包商交底;二是基于公路跨海大桥工程施工标段较多,不仅有众多主体结构,还有很多附属工程标段,各标段承包商是按照一定的顺序进场,有关监理交底工作将贯穿施工监理的全过程,为了规范化开展监理工作,编制专门的监理交底文件是一种较好的方式。

采用总监理模式的工程项目,监理交底文件由总监理工程师主持编制;采用平行监理模式的工程项目,监理交底文件由驻地监理工程师主持编制。

关于监理交底文件的编制内容,见附一上海长江大桥工程监理交底文件,仅供读者参考。

三、监理细则

按照监理规范的要求,监理机构应编制监理细则。

监理细则主要包括各类质量监理细则和各类安全监理细则。质量监理细则应与承包商编制的施工方案相对应,即有几个施工方案,就应编制几个监理细则;安全监理细则应与承包商编制的安全专项施工方案相对应,即有几个安全专项施工方案,就应编制几个安全监理细则。

质量监理细则应按照监理规范、监理规划、承包商编制的施工方案进行编制。安全监理细则规范中暂无规定,可以参考本书第五章相关内容与实例。

采用总监理模式的工程项目,监理细则由驻地监理工程师主持编制,经总监理工程师审查签署,由驻地办发承包商并向承包商进行交底。采用平行监理模式的工程项目,监理细则由专业监理工程师主持编制,经驻地监理工程师审查签署,由驻地办发承包商并向承包商进行交底。监理细则不需要报业主审批。

监理细则不属于施工监理准备工作阶段的工作,监理机构应在审查承包商施工方案或安全专项施工方案后及时完成监理细则的编制。

第二章　工程自然条件

公路跨海大桥工程建设不同于一般江、河、湖、海上的公路桥梁工程，它的显著特征之一是宽阔海域中的风、浪、水流（海流）、潮汐等自然条件对施工影响很大，使得桥梁结构物的施工变得较为艰难。

从事公路跨海大桥工程监理工作，应了解和熟悉公路跨海大桥工程的自然条件，充分识别不利环境因素对施工的影响，进而有针对性地对跨海大桥工程施工的安全、质量以及进度等实施监理。

本章对公路跨海大桥工程常遇的自然条件进行介绍。

第一节　波　　浪

一、波浪要素

海洋中的波浪是比较复杂的波动现象。引起这种波动的原因很多，如风、大气压力的变化、天体的引潮力、海底地震等。在风的直接作用下产生的波浪称为风浪。风停止后海面存在的波浪或风力很小水域中的波浪称为涌浪。在海面上经常遇到风浪与涌浪等的叠加，称为混合浪。一般以波高、波长、周期及波速等要素来表示波浪的特征。

波高：相邻的波峰与波谷间的垂直距离，以 H 表示（m）；

波长：相邻两个波峰或两个波谷间的水平距离，以 L 表示（m）；

周期：相邻两波峰越过空间固定点所经历的时间间隔，以 T 表示（s）；

波速：波面形状移动的速度，以 C 表示（m/s）。

在海面上形成后向岸边传播的波浪称为前进波。规则深水前进波的波速 C、波长 L 与周期 T 的相互关系为：

$$C=\frac{L}{T}=\sqrt{\frac{gL}{2\pi}} \tag{2-1}$$

浅水前进波的波速、波长、周期与水深的相互关系为：

$$C=\sqrt{\frac{gL}{2\pi}\tan\frac{2\pi d}{L}} \tag{2-2}$$

式中：g——重力加速度（m/s^2）；

d——水深（m）；

$\tan\frac{2\pi d}{L}$——浅水订正因子，以双曲线正切函数表示。

二、波浪的观测

按照国家海洋局的要求，观测项目主要有海况、波形、波向、波高和周期，同时观测记录风速、风向和水深。波浪观测记录表的格式见表2-1所示。

海况是指风力作用下海面外貌特征，共分为10级，按照表2-2对照确定；波形是指风浪、涌浪和混合浪三类；波向和风向的观测分为16个方位。16个方位与度数的换算关系见表2-3所示。波级与风级见表2-4～表2-5所示。根据规范的要求，观测波浪时，应首先进行周期观测，观测分三次进行，每次用秒表测出10个连续波（即11个波峰）经过一固定点的时间，用30除以三次测得的时间之和，即得平均周期。波高观测时，取上述观测到的平均周期的100倍作为该次波高的观测时间，要求观测到15～20个大波。

三、风玫瑰图与波浪玫瑰图

在收集到气象台站的风资料后，应整理绘制风玫瑰图供工程使用，风玫瑰图一般按16个方位绘制。

（1）最大风速玫瑰图：从多年的观测资料中找出各向多年内的最大风速作为数据以一定比例点绘而成，如图2-1中实线及图2-2所示。

（2）风向频率玫瑰图：将多年观测资料分向统计后，用百分数表示风在各个方向出现的次数，并以一定比例点绘而成，如图2-1中虚线所示。

（3）表示某地各个不同方向各级波浪出现频率的图称为波浪玫瑰图。应对当地多年的观测资料进行统计整理，先将波高或周期按需要分级，一般波高可每间隔0.5m为一级，周期每间隔1s为一级，然后从月报表中统计各向各级波浪的出现次数，并除以统计期间的总观测次数。因观测数据较多，可选择有代表性的连续年份来进行统计，一般需要1～3年的资料。波高玫瑰图有多种形式，如图2-3所示是其中的一种绘制方法。

波浪观测记录表 表 2-1

年 月 日

<table>
<tr><td colspan="3">时间</td><td colspan="2">8</td><td colspan="2">11</td><td colspan="2">14</td><td colspan="2">17</td></tr>
<tr><td rowspan="2">风</td><td colspan="2">风速</td><td colspan="2"></td><td colspan="2"></td><td colspan="2"></td><td colspan="2"></td></tr>
<tr><td colspan="2">风向</td><td colspan="2"></td><td colspan="2"></td><td colspan="2"></td><td colspan="2"></td></tr>
<tr><td colspan="3">海况</td><td colspan="2"></td><td colspan="2"></td><td colspan="2"></td><td colspan="2"></td></tr>
<tr><td colspan="3">波形</td><td colspan="2"></td><td colspan="2"></td><td colspan="2"></td><td colspan="2"></td></tr>
<tr><td rowspan="2">波向</td><td colspan="2">风浪</td><td colspan="2"></td><td colspan="2"></td><td colspan="2"></td><td colspan="2"></td></tr>
<tr><td colspan="2">涌浪</td><td colspan="2"></td><td colspan="2"></td><td colspan="2"></td><td colspan="2"></td></tr>
<tr><td colspan="3">订正系数 K</td><td colspan="2"></td><td colspan="2"></td><td colspan="2"></td><td colspan="2"></td></tr>
<tr><td rowspan="10">波高（m）</td><td rowspan="7">15～20个大波的格数（或波高）</td><td>1</td><td></td><td></td><td></td><td></td><td></td><td></td><td></td><td></td></tr>
<tr><td>2</td><td></td><td></td><td></td><td></td><td></td><td></td><td></td><td></td></tr>
<tr><td>3</td><td></td><td></td><td></td><td></td><td></td><td></td><td></td><td></td></tr>
<tr><td>4</td><td></td><td></td><td></td><td></td><td></td><td></td><td></td><td></td></tr>
<tr><td>5</td><td></td><td></td><td></td><td></td><td></td><td></td><td></td><td></td></tr>
<tr><td>6</td><td></td><td></td><td></td><td></td><td></td><td></td><td></td><td></td></tr>
<tr><td>7</td><td></td><td>—</td><td></td><td>—</td><td></td><td>—</td><td></td><td>—</td></tr>
<tr><td colspan="2">其中10个最大格数的平均值</td><td colspan="2"></td><td colspan="2"></td><td colspan="2"></td><td colspan="2"></td></tr>
<tr><td colspan="2">波高</td><td colspan="2"></td><td colspan="2"></td><td colspan="2"></td><td colspan="2"></td></tr>
<tr><td colspan="2">最大波高</td><td colspan="2"></td><td colspan="2"></td><td colspan="2"></td><td colspan="2"></td></tr>
<tr><td colspan="3">波级</td><td colspan="2"></td><td colspan="2"></td><td colspan="2"></td><td colspan="2"></td></tr>
<tr><td rowspan="4">周期</td><td colspan="2">第一次</td><td colspan="2"></td><td colspan="2"></td><td colspan="2"></td><td colspan="2"></td></tr>
<tr><td colspan="2">第二次</td><td colspan="2"></td><td colspan="2"></td><td colspan="2"></td><td colspan="2"></td></tr>
<tr><td colspan="2">第三次</td><td colspan="2"></td><td colspan="2"></td><td colspan="2"></td><td colspan="2"></td></tr>
<tr><td colspan="2">平均（合计/30）</td><td colspan="2"></td><td colspan="2"></td><td colspan="2"></td><td colspan="2"></td></tr>
<tr><td colspan="3">水深</td><td colspan="2"></td><td colspan="2"></td><td colspan="2"></td><td colspan="2"></td></tr>
<tr><td colspan="3">备注</td><td colspan="2"></td><td colspan="2"></td><td colspan="2"></td><td colspan="2"></td></tr>
</table>

海况等级表　　表 2-2

海况等级	海面描述
0	海面光滑如镜，或仅有涌浪存在
1	波纹或涌浪和波纹同时存在
2	波浪很小，波峰开始破裂，浪花不显白色，而呈现玻璃色
3	波浪不大，但很触目，波峰破裂，其中有些地方形成白色浪花(白浪)
4	波浪具有明显的形状，到处形成白浪
5	出现高大波峰，浪花占了波峰很大面积，风开始削去波峰上的浪花
6	波峰被削去的浪花开始沿波浪斜面伸长成带状，有时波峰出现风暴波的长波形状
7	风削去的浪花带布满了波浪斜面，且有些地方到达波谷，波峰上布满了浪花层
8	稠密的浪花带布满了波浪斜面，海面因而变成白色，只有在波谷有些地方没有浪花
9	整个海面布满了稠密浪花层，空气充满了水滴和飞沫，能见度显著降低

16 方位与度数换算　　表 2-3

方位	度数	方位	度数
N(北)	348.9°~11.3°	S(南)	168.9°~191.3°
NNE(北东北)	11.4°~33.8°	SSW(南西南)	191.4°~213.8°
NE(东北)	33.9°~56.3°	SW(西南)	213.9°~236.3°
ENE(东东北)	56.4°~78.8°	WSW(西西南)	236.4°~258.8°
E(东)	78.9°~101.3°	W(西)	258.9°~281.3°
ESE(东东南)	101.4°~123.8°	WNW(西西北)	281.4°~303.8°
SE(东南)	123.9°~146.3°	NW(西北)	303.9°~326.3°
SSE(南东南)	146.4°~168.8°	NNW(北西北)	326.4°~348.8°

波 级 表 表2-4

波级	波高范围(m)		波浪名称
0	0	0	无浪
1	$H_{\frac{1}{3}}<1$	$H_{\frac{1}{10}}<0.1$	微浪
2	$0.1\leqslant H_{\frac{1}{3}}<0.5$	$0.1\leqslant H_{\frac{1}{10}}<0.5$	小浪
3	$0.5\leqslant H_{\frac{1}{3}}<1.25$	$0.5\leqslant H_{\frac{1}{10}}<1.5$	轻浪
4	$1.25\leqslant H_{\frac{1}{3}}<2.5$	$1.5\leqslant H_{\frac{1}{10}}<3.0$	中浪
5	$2.5\leqslant H_{\frac{1}{3}}<4.0$	$3.0\leqslant H_{\frac{1}{10}}<5.0$	大浪
6	$4.0\leqslant H_{\frac{1}{3}}<6.0$	$5.0\leqslant H_{\frac{1}{10}}<7.5$	巨浪
7	$6.0\leqslant H_{\frac{1}{3}}<9.0$	$7.5\leqslant H_{\frac{1}{10}}<11.5$	狂浪
8	$9.0\leqslant H_{\frac{1}{3}}<14.0$	$11.5\leqslant H_{\frac{1}{10}}<18$	狂涛
9	$H_{\frac{1}{3}}\geqslant 14.0$	$H_{\frac{1}{10}}\geqslant 18$	怒涛

风 级 表 表2-5

蒲福风级	名称	风速		波高(m)
		n mile/h	m/s	
0	无风	1以下	0.0~0.2	–
1	软风	1~3	0.3~1.5	0.1
2	轻风	4~6	1.6~3.3	0.2
3	微风	7~10	3.4~5.4	0.6
4	和风	11~16	5.5~7.9	1.0
5	清劲风	17~21	8.0~10.7	2.0
6	强风	22~27	10.8~13.8	3.0
7	疾风	28~33	13.9~17.1	4.0
8	大风	34~40	17.2~20.7	5.5
9	烈风	41~47	20.8~24.4	7.0
10	狂风	48~55	24.5~28.4	9.0
11	暴风	56~63	28.5~32.6	11.5
12	飓风	64以上	>32.6	14.0

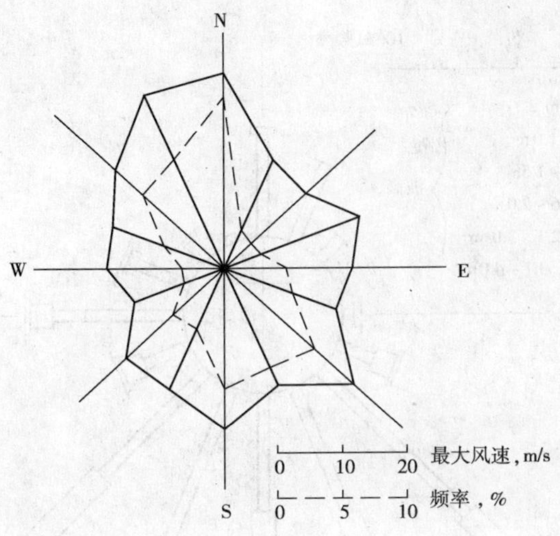

图 2-1 风玫瑰图

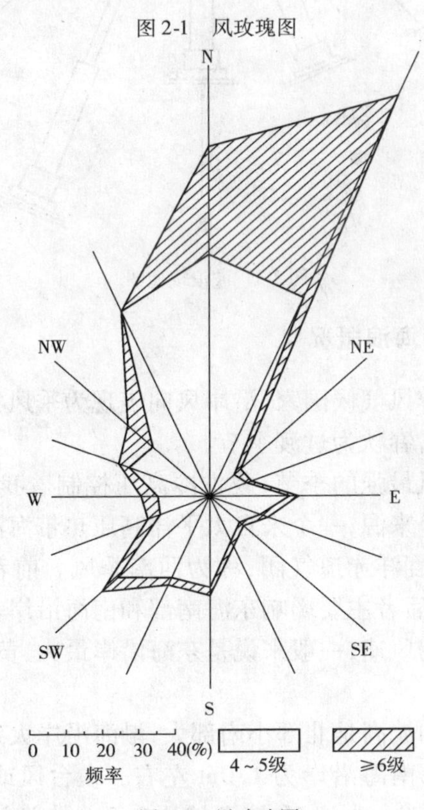

图 2-2 风玫瑰图

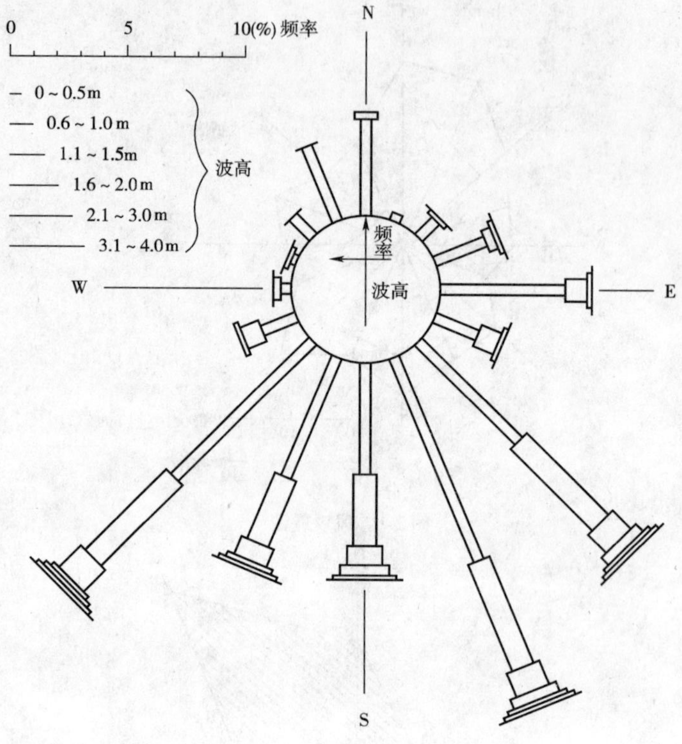

图 2-3　波浪玫瑰图

四、我国的风与海浪概况

我国是典型的季风气候国家，沿岸风向表现为季风特征：冬季盛行偏北风，夏季盛行偏南风，春秋为过渡季节。

冬季是我国季风最强的季节，蒙古冷高压控制着我国整个大陆。夏季偏南气流主要有两个来源，一个来自太平洋高压热带海洋气团，称为东南季风；另一个来源是印度洋赤道气团，称为西南季风。前者主要影响黄海、渤海和东海北部沿岸；后者主要影响东海南部和南海沿岸。

我国沿岸年平均风速，一般来说是东海沿岸最大，黄海、渤海沿岸次之，南海沿岸最小。

我国沿岸年平均波高是北部小南部大，渤海沿岸大致为 0.3 ~ 0.6m；黄海沿岸大致为 0.6m；南海沿岸为 1.0m 左右。在台风或寒潮作用下，渤海海峡地区曾出现过 8.0m 大浪，台湾海峡达 9.5m，南海沿岸也出现过 9.8m 大浪。

波浪的平均周期，各地年平均在 4 ~ 6s 范围内，渤海地区最大周期达 13.6s，东海曾出现的最大周期达 19.8s。

五、我国海港工程设计波浪的确定

关于海港工程设计波浪的选取，在我国《海港水文规范》（JTJ 213—98）中规定如下：

4.1　设计波浪标准

4.1.1　设计波浪的标准包括设计波浪的重现期和设计波浪的波列累积频率。

4.1.2　在进行直墙式、墩柱式、桩基式和一般的斜坡式建筑物的强度和稳定性计算时，设计波浪的重现期应采用 50 年。斜坡式护岸等非重要建筑物，破坏后不致造成重大损失者，其设计波浪的重现期可采用 25 年。

对于特殊重要的建筑物，如海上灯塔等，当实测波高大于重现期为 50 年的同一波列累积频率的波高时，可适当提高标准，必要时可按实测波高计算。

4.1.3　在进行直墙式、墩柱式、桩基式和一般的斜坡式建筑物的强度和稳定性计算时，设计波高的波列累积频率应按表 4.1.3 采用。

设计波高的累积频率标准　　表 4.1.3

建筑物型式	部位	设计内容	波高累积频率 F(%)
直墙式、墩柱式	上部结构、墙身、墩柱、桩基	强度和稳定性	1
	基床、护底块石	稳定性	5
斜坡式	胸墙、堤顶方块	强度和稳定性	1
	护面块石、护面块体	稳定性	13(注)
	护底块石	稳定性	13

注：当平均波高与水深的比值 $\overline{H}/d<0.3$ 时，F 宜采用 5%。

当推算的波高大于浅水极限波高时，应按极限波高采用。极限波高的确定见第六章。

波浪周期可采用平均周期，波长可按下式计算：

$$L=\frac{g\overline{T}^2}{2\pi}\tan\frac{2\pi d}{L}$$

式中：L——波长（m）；

$\overline{T}$——平均周期(s);

g——重力加速度(m/s^2);

d——水深(m)。

当 $d \geqslant L/2$ 时,$\tan 2\pi d/L \approx 1.0$,为深水波,其波长用 L_0 表示。波长 L_0 可按附录C确定。

有效波周期可按下式计算:

$$T_S = 1.15\overline{T}$$

式中:T_S——有效波周期(s)。

4.2 各种累积频率波高间的换算

4.2.1 对于不规则的海浪,可用其统计特征值表示。常用的波高统计特征值有平均波高 H、均方根波高 H_r、累积频率为 $F(\%)$ 的波高 H_F 以及 $1/P$ 大波的平均波高 $H_{1/P}$。

各种累积频率波高间的换算关系可按图4.2.1-1和图4.2.1-2确定。

4.2.2 对于深水波,常见的 $1/P$ 大波的平均波高和均方根波高可按下列公式计算:

$$H_{1/100} = 2.66H$$

$$H_{1/10} = 2.03H$$

$$H_{1/3} = 1.60H$$

$$H_r = 1.13H$$

在不同 H/d 的情况下,$H_{1/100} \approx H_{0.4\%}$,$H_{1/10} \approx H_{4\%}$,$H_{1/3} \approx H_{13\%}$。

4.3 不同重现期设计波浪的推算

4.3.1 当海港工程所在位置或其附近有较长期的波浪实测资料时,可采用分方向的某一累积频率波高的年最大值系列进行频率分析,确定不同重现期的设计波高。

必要时,可用历史天气图对当地历史上大的台风等情况和个别年份缺测大浪的情况进行波浪要素的计算,以延长插补实测波浪系列,其计算方法按第五章的有关规定执行。

4.3.2 与某一重现期的设计波高相对应的波浪周期的推算方法可按下列规定采用。

4.3.3 在进行波高或周期的频率分析时,连续的资料年数不宜少于20年。

当需确定某一主波向不同重现期的设计波浪时,年最大波高及其对应周期的数据,可在该方向左右各22.5°的范围内选取。若需每隔45°的方位角都进行统计时，则对每一波向均只归并相邻一个22.5°内的数据。

目前，港口工程建设中推求设计波浪的途径有两种。第一种，如果筑港地区内设有海洋水文观测台（站），根据观测资料，得到历年出现最大波高的那个波列，并以某个特征波来代表它。然后把它作为样本用数理统计方法来分析每年一个最大的特征波高的分布规律，根据这个分布规律来推断今后多年内可能出现的波浪情况。第二种，如果筑港地区海洋水文观测台站或建站不久，资料缺少，则可以利用当地气象台站的历年风况资料，然后根据风况和波浪要素的关系求出相应的波浪要素，再依此用数理统计方法最后确定设计波浪。前者是直接的推算方法，比较可靠；后者是间接的推求方法，误差较大。

六、公路跨海大桥工程设计波浪含义

1．“50年一遇 $H_{1\%}$”的含义

在跨海大桥工程设计文件中，常见有“50年一遇 $H_{1\%}$”等技术指标。“50年一遇 $H_{1\%}$”就是指本工程结构物的设计波高，以米计。“50年一遇”是指波高 $H_{1\%}$ 的重现期，“$H_{1\%}$”是指波列累积频率为1%的波高值（一般表达式为 H_{F}），1%是波高的波列累积频率。其按如下步骤推算而得。

首先，按照技术规范确定设计波高的波列累积频率 F（本例已经指定为1%），如1%、5%、13%等。不同的建筑物，不同的结构部位，不同的设计内容，F 取值不同。

其次，根据波浪观测记录资料，按照年份，选取每年一个有代表性的波列（一般要选取每年中出现最大波高的波列，且要有100个及以上连续波的波高观测记录）进行频率分析，求出频率 F 为1%的波高值，即 $H_{1\%}$，单位以m计。一般需要求出不少于20个年份的 $H_{1\%}$ 值。

最后，利用求出的历年 $H_{1\%}$，进行频率分析，求出重现期为50年一遇的波高，该波高就是“50年一遇 $H_{1\%}$”的波高值，即设计波高值。

2．“50年一遇 $H_{1/10}$”的含义

在公路跨海大桥工程设计文件中，可能会遇到“50年一遇 $H_{1/10}$”等技术指标。它与“50年一遇 $H_{1\%}$”唯一不同在于 $H_{1/10}$ 的含义与计算。

$H_{1/10}$ 的一般表达式为 $H_{1/P}$，$H_{1/P}$ 是波列中 $1/P$ 大波的平均波高，$H_{1/10}$ 是将一个波列（比如100个连续波高）按照波高大小排列，取前面1/10的大波，即100个波中取前10个大波的平均值，即 $H_{1/10}$。$H_{1/10}$ 相当于 $H_{4\%}$，即 $H_{1/10} \approx H_{4\%}$。

第二节 潮 位

一、潮汐现象

由于日、月引潮力使海洋水面产生周期性升降运动称为潮汐。各地潮汐具有各种形态,大体上可分为三种类型:半日潮、日潮和混合潮。

半日潮:在一个太阴日(24h50min)内发生两次高潮和两次低潮。相邻两次高潮和两次低潮高度几乎相等,涨潮历时和落潮历时相等,潮位曲线为对称的余弦曲线。

日潮:一太阴月中的大多数太阴日里出现一次高潮和一次低潮。潮位曲线为对称的余弦曲线。

混合潮:混合潮可分为不规则半日潮和不规则日潮。不规则半日潮,是在一个月的多数日子里出现两次高潮和两次低潮,呈半日潮性质;而在其余的日子里,两次高潮和两次低潮的高度相差较大,涨潮历时和落潮历时也不相等。不规则日潮,在半个月中,日潮的天数超过7d,而在其余的日子里为不规则半日潮。

二、基准面和特征潮位

黄海平均海平面:它是青岛验潮站多年平均海平面。黄海平均海平面在我国有着特殊的用途,1957年以前,我国各地区的测绘部门分别采用青岛零点、吴淞零点、大沽零点、珠江零点等作为测量高程的基准面。为了统一我国的高程系统,从1957年起采用黄海平均海平面作为全国统一的陆地高程起算面,即"1956年黄海高程系"(它是以1950~1956年青岛验潮站测定的平均海平面作为高程基准面);1985年开始启用"1985国家高程基准"(它是以青岛验潮站1952~1979年验潮资料测定的平均海平面作为基准面)。1985年高程基准面高出原1956年黄海平均海平面0.029m。

理论深度基准面:为了保证航海安全,海图上所标明的深度不从平均海平面起算,而是采用理论深度基准面,即理论上潮汐可能达到的最低潮面。

潮高基准面:潮汐表上所预报的潮位值也有一个起算面,即潮高基准面,它是平均海平面下的一个面,在潮汐表上都有注明。

港口工程采用的特征潮位有最高潮位、最低潮位、平均最高潮位和平均最低潮位、大潮平均高潮位和大潮平均低潮位、小潮平均高潮位和小潮平均低潮位。

最高潮位和最低潮位是指历史上曾经观测到的最高值和最低值。如在多年潮位资料中取每年最高潮位和最低潮位并分别取平均值,即平均最高潮位和平均最低潮位。取每月两次大潮(小潮)的高潮位和低潮位的多年平均值,即为大潮平均高潮位和大潮平均低潮位、小潮平均高潮位和小潮平均低潮位。

三、我国沿海的潮汐概况

我国沿海潮汐性质:渤海多属不规则半日潮,黄海、东海多属半日潮,南海多属日潮、不规则日潮及不规则半日潮。

我国沿海潮差:渤海、黄海一般3~4m,福建沿海5m,温州可达8m,广州湾约3.5m,海南岛东岸约1.8m。

高潮出现的规律:每天向后推迟50min(因为一个太阴日为24h50min),每月初一、十五,太阳、月球和地球成一线时,理论上出现大潮汐,由于受其他因素影响,每月大潮汐一般滞后1~3d出现。

潮汐表:我国主要港口均在前一年刊印当年的潮汐预报资料,承包商可根据工程地理位置向有关单位收集当地潮汐表,以便于施工组织管理。

长江中下游河段潮差大致情况:长江自长江口的横沙至安徽省的大通,此段河流受海洋潮汐影响,存在潮汐现象,沿途潮差大致情况为:横沙2.60m,天生港2.26m,江阴1.91m,镇江1.64m,南京0.55m,芜湖0.28m,大通0.0m。

四、我国海港工程设计潮位的确定

关于海港工程设计潮位标准及设计潮位的统计和计算方法,在我国《海港水文规范》(JTJ 213—98)中规定3如下:

3　潮位

3.1　设计潮位标准

3.1.1　海港工程的设计潮位应包括:设计高水位、设计低水位;极端高水位、极端低水位。

在海港工程的总体设计和水工建筑物结构设计中,可用相同的设计高水位、设计低水位和极端高水位。极端低水位主要用于水工建筑物结构设计。

3.1.2　对于海岸港和潮汐作用明显的河口港,设计高水位应采用高潮累积频率10%的潮位，简称高潮10%；设计低水位应采用低潮累积频率90%的潮位，简称低潮90%。

3.1.3　对于海岸港和潮汐作用明显的河口港，如已有历时累积频率统计资料，其设计高水位和设计低水位也可分别采用历时累积频率1%和98%的潮位。

3.1.4　对于汛期潮汐作用不明显的河口港，设计高水位和设计低水位应分别采用多年的历时1%和98%的潮位。

3.1.5　海港工程的极端高水位应采用重现期50年的年极值高水位；极端低水位应采用重现期为50年的年极值低水位。

3.2　设计潮位的统计和计算方法

3.2.1　确定设计高水位和设计低水位，进行高潮和低潮累积频率以及乘潮潮位累积频率统计，应有完整的一年或多年的实测潮位资料。

3.2.2　潮位累积频率按下列方法统计。

3.2.2.1　高潮或低潮累积频率应按以下步骤统计：

(1)从潮位资料中摘取各次的高潮或低潮位值，统计其在不同潮位级内的出现次数，潮位级的划分采用10cm为一级；

(2)由高至低逐级进行累积出现次数的统计；

(3)各潮位级的累积频率为年或多年的高潮或低潮总潮次除各潮位级相应的累积出现次数；

(4)在方格纸上以纵坐标表示潮位，以横坐标表示累积频率，将各累积频率值点于相应潮位级下限处，连绘成高潮或低潮累积频率曲线，然后在曲线上摘取高潮10%或低潮90%的潮位值。

3.2.3　在新建港口的初步设计阶段，若潮位实测资料不足一整年时，可采用“短期同步差比法”，与附近有一年以上验潮资料的港口或验潮站进行同步相关分析，计算相当于高潮10%或低潮90%的数值。并应继续观测，对上述数值进行校正。

3.2.4　进行差比计算时，两港口或验潮站之间应符合下列条件：

(1)潮汐性质相似；

(2)地理位置邻近；

(3)受河流径流包括汛期径流的影响相似。

3.2.7　在新建港口初步设计阶段，若潮位实测资料不足一整年，又不具备进行差比计算条件时，设计高水位和低水位可按附录A计算相当于高潮10%或低潮90%的数值。并应继续观测，对上述数值进行校正。

3.2.8　确定极端高水位和低水位，进行高潮和低潮的年频率分析，应有不少于连续20年的年最高潮位和年最低潮位实测资料，并应调查历史上出现的特殊水位。

3.2.13　对于潮位实测资料年限不足的港口，极端高水位和极端低水位可按附录C确定。

五、公路跨海大桥工程设计潮位与含义

1. 通航水位

公路跨海大桥工程通航水位有最高设计通航水位和最低设计通航水位，通航水位决定桥梁构筑物通航孔的高度与宽度，通航水位由航道管理部门确定。

2. 设计潮位

公路跨海大桥工程桥梁结构物强度设计采用的水位主要有设计最高水位（如100年一遇高水位）和设计最低水位（如100年一遇低水位）。

确定设计最高水位（以100年一遇为例）的步骤：首先找出每年出现的实测最高潮位值（年数一般不少于20年），然后对历年实测最高潮位进行频率分析，求得重现期为100年的潮位值，该潮位值即为100年一遇高水位。

确定设计最低水位（以100年一遇为例）的步骤：首先找出每年出现的实测最低潮位值（年数一般不少于20年），然后对历年实测最低潮位进行频率分析，求得重现期为100年的潮位值，该潮位值即为100年一遇低水位。

第三节　其他自然条件

一、海流

关于海流的特性，在我国《海港水文规范》（JTJ 213—98）中规定如下：

9.1　近岸海流的特性

9.1.1　通常所称的海流，是一种综合性流，即各种类型海流的合成流动。

在海港工程中，有关港址选择、水工建筑物和航道的布置，抛泥地选择、作用于水工建筑物上的水流力和船舶系靠力以及泥沙的淤积和冲刷等问

题，均应考虑当地的海流状况。

9.1.2 近岸海流一般以潮流和风海流为主。在某些情况下，其他类型的海流也相当显著，如由于波浪破碎产生的沿岸流和离岸流等。

河口区的水流一般以潮流和径流为主。在某些情况下，其他类型的水流，如盐水楔异重流等也相当显著。

9.1.3 感潮河段内的水流具有下列特性：

(1)在潮流界和潮区界之间，仅有水位升降的现象，而不存在指向上游的涨潮流；

(2)在潮流界以下，涨落潮流呈往复形式，因有径流加入，落潮流量大于涨潮流量；

(3)涨潮历时小于落潮历时，涨潮历时愈向上游愈短。

9.1.4 海流特征值应根据现场实测资料经分析后确定。在实测资料不足的情况下，风海流可按附录 K 估算。对于建造建筑物以后的海流状况，根据工程需要可用数值模拟或物理模型试验等方法预测。

二、热带气旋

1. 热带气旋特性

热带气旋是发生在热带洋面上的强烈风暴，其特征是气旋作急速的逆时针旋转，常伴有狂风、暴雨、巨浪和风暴潮。一般风力可达 50 ~ 60m/s。热带气旋在我国登陆的范围很广，南起两广，北至辽宁沿岸，就总数来讲，广东省约占一半，台湾福建次之。热带气旋多出现在每年的 5 ~ 12 月份之间，其中 7、8、9 月份出现的次数最多。

2. 热带气旋的名称与等级

2006 年我国执行新的热带气旋国家标准，热带气旋由原来的四个等级变为六个等级。根据《热带气旋等级》(GB/T 19201—2006)，热带气旋分为热带低压、热带风暴、强热带风暴、台风、强台风和超强台风六个等级。

热带气旋的等级是以热带气旋底层中心附近最大平均风速作为分级标准，见表 2-6。

热带气旋名称与等级表 表 2-6

热带气旋等级	热带低压	热带风暴	强热带风暴	台风	强台风	超强台风
风速(m/s)	10.8 ~ 17.1	17.2 ~ 24.4	24.5 ~ 32.6	32.7 ~ 41.4	41.5 ~ 50.9	≥51.0
风力(级)	6 ~ 7	8 ~ 9	10 ~ 11	12 ~ 13	14 ~ 15	≥16

3. 热带气旋的发布

热带气旋的信息发布分为三个等级：

(1)消息：在热带气旋编号后，气象台以消息方式向公众报告热带气旋的动向。

(2)警报：凡预计热带气旋在未来48h内，对沿海某海区有阵风8级以上大风影响，并有继续增强的趋势时，发布某海区警报。

(3)紧急警报：凡预计热带气旋在未来24h内，对沿海某海区将继续增强到阵风10级或以上时，即发布某海区紧急警报。

三、寒潮

寒潮是指强冷空气的活动，我国近海都能受到冷空气的侵袭，强烈的冷空气可以一直影响到南海。国家气象局对寒潮的定义是：凡24h内，气温下降10℃以上，最低气温达5℃以下者，为寒潮(即强冷空气)。未达到者称为冷空气活动。每年冬季，冷空气活动次数一般不下于20次，但是达到寒潮标准的不过数次。寒潮天气的主要特点：剧烈降温，伴随大风和雨雪，沿海出现8级以上偏北大风。

我国寒潮规律是，3~4月寒潮频率最高，11月次之(多发生在季节转换时节)，次数由北向南减少，年均：渤海11次，东海10次，南海6次。

四、雾

1. 雾的定义

空气中的水汽凝结而产生的水滴和冰晶，当它的质量小于空气的浮力漂浮于空中，使水平能见度小于1km时，称为雾。气象部门以水平能见度来确定雾级，见表2-7。

雾级表　　表2-7

雾级	浓雾	大雾	雾	浓轻雾	轻雾
水平能见度(m)	<100	100~500	500~1 000	1 000~4 000	4 000~10 000

2. 雾的形成

雾的形成包括两个不同的物理过程，一是水汽的凝结过程，另一是凝结的水滴或冰晶在低空聚集过程。

3. 雾的种类

根据雾的形成原因，大致可以分为两大类：一类是受下垫面性质影响形成的雾，如平流雾、辐射雾和混合雾等；另一类是受天气系统影响形成的雾，如锋面雾、气旋雾和高气压雾等。海上和沿海地区最常见的雾是平流雾、锋面雾和辐射雾。

(1)平流雾

平流雾是暖湿空气在饱和状态下产生凝结的现象。暖湿空气吹送到比它冷的海面上时,由于海气之间相互作用,使未饱和的空气达到饱和状态,产生凝结的雾,称为平流雾。这是海上主要的雾,对海上施工作业威胁最大。主要出现在春夏两季,一般持续3~4d,这种雾的特点是浓度大,范围广,持续长,活动多变,雾的日变化不明显。舟山海区每年3~5月是发生平流雾的季节。

(2)锋面雾

锋面雾是指锋面以上暖水滴落到低层冷空气中,此时雨滴温度高于其周围的冷空气温度,雨滴会不断蒸发产生水汽凝结现象,这种凝结现象出现在近地面层就会形成锋面雾,又称雨雾。

(3)辐射雾

当沿海或海面上湿度很大,接近饱和状态,在晴空无云,风速不大的夜晚,因夜间辐射冷却而形成的雾称为辐射雾。一般多发生在秋、冬两季。

4. 雾的危害

大雾是我国沿海重大灾害性天气之一,它的形成是海面视程恶劣,能使海上航标失去作用,能改变音响航标的传播距离。在大雾的情况下,航行的船舶即使运用雷达等导航仪器,也仍然可能发生偏航搁浅触礁。

第四节 浅层气与承压水

一、浅层气

在高速沉积的近岸区,特别是河口三角洲地区,大量有机质随沉积物一同被埋藏于地层中,经长期的生化反应,在地层中形成天然气 CH_4。

浅层气在我国东海大陆架和南海北部大陆架均有发现,它是一种危险的潜在地质灾害。浅层气的存在,使沉积物中孔隙水压力增加,而地层有效压力相应减小,地基强度低,成为海底工程建设的不稳定因素,一旦浅层气溢出,会出现局部塌陷,给海底工程设施带来危害。在海洋钻探中,一旦遇到有一定压力的浅层气聚集层,会发生井喷,甚至造成井口塌陷、火灾等灾难事故(图2-4~图2-5)。

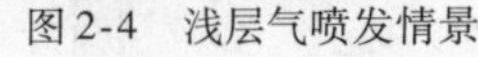

图 2-4　浅层气喷发情景

图 2-5　浅层气燃烧情景

1. 浅层天然气的成因

自然界中气体生成是十分普遍的，按其成因类型可分为有机成因和无机成因两大类。天然气一般属于有机成因，CO_2 气体多属无机成因。长期以来，国内外许多石油地球化学家已对天然气的成因类型进行系统而深入的研究，并取得较为一致的认识，即根据天然气产生过程和热演化成熟度的差异，将其分为生物化学作用和热催化作用形成的天然气，其中，热催化作用的天然气根据其热演化成熟度进一步分为石油伴生气和裂解气。比如杭州湾大桥桥址地区浅层天然气以高甲烷（90% 以上）为显著特征，属典型的未受重大次生作用影响的原生甲烷型生物成因气。

所谓的生物成因气就是指沉积的有机质经过厌氧细菌生物化学分解作用而生成的生物成因甲烷气。

海底浅层气主要分布于河口与大陆架地区，以层状、团（块）状、高压气囊及气底辟 4 种形态赋存于海底。

2. 浅层天然气的特性

据杭州湾跨海大桥地质勘探显示，当遇到浅层天然气时，钻进感觉反力很大，起钻时从管口喷出泥浆，最高可达 20m 左右，孔内总长 50 余米钻具有时被顶起；套管拔除后，水体翻涌，水面泛着白色气泡，3d 后水面仍在翻涌；时隔三个月，孔位处仍有气泡冒出。

在长江口的地质钻探时，也发现了浅层天然气的存在，属于范围较小的囊状储气层，部分勘探孔出现喷发现象，喷发时的孔深多在 20 ~ 30m 之间，少数达到 55m，喷出高度（平台以上）8 ~ 17m，持续时间多在几分钟，少数持续达30min。上海崇明越江通道长江大桥工程采用了钢管桩和钻孔桩基础，在施工过程中，没有发生井喷现象，也没有采取预防浅层气的措施。

除杭州湾跨海大桥工程施工遇到浅层气外，国内桥梁工程施工也曾遇到过浅层天然气，但土层含气量较小、气压低、分布浅、一般不用采取专门的防护措施，个别情况采取加长护筒等简单措施即能克服。在浅层天然气埋藏较深，气压大的区域修建桥梁，是桥梁勘察设计及施工的新课题。

3．浅层气对工程的影响

(1)浅层气对桥梁桩基设计的影响

基于桩土相互作用机理与桩基设计要求，浅层气对桥梁桩基承载力与变形可能产生的影响有：土体剧烈扰动显著降低桩基承载力，桩基产生不均匀沉降，桩基中产生负摩擦力等。

(2)浅层气对桥梁桩基础施工的影响

采用打入钢管桩时，管内土塞自重较大，起到了密封作用，浅层气不可能大量逸出，施工相对较安全。浅层气对沉桩施工影响不大，打入桩穿过含气区进入砂层底部或更深的持力层可得到保证。

采用钻孔桩时，首先需要顺利成孔。成孔过程本质上是一个卸荷过程，即随着成孔深度的增加，孔内上覆土层不断清除。成孔至含气砂层时，由于卸荷作用，当上覆压力小于浅层气的气藏压力时，浅层气会从孔内逸出；当压力差较大且浅层气逸出通道连续时，甚至会出现强烈的井喷，孔周泥沙会向孔内涌入，造成塌孔，轻则埋钻，重则造成施工平台下陷，甚至发生灾害，严重威胁施工人员的安全。因此，在高压浅层气地层采用钻孔桩桩型，如事先不采取工程处理措施，施工将难以顺利实施。

(3)浅层气对桥梁运营安全的影响

根据浅层气的化学性质与气藏特征以及桩土相互作用机理，可以认为，在桥梁工程运营中，只要不在桥梁附近进行土层扰动等前提下，浅层气不会对桥梁安全造成不利因素。

4．施工防治措施

1)施工前仔细核对地质资料，了解浅层天然气的分布范围、埋置深度、压力及储量大小。

2)采取预先释放浅层气措施。

(1)超前放气

由于浅层气无控释放危害性大，一旦发生井喷，对土体扰动范围较大，几乎难以控制。因浅层气需要一定的时间才能较彻底地释放，故释放浅层气应在施工前预先进行，建议超前放气时间应超过1.5个月。

(2)选择放气区域

浅层气对打入桩基础施工影响较小，在钢管桩基础范围内，可不考虑进行控制放气。

浅层气对钻孔桩基础施工有较大影响。在钻孔过程中如浅层气从孔内大量喷发易造成坍孔、埋钻等事故，因此在钻孔桩区域必须考虑在施工前进行有控制地放气。

(3)排气孔位设置应保持与基础一定距离

设置排气孔位应在基本摸清含气层的位置与分布基础上进行。排气孔尺寸与数量应视透镜体气囊的大小与连通性而定，由于连通的高压浅层气释放时对地层扰动的范围较大，施工前预先放气严禁在基础范围进行。排气点原则上只能在距桥址一定距离的上游和下游处布设。合理的距离界限取决于气压的高低、气囊的连通性：气压高，距离应加大，气压低，距离可减小；同样，气囊的连通性好，距离应加长，气囊的连通性差，距离可缩短。在浅层气连通较好、气压较高的情况下，建议排气点位置距基础的距离应超过30m。

(4)进行放气试验

放气试验基本技术思路是采用简易放气法，即利用工程钻探设备进行放气，具体实施过程为钻井、下套管和固井、控制放气。

采用套管钻井，泥浆相对密度控制在1.2以上，不起钻，避免起钻引起井喷，钻入气层10m后直接水泥固井。

采用尾管射孔完井法，在平台上安装各种阀门、压力表和减压阀，进行控制放气，并计算流量和压力变化。

3)采用防爆电器及开关。

4)禁止使用明火，钻孔平台备足消防用品。

5)在钻进进入含气层时，采取慢速减压钻进，并加大泥浆相对密度，加强泥浆护壁，防止因少量气体逸出引起孔壁坍塌。适当增加钻孔桩作业平台高度，增大泥浆水头和相对密度，以平衡浅层气压力，防止气体喷出，同时加强施工期间的监测。

在何种浅层气储量情况下，需要采取预先排气措施，是一个值得进一步研究的问题。

二、承压水

承压水是充满于上、下两个稳定隔水层之间的重力水。上、下两个隔水层分别称顶板和底板。承压水最重要的特征是含水层顶面承受静水压力。当钻孔揭穿隔水层顶板时,承压含水层中的水,在静水压力作用下沿钻孔上升,直到某一高度才能静止下来,可见承压水的初见水位与静止水位是不一致的。静止水位又称承压水位或测压水位。某点处的静止水位高出隔水层顶板底面的距离,称为该点的承压水头。承压水位高于地面时,承压水头称正水头,反之称负水头。

承压水的形成主要决定于地质构造条件。向斜构造、构造盆地和单斜构造是适合于承压水存在的最有利地质条件。

承压水对钻孔桩施工影响很大,应采取预防措施防止孔壁坍塌。

(1)施工前仔细核对地质资料,了解承压水的分布范围、埋置深度、承压水头压。

(2)当钻机钻至接近承压水顶板时,应减速慢钻,同时加大泥浆相对密度。

(3)在钻机通过承压水层时,注意观察孔内水位变化,增加泥浆相对密度检测频率,保持孔内泥浆相对密度稳定。如出现坍孔应及时处理。

第五节　海底管线与海底障碍物

海底管线包括通信光缆、通信电缆、动力电缆、天然气管道等。管线具体位置可查阅海图、船舶定线制专用图或航行通告等。

在开工前,业主应将施工区域及附近海底管线名称、数量、路由等,绘制成桥区附近水下管线分布图,供各承包商使用;在工程开工前,业主应请管线单位就海底管线的分布以及注意事项等向承包商进行交底;在施工过程中,必要时由承包商请管线单位进行现场监护。

海底障碍物可能威胁到施工船舶的安全。承包商应对桥区及附近海域的障碍物情况进行了解,包括沉船、暗礁、浅滩等;向海事部门、海军航保部订阅相关海图、航海通告、航行改正通告、收听航行警告等,掌握施工区域内水下障碍物的变化情况。

第三章　工程质量监理

公路跨海大桥工程因受所处海洋环境影响，在桥梁设计和施工方面与一般桥梁工程具有明显差异。这些差异主要表现在：一是公路跨海大桥工程设计与施工必须考虑结构物的防腐蚀耐久性问题；二是海上桥梁结构物的设计和施工方案应结合海洋环境制订；三是需要有适应恶劣海洋气象环境的大型施工船舶等。

工程质量监理是工程监理的重要工作任务之一，质量监理包括永久性工程和临时性工程的监理。工程质量监理是通过审查承包商的施工组织设计（方案），监督承包商按照施工组织设计（方案）进行施工，并对工程所使用的各种原材料、半成品、成品以及工序质量按照技术规范及标准进行验收和检查。监理机构对承包商的施工组织设计（方案）审查是质量监理工作的重要环节，可起到事前控制的作用，监理机构对施工组织设计（方案）的审查能力反映了监理机构的水平高低。

从事公路跨海大桥工程的质量监理工作，需要熟悉桥梁结构物防腐蚀耐久性的设计和施工措施，了解国内大型施工船舶和施工机械性能，熟悉海上桥梁工程测量技术以及海上桥梁构筑物施工方案（工艺）等，本章对此进行介绍。

第一节　混凝土结构耐久性设计与施工

由于跨海大桥所处海洋环境影响，海水及海洋大气中的氯离子对混凝土中的钢筋产生腐蚀，抵御海水腐蚀的主要途径是控制混凝土中氯离子的渗透速度，可以采取的措施有：采用高性能混凝土、增加混凝土保护层、采用混凝土表面涂层、采用环氧涂层钢筋、采用阴极保护等。目前多采取前三种措施，后两种措施中，采用涂层钢筋因其降低在混凝土中的握裹力，受弯钢筋涂层出现细微裂缝，施工过程中对涂层的保护要求高，增加施工难度等，已逐渐被淘汰；对混凝土中的钢筋实行阴极保护因其价格昂贵和稳定性不高也很少采用。

一、混凝土结构腐蚀破坏的机理

在《海港工程混凝土结构防腐蚀技术规范》（JTJ 275—2000）1.0.1～

1.0.2条文说明中，对混凝土结构在海水环境中的腐蚀破坏机理阐述如下。

海港工程混凝土结构经常与海水接触并处于潮湿环境中，氯离子渗入引起钢筋锈蚀往往导致混凝土结构 10～20 年就发生破坏，使用寿命受到严重威胁。

钢筋锈蚀引起的腐蚀破坏主要是：各种原材料挟进混凝土中的氯离子以及海水中的氯离子不断渗入到钢筋周围，当此氯离子含量达到某一临界值时，钢筋的钝化膜开始破坏，丧失对钢筋的保护作用，从而引起钢筋锈蚀，削弱其有效断面，并引起膨胀，破坏混凝土保护层，形成恶性循环，加速结构的破坏。

二、规范中的有关规定

在《海港工程混凝土结构防腐蚀技术规范》（JTJ 275—2000）中，对混凝土结构耐久性设计和施工措施规定如下。

3.0.2　混凝土结构防腐蚀耐久性设计，应针对结构预定功能和所处环境条件，选择合理的结构形式、构造和抗腐蚀性、抗渗性良好的优质混凝土；对处于浪溅区的混凝土构件，宜采用高性能混凝土，或同时采取特殊防腐蚀措施。

3.0.4　应根据预定功能和混凝土建筑物部位所处的环境条件，对混凝土提出不同的防腐蚀要求和措施。混凝土部位可根据水域掩护条件和港工设计水位或天文潮位按表 3.0.4 的规定划分。

海水环境混凝土部位划分　　表 3.0.4

掩护条件	划分类别	大气区	浪溅区	水位变动区	水下区
有掩护条件	按港工设计水位	设计高水位加 1.5m 以上	大气区下界至设计高水位减1.0m之间	浪溅区下界至设计低水位减 1.0m 之间	水位变动区以下
无掩护条件	按港工设计水位	设计高水位加（η_0 + 1.0m）以上	大气区下界至设计高水位减 η_0 之间	浪溅区下界至设计低水位减 1.0m 之间	水位变动区以下
无掩护条件	按天文潮位	最高天文潮位加 0.7 倍 100 一遇有效波高 $H_{1/3}$ 以上	大气区下界至最高天文潮位减百年一遇有效波高 $H_{1/3}$ 之间	浪溅区下界至最低天文潮位减 0.2 倍百年一遇有效波高 $H_{1/3}$ 之间	水位变动区以下

注：①η_0 值为设计高水位时的重现期 50 年 $H_{1\%}$（波列累积频率为 1% 的波高）波峰面高度。

②当浪溅区上界计算值低于码头面高程时，应取码头面高程为浪溅区上界。

③当无掩护条件的海港工程混凝土结构无法按港工有关规范计算设计水位时，可按天文潮潮位确定混凝土的部位划分。

3.0.5　预应力构件在作用的频遇组合(短期效应组合)时的混凝土拉应力限制系数 α_{ct} 和钢筋混凝土构件在作用的准永久组合(长期效应组合)时的最大裂缝宽度,不得超过表3.0.5规定的限值。

混凝土拉应力限制系数 α_{ct} 及最大裂缝宽度限值　　表3.0.5

构件类别	钢筋种类	大气区	浪溅区	水位变动区	水下区
预应力混凝土	冷拉Ⅱ级、Ⅲ级、Ⅳ级	$\alpha_{ct}=0.5$	$\alpha_{ct}=0.3$	$\alpha_{ct}=0.5$	$\alpha_{ct}=1.0$
	碳素钢丝、钢绞线、热处理钢筋、LL650级或LL800级冷轧带肋钢筋	$\alpha_{ct}=0.3$	不允许出现拉应力	$\alpha_{ct}=0.3$	$\alpha_{ct}=0.5$
钢筋混凝土	Ⅰ级、Ⅱ级、Ⅲ级钢筋和LL550级冷轧带肋钢筋	0.2mm	0.2mm	0.25mm	0.3mm

3.0.6　混凝土构件在制作过程中出现的裂缝应按照现行行业标准《水运工程混凝土施工规范》(JTJ 268)的有关规定及时进行处理。

此外,《海港工程混凝土结构防腐蚀技术规范》(JTJ 275—2000)对防腐蚀其他技术措施也作出了规定:对混凝土结构的结构形式和构造进行限制;对海港工程混凝土中的原材料、混凝土质量、预应力灌浆材料、混凝土保护层垫块、混凝土配合比、混凝土施工等方面进行控制。

三、高性能混凝土

近年来,高性能混凝土(简称HPC)在跨海大桥工程中受到普遍关注和使用,它具有高耐久性、高强度等特点,尤其是它的抗氯离子渗透性,显著提高了混凝土的护筋性能。

1. 高性能混凝土原材料

(1)水泥

宜选用标准稠度低、强度等级不低于42.5的热硅酸盐水泥、普通硅酸盐水泥,不宜采用矿渣硅酸盐水泥、火山灰质硅酸盐水泥、粉煤灰硅酸盐水泥。

(2)细集料

细集料宜选用级配良好、细度模数在2.6~3.2的中细砂。

(3)粗集料

粗集料宜选用质地坚硬、级配良好、针片状少、孔隙率小的碎石,其岩石抗压强度宜大于100MPa,碎石压碎指标不大于10%。

(4)外加剂

应选用与水泥匹配的、坍落度损失小的高效减水剂,其减水率不宜小于20%。

(5)掺和料

高性能混凝土与普通混凝土相比较的不同之处,在于前者掺加了优质掺和料,这些掺和料有三种:即磨细粒化高炉矿渣、粉煤灰和硅灰。

磨细高炉矿渣的细度对其活性指数影响很大,而且磨细高炉矿渣粉较粗时引起混凝土泌水,因此对其细度要求不小于4 000cm^2/g。当混凝土中磨细高炉矿渣的掺量大于胶凝材料总量的50%时,才能明显提高混凝土抗氯离子渗透性。

粉煤灰是最常用的一种掺和料,掺加适量的粉煤灰,取代部分水泥和部分细集料,在保证混凝土强度等级与稠度要求的前提下,可以显著提高混凝土抗氯离子扩散性,增强对钢筋的保护性能。为保证掺粉煤灰的混凝土的耐久性,应采用Ⅰ级或Ⅱ级商品粉煤灰。同时注意控制最大限量,应经试验确定。

硅灰是在冶炼硅铁合金或工业硅时,通过烟道排出的硅蒸气经收尘装置收集而得的粉尘,是一种极细的颗粒,其掺入量不宜大于水泥质量的10%,过大会影响混凝土拌和物的和易性,同时会增大混凝土的收缩。

在配制高性能混凝土时,三种掺和料可以同时掺,也可以双掺或单掺。目前,有单掺粉煤灰、单掺矿渣、双掺粉煤灰和矿渣、三掺粉煤灰、矿渣和硅灰等几种形式。如东海大桥工程墩身及箱梁预制构件混凝土采用了掺矿渣、粉煤灰和硅灰,部分结构部位混凝土采用了双掺粉煤灰和矿渣,没有掺硅灰。上海长江大桥工程从钻孔桩基础至防撞墙等结构物均采用了高性能混凝土,所使用的高性能混凝土采用了双掺粉煤灰和矿渣,没有掺硅灰。

为了便于质量控制,掺和料应分别供货并进行检验,检验合格后进行拌和。若采用商品复合掺和料,则不能对掺和料进行质量检验,也不便于在配制混凝土时灵活调整复合比例。

2. 高性能混凝土中的氯离子含量

在《海港工程混凝土结构防腐蚀技术规范》(JTJ 275—2000)中,规定混凝土拌和物中的氯离子含量最高限值(按水泥质量百分率计):预应力混凝土0.06,钢筋混凝土0.10。东海大桥工程与杭州湾跨海大桥工程均采用了该规范的规定值(胶凝材料的质量百分率)。

水泥、细集料、粗集料、拌和用水、外加剂、掺和料均可能将氯离子带入混凝土中,必要时应进行检验。

混凝土中的氯离子含量的测定方法,在上海长江大桥工程中采用了《硬化混凝土中氯离子含量标准试验方法》(NT Build 208)进行测定。

3. 高性能混凝土中的碱含量

兹摘录1998年5月21日《光明日报》刊登的一篇文章，并以该文中两段文字为例来说明混凝土中的碱含量问题：

高碱混凝土——建筑物杀手

北京市的三元立交桥建成于1984年，在80年代末已发现开裂，目前盖梁及桥台开裂十分严重，裂缝宽度最大已达1.4cm，不得不采取措施将桥墩扩大以支撑悬臂盖梁。三元桥的水泥用量300~400kg/m^3，使用北京地区含碱较高的砾石作集料，施工中为了防冻和缩短凝固时间，又掺入了防冻剂和早强剂，使部分混凝土中的碱含量高达15kg/m^3，碱与混凝土集料中的某些成分发生反应，从而导致混凝土的膨胀开裂与破坏，专家们把这种反应叫碱集料反应。

1982~1984年由北京某构件厂生产的预应力钢筋混凝土铁路桥梁188孔，用于山东兖石线上。1991年调查了183孔，其中无裂缝的仅6孔，裂缝宽度一般为0.2~0.4mm，最大的达0.7mm。预制构件系采用高碱纯硅酸盐水泥，混凝土中的碱含量约6.5kg/m^3，虽然强度非常高，但开裂仍然严重。

混凝土碱含量是指混凝土中等当量氧化钠（Na_2O）的含量，以kg/m^3计；混凝土中原材料的碱含量是指混凝土中原材料中等当量氧化钠的含量，以质量百分率计；等当量氧化钠含量是指氧化钠含量与0.658倍的氧化钾（K_2O）含量之和。

《公路桥涵施工技术规范》（JTJ 041—2000）规定，混凝土中的总碱含量，一般桥涵不宜超过3.0 kg/m^3，特大桥梁及重要桥梁不宜超过1.8 kg/m^3。

水泥、细集料、粗集料、拌和用水、外加剂、掺和料均可能是混凝土中碱的主要来源，必要时应进行检验。

特殊地区混凝土中碱含量问题应引起监理机构的高度注意。

4. 评价硬化后的混凝土耐久性指标——电通量与氯离子扩散系数

1）混凝土耐久性试验方法的发展情况

混凝土的密实度是判定混凝土抵抗环境中各种有害离子侵入性能的重要指标。传统做法是采用混凝土抗高压水渗透的能力，也即用抗渗标号来表示混凝土的密实性能。实践证明，抗渗标号比较适合于判定低强度等级混凝土的密实性，但却难以区分强度等级较高的混凝土密实性。从20世纪80年代开始，世界上许多国家尝试研究各种新方法以评价混凝土抵抗外界有害离子渗入的能力，其中发展最快的一种方法是电测法。

1991 年瑞典唐路平等人提出了氯离子迁移试验方法，经过一个时期的试验与改进，认为其与 NT Build 443 有好的相关关系，1999 年 11 月北欧以此原理为基础发展了 CTH 方法（NT Build 492—1999.11）。同时，德国 Aachen 工业大学建筑材料研究所按照唐路平的氯离子迁移法提出了 RCM 方法，该方法是德国氯离子电迁移快速试验方法中的一种版本，其试验原理与 CTH 方法相同。

2）评价混凝土耐久性的两种指标

（1）氯离子扩散系数

氯离子扩散系数法试验方法有很多种，如 NT Build 443、CTH 方法（NT Build 492）、RCM 方法等。

采用 NT Build 443 测定氯离子扩散系数法的试验方法是：将直径为 75mm，长度为 100mm 的混凝土试件，在标准条件下养护 28d，将试件浸泡于指定浓度的 NaCl 溶液中至指定龄期后取出，再将试件浸入符合要求质量的 $Ca(OH)_2$ 溶液中，至指定龄期；用剖面切削机从混凝土表面以不大于 2mm 的厚度取样，并用化学方法测试氯离子浓度，绘制混凝土氯离子浓度—深度曲线，求得混凝土氯离子扩散系数。

采用 RCM 快速测定混凝土氯离子扩散系数的试验方法，即《公路工程混凝土结构防腐蚀技术规范》（JTG/T B07-01—2006）附录 A 中的试验方法是：将直径为 100mm，高度为 50mm 的混凝土试件，在标准条件下养护至试验龄期；将试件进行超声浴处理，然后放入 RCM 测定仪的试验槽中，在试验槽中注入浓度为 5% NaCl 的 0.2mol/L 的 KOH 溶液；连接电源，记录时间，测定并联电压、串联电流和电解液初始温度；将试件取出，立即在压力试验机上劈成两半，喷涂显示指示剂，测定显示分界线的高度；按照给定的公式计算出氯离子扩散系数。

（2）电通量法

《海港工程混凝土结构防腐蚀技术规范》（JTJ 275—2000）附录 B 中电通量试验方法是：将直径为 95mm，厚度为 51mm 的混凝土试件，在标准条件下养护 28d 或 90d，放入分别装有浓度为 3.0% 的 NaCl 溶液和 NaOH 溶液的试验槽中，在 60V 直流恒电压作用下，绘制电流与时间关系图，求得 6h 内通过混凝土中的电量。

3）评价混凝土耐久性试验指标的比较

电通量法主要用于高性能混凝土配合比的筛选、质量波动监控及验收（按设计指标进行验收）。

氯离子扩散系数通常用于高性能混凝土配合比筛选、质量波动监控及验收(按设计指标进行验收)以及预测混凝土工程的实际使用寿命。

对于仅用于混凝土配合比筛选、质量波动监控及验收,电通量法和氯离子扩散系数法均是可行的。氯离子扩散系数用以预测混凝土工程的实际使用寿命,或者按照工程的设计年限确定混凝土的氯离子扩散系数。

4)评价混凝土耐久性试验方法的实例

杭州湾跨海大桥工程采用了 RCM 方法快速测定混凝土氯离子扩散系数,东海大桥工程及上海长江大桥工程采用了北欧 NT Build 443 测定混凝土氯离子扩散系数。有学者提出,建议国内规范采纳该方法。

东海大桥工程及上海长江大桥工程为了能快速评价混凝土抵抗氯离子渗透能力,同时采用了电通量与氯离子扩散系数两个指标。杭州湾跨海大桥采用了氯离子扩散系数一个指标。如杭州湾跨海大桥承台混凝土氯离子扩散系数(28d+84d)$\leqslant 3.0\times10^{-12}m^2/s$。上海长江大桥承台混凝土电通量(28d)≤1 500C,氯离子扩散系数(28d+90d)$\leqslant 1.5\times10^{-12}m^2/s$。

5. 高性能混凝土施工注意事项

(1)浇筑方面

由于高性能混凝土拌和物黏性大,混凝土流动慢,粗集料下沉的速度慢(在相同振捣时间内与普通混凝土相比,粗集料下沉的距离短),因此浇筑时应对振捣工艺加以重视。

(2)养护方面

高性能混凝土因水灰比低,容易早期开裂,因此在配合比设计时要尽可能地降低单方用水量,以防止离析,同时,在浇筑混凝土后应及时覆盖养护,避免直接风吹日晒,防止混凝土水分蒸发,养护用水应采用淡水。

高性能混凝土与普通混凝土相比较,具有强度高、易振捣密实、不离析、耐久性好等优点,由于高性能混凝土中加入了矿物质超细粉和低水灰比,使混凝土拌和物黏性增大,对其流动性和可泵性有影响,早期开裂也较普通混凝土容易。

(3)高性能混凝土早期开裂与防治

高性能混凝土早期开裂的原因,主要是由于水灰比低,加之有矿物质超细粉促进水化反应,使混凝土自干燥作用快,收缩早、开裂早。由于完全控制混凝土自收缩较为困难,故只能采取积极办法,如在配合比设计时对水泥品种、水灰比、单方水泥和水的用量、集料品种和用量上进行对比来选择,施工时对混凝土加强覆盖保湿养护。

6. 高性能混凝土的收缩徐变应引起注意

在杭州湾跨海大桥工程施工中，中铁大桥局集团工程技术人员，为了提供70m预制箱梁早期张拉预应力损失数据，进行了相关试验。

混凝土试件在标养4d后即移入徐变室，至龄期5d后开始进行收缩徐变试验。表3-1给出的为180d龄期的收缩徐变试验的结果。从表3-1中可以看出，掺粉煤灰和磨细高炉矿渣粉的海工耐久混凝土（Shp5）与不掺粉煤灰和高炉矿渣粉的普通混凝土（hp1）相比，前者的180d徐变值小61%，收缩值小24%，且早期预应力的施加对混凝土的徐变影响较大，这种变化直接影响预应力的损失及桥面线形的控制。

建议设计单位对高性能混凝土与普通混凝土的收缩徐变差异应予以关注。

收缩徐变测量结果

表3-1

加载计算龄期（d）	收缩值（με）		加载 t_d 龄期的徐变值（με）	
	Shp5	hp1	Shp5	hp1
1	10	30	100/0.233	140/0.292
3	40	50	130/0.302	220/0.458
7	60	100	180/0.419	300/0.625
14	150	150	190/0.442	380/0.792
28	180	220	200/0.465	480/1.000
45	220	260	210/0.488	540/1.125
60	230	290	220/0.512	580/1.208
90	240	330	250/0.581	630/1.312
120	280	350	250/0.581	650/1.354
150	280	360	260/0.605	670/1.396
180	280	370	270/0.628	700/1.458

四、环氧涂层钢筋

我国建设部于1997年颁布行业标准《环氧树脂涂层钢筋》（JG 3042—1997），目前仍然是环氧涂层钢筋质量检验与验收的依据。

在《海港工程混凝土结构防腐蚀技术规范》（JTJ 275—2000）中，采用环氧涂层钢筋是混凝土防腐蚀技术措施之一，并对环氧涂层钢筋的所采用的材料和加工工艺以及施工过程中的质量控制作出了规定。

《公路工程混凝土结构防腐蚀技术规范》（JTG/T B07—01—2006）将环

氧涂层钢筋列为附加防腐蚀措施。

关于环氧涂层钢筋的应用发展情况，编者注意到 COWI（丹麦科威国际工程咨询公司）对上海长江大桥工程“设计准则审查”（2006.04）中的一段关于环氧涂层钢筋的意见，值得参考。

建议不要采用环氧涂层钢筋。

环氧涂层钢筋自 20 世纪 70 年代中期在北美开始使用，该技术很多年来一直有很大争议。

钢筋受弯时不可避免的出现细微裂缝、涂层中出现小孔、修补区域及切削端的保护能力差，这些都导致了环氧涂层钢筋是一个不太具有吸引力的方案。同时还会带来副作用，就是这种技术会阻止将来使用阴极保护，如果腐蚀继续发展，就没有其他办法，只能更换受损构件。目前，涂层行业正在努力改善这一技术，但是仍然无法改善导致其不确定性的关键来源，即每一施工阶段。因此，环氧涂层钢筋最可能是在预制行业中使用。

当遵循传统工序，即分别对直钢筋进行涂层，然后裁切，最后弯曲到需要的形状，北美经验已经对这种方法开始了严重怀疑。在某些情形下，当地的交通部门不允许采用环氧涂层，在加拿大的安大略省，桥梁建设和修补中都取而代之采用了不锈钢钢筋。

有关环氧涂层钢筋性能缺陷的第一份公开报告是 1992 年 1 月 10 日，得出的结论是“环氧涂层钢筋技术是有缺陷的”。

由于环氧涂层钢筋生产商及其组织机构纯粹的商业反应及偏见，这在北美大陆引起了很大的骚动。那时该技术正在向欧洲中东主要的海湾国家以及远东区域迅速发展。

采用环氧涂层钢筋就会像俗语说的“把所有鸡蛋放到一个篮子中”。

北美国家用环氧涂层的传统技术得到的经验，以及附加试验和现场调查，譬如在加拿大的安大略省，这些都导致了该技术在欧洲不能立足。这种技术已经慢慢在被淘汰，在中东和海湾国家腐蚀性很强的环境中同样如此。

杭州湾跨海大桥工程的承台、桥墩等部位使用了环氧涂层钢筋，东海大桥工程以及上海长江大桥工程没有使用环氧涂层钢筋。

五、混凝土表面涂层

1. 规范中的有关规定

混凝土表面涂层是混凝土结构防腐蚀技术措施之一。《海港工程混凝土结构防腐蚀技术规范》（JTJ 275—2000）关于混凝土表面涂层的有关条文规定如下：

7.1.1　混凝土表面涂层保护应符合下列规定：

7.1.1.1　当采用涂层保护时，混凝土的龄期不应少于28d，并应通过验收合格。

7.1.1.2　涂层系统的设计使用年限，不应少于10a。

7.1.1.3　涂层涂装的范围应按表7.1.1划分为表湿区和表干区。

涂层涂装范围的划分　　表7.1.1

名称	范围
表湿区	浪溅区及平均潮位以上的水位变动区
表干区	大气区

7.1.2　涂料品质与涂层性能应满足下列要求：

7.1.2.1　防腐蚀涂料应具有良好的耐碱性、附着性和耐蚀性，底层涂料尚应具有良好的渗透能力；表层涂料尚应具有耐老化性。

7.1.2.2　表湿区防腐蚀涂料应具有湿固化、耐磨损、耐冲击和耐老化等性能。

7.1.2.3　涂层的性能应满足表7.1.2的要求。涂层与混凝土表面的黏结力不得小于1.5MPa。

涂层性能要求　　表7.1.2

项目	试验条件	标准	涂层名称
涂层外观	耐老化试验1 000h后	不粉化、不起泡、不龟裂、不剥落	底层+中间层+面层的复合涂层
	耐碱试验30d后	不起泡、不龟裂、不剥落	
	标准养护后	均匀，无流挂、无斑点、不起泡、不龟裂、不剥落等	
抗氯离子渗透性	活动涂层片抗氯离子渗透试验30d后	氯离子穿过涂层片的渗透量在 5.0×10^{-3}mg/cm²d以下	底层+中间层+面层的复合涂层

注：①涂层的耐老化性系采用涂装过的尺寸为70mm×70mm×20mm的砂浆试件，按现行国家标准《漆膜老化测定法》(GB 1865)测定。

②涂层的耐碱性、涂层抗氯离子渗透性、涂层与混凝土表面的黏结力按附录C的混凝土涂层试验方法测定。

7.1.3　涂层系统应符合下列规定：

7.1.3.1　涂层系统应由底层、中间层和面层或底层和面层的配套涂料涂膜组成。选用的配套涂料之间应具有相容性。

7.1.3.2　根据设计使用年限及环境状况设计涂层系统，其配套涂料及涂层最小平均厚度可按表7.1.3选用。

混凝土表面涂层最小平均厚度　　表7.1.3

设计使用年限(a)	配套涂料名称				涂层干膜最小平均厚度(μm)	
					表湿区	表干区
20	1	底层		环氧树脂封闭漆	无厚度要求	无厚度要求
		中间层		环氧树脂漆	300	250
		面层	I	丙烯酸树脂漆或氯化橡胶漆	200	200
			II	聚氨酯磁漆	90	90
			III	乙烯树脂漆	200	200
	2	底层		丙烯酸树脂封闭漆	15	15
		面层		丙烯酸树脂漆或氯化橡胶漆	500	450
	3	底层		环氧树脂封闭漆	无厚度要求	无厚度要求
		面层		环氧树脂或聚氨酯煤焦油沥青漆	500	500
10	1	底层		环氧树脂封闭漆	无厚度要求	无厚度要求
		中间层		环氧树脂漆	250	200
		面层	I	丙烯酸树脂漆或氯化橡胶漆	100	100
			II	聚氨酯磁漆	50	50
			III	乙烯树脂漆	100	100
	2	底层		丙烯酸树脂封闭漆	15	15
		面层		丙烯酸树脂漆或氯化橡胶漆	350	320
	3	底层		环氧树脂封闭漆	无厚度要求	无厚度要求
		面层		环氧树脂或聚氨酯煤焦油沥青漆	300	280

7.1.4　涂装工艺、质量控制、检查、验收及维修应符合附录D的规定。

2. 混凝土表面涂层的应用实例

东海大桥工程混凝土表面防腐涂装，主要针对位于浪溅区的承台顶面、墩座及墩身下部等结构部位，采用了DSF22湿面防腐涂料进行涂装，该产品分为湿面防腐腻子和湿面防腐涂料，具有能在潮湿表面施工、固化速度快以及良好的抗氯离子渗透性。其对跨海大桥工程的保护效果尚待时间检验。

正在修建之中的杭州湾跨海大桥工程对桥墩等部位使用了混凝土表面涂层防腐蚀措施。舟山连岛工程金塘跨海大桥以及上海崇明越江通道长江大桥工程等，对桥梁结构浪溅区也准备采用混凝土表面涂层防腐措施。

六、混凝土表面硅烷浸渍

1. 混凝土表面硅烷浸渍的保护机理

混凝土结构处于氯化物侵入的海水环境中，由于混凝土中毛细管的吸收或扩散作用，使氯化物进入混凝土中，进而腐蚀混凝土中的钢筋，这是混凝土结构腐蚀破坏的主要原因。硅烷是液态憎水剂，当它浸渍混凝土表面时，与已水化的水泥发生化学反应，反应物使毛细孔壁具有憎水性，抑制海水中的氯化物渗入混凝土内，从而起到保护混凝土的作用。

2. 混凝土表面硅烷浸渍实践与效果

采用硅烷类浸渍，具有施工简便、经济和长效的防腐蚀效果，在国外桥梁工程已有成功的应用，我国在港口工程中也采用硅烷浸渍的工程实践，保护效果可长达15年。

3.《海港工程混凝土结构防腐蚀技术规范》(JTJ 275—2000)中的相关规定

我国《海港工程混凝土结构防腐蚀技术规范》(JTJ 275—2000)将硅烷浸渍列入了规范，该规范对混凝土表面硅烷浸渍的要求是：硅烷浸渍适用于位于浪溅区的混凝土结构表面防腐蚀保护；采用硅烷浸渍前应进行喷涂试验；硅烷浸渍后应进行质量验收。

七、钢筋阻锈剂

钢筋阻锈剂作为一种保护混凝土中钢筋的辅助措施，与高性能混凝土、环氧涂层钢筋、混凝土表面涂层等联合使用，并具有叠加保护效果。《海港工程混凝土结构防腐蚀技术规范》(JTJ 275—2000)第7.4.1条规定：

7.4.1　下列情况宜采用掺加亚硝酸钙阻锈剂，或以亚硝酸钙为主剂的复合阻锈剂以及质量符合第7.4.2条规定的其他阻锈剂：

(1)因条件限制，混凝土构件的保护层偏薄；

(2)混凝土氯离子含量超过第5.2.2条的规定；

(3)恶劣环境中的重要工程，其浪溅区和水位变化区，要求进一步提高优质混凝土或高性能混凝土的护筋性。

值得注意的是，亚硝酸盐类属于阳极性阻锈剂，此类阻锈剂的缺点是在氯离子浓度达到一定程度时会产生局部腐蚀和加速腐蚀。另外，该类阻锈剂还有致癌、引起碱集料反应、影响坍落度等问题存在，使得它的应用受到限制。例如，在德国、瑞士等国家已明令禁止使用这种类型的阻锈剂。

杭州湾跨海大桥工程在承台、桥墩等部位中采用了钢筋阻锈剂。东海大桥工程以及上海长江大桥工程没有使用钢筋阻锈剂。

第二节　钢结构耐久性设计与施工

跨海大桥处于恶劣海水环境中。根据我国港口工程的实践经验，普通碳素钢在海洋大气区的单面腐蚀速率为0.05～0.10mm/年，在浪溅区为0.2～0.5 mm/年，在水位变动区及水下区为0.12～0.20 mm/年。而跨海大桥的设计年限一般为100年，显然若单纯采取预留腐蚀厚度的措施，是行不通的，因此必须采取防腐蚀措施，以确保跨海大桥的设计年限。目前，采取的防腐蚀措施主要有两类，一类是机械隔离措施，即在钢结构表面包覆某一材料，使之与水氧气等隔离，达到防腐蚀目的；另一类是根据腐蚀微电池原理，提高被保护材料的电位，使之处于电位较高的一级，从而达到保护目的。

一、机械隔离法

1．涂料防腐

涂料防腐具有施工简便、成本低、适用于不同的结构部位、损坏后易于修补、对构件形状适应性强等特点。目前，所使用的涂料大多为石油化工的衍生物，分子易于断裂，使用寿命有限，一般年限为10～20年左右，有些防腐涂料生产厂家推出了更长年限的涂料，但缺乏实践检验。

对防腐涂料的性能要求：具有良好的耐候性，能适应干湿交替，耐磨损，耐冲击，当与阴极保护联合使用时，还应有耐碱性和耐电位性能等。

2．玻璃钢包覆

玻璃钢是一种复合材料，它是以玻璃纤维作为增强材料，树脂作为黏结剂，两种材料复合而成。具有轻质高强耐蚀性好，绝缘性高等优点，同时还具有可设计性和灵活成型的特点。

玻璃钢包覆用于海港码头桩基的防腐，在我国始于1983年，至今已有20多年的经验，根据推测，其理论寿命可达40年。

3. 交联聚乙烯热缩带包覆

聚乙烯是高分子材料中性能稳定、具有一定力学性能和优良耐腐蚀性能的材料。这种材料经辐射后，性能得到进一步增强。将这种材料经过一定的处理后包覆于钢结构上，经加热收缩后将其箍紧，形成一有机体封闭系统，阻止氯离子、氧气、水等物质的浸入，从而达到对结构的保护。

据日本推算，这种材料单独用于海洋浪溅区环境中，当厚度达到25mm时，寿命可达40年以上。这种保护措施，在国外曾多有使用，但目前用得较少，国内工程实例较少。

4. 环氧粉末涂层

环氧粉末涂层是一种完全不含溶剂，以粉末形态加热喷涂并熔融成膜的新型涂料。与传统的溶剂性涂料相比，它不污染环境，且涂装方便，可一次成厚膜，固化速度快，无须养护。已被广泛地应用于地下管道和管桩的防护。

熔结环氧粉末在国外已有近40年的历史，防腐效果良好，其设计使用年限可达50年。

5. 金属喷涂保护

金属喷涂保护系统一般包括喷涂金属层和封闭涂层。金属层一般为锌、铝或锌铝合金。一般采用火焰喷涂或电弧喷涂方法将烧熔金属锌、铝或锌铝合金喷射到钢结构表面，形成一层致密均匀的薄层，这层金属一方面对钢结构表面起到封闭作用，另一方面起到牺牲阳极的保护作用。

火焰喷涂和电弧喷涂相比，前者的金属涂层与结构金属之间的附着力低，且喷涂效率也不高。

另外，在金属涂层的外表，还要涂一层与金属涂层相匹配的涂料，以封闭金属涂层的微孔，从而更好增强保护效果。

金属喷涂措施在国外应用较早，在国内也有成功的实例。

二、阴极保护法

1834年，法拉第阴极保护原理奠定基础；1890年，爱迪生提出强制电流保护船舶；1905年，美国用于锅炉保护；1913年，命名为电化学保护；1924年，地下管网阴极保护。目前阴极保护技术已经发展成熟，广泛应用到土壤、海水、淡水、化工介质中的钢质管道、电缆、钢码头、舰船、储罐罐底、冷却器等金属构筑物的腐蚀控制。

1. 阴极保护原理

阴极保护技术是电化学保护技术的一种，其原理是向被腐蚀金属结构物表面施加一个外加电流，被保护结构物成为阴极，从而使得金属腐蚀发生的电子迁移得到抑制，避免或减弱腐蚀的发生。

2. 阴极保护的两种方法

阴极保护分为牺牲阳极阴极保护和强制电流（外加电流）阴极保护。

牺牲阳极法是利用电位低的金属或合金（如镁合金、锌合金、铝合金等）作为阳极，通过介质（如：海水等）与被保护金属相连接形成一个电池效应。在阴极（被保护结构）得到保护的同时，阳极不断地被消耗，故称为牺牲阳极。

强制电流法（外加电流法）则是给被保护结构加一阴极电流，而给辅助阳极（一般为高硅铸铁或废钢）加一阳极电流，构成一个腐蚀电池。以同样的原理使金属结构得到保护。

阴极保护的两种方法比较见表 3-2 所示。

两种阴极保护优缺点　　表 3-2

类型 评价	外加电流阴极保护	牺牲阳极阴极保护
优点	1. 驱动电压高，能够灵活地在较宽范围内控制阴极保护电流输出量，适用于保护范围较大的场合 2. 在恶劣的腐蚀条件下或高电阻率的环境中也适用 3. 选用不溶性或微溶性辅助阳极时，可进行长期的阴极保护 4. 每个辅助阳极的保护范围大，当管道防腐层质量良好时，一个阴极保护站的保护范围可达数十公里 5. 对裸露或防腐层质量较差的管道也能达到完全的阴极保护	1. 虽一次性投资费用高，但运行过程中基本上不需要支付维护费用 2. 保护电流的利用率较高，不会产生过保护 3. 对邻近的地下金属设施无干扰影响，适用于厂区和无电源的长输管道，以及小规模的分散管道保护 4. 具有接地和保护兼顾的作用 5. 施工技术简单，平时不需要特殊专业维护管理
缺点	1. 虽一次性投资费用少，但运行过程中需要支付电费 2. 阴极保护系统运行过程中，需要严格的专业维护管理 3. 离不开外部电源，需常年外供电 4. 对邻近的地下金属构筑物可能会产生干扰作用	1. 驱动电位低，保护电流调节范围窄，保护范围小 2. 使用范围受土壤电阻率限制，即土壤电阻率大于 50Ω · m 时，一般不宜选用牺牲阳极保护法 3. 在存在强烈杂散电流干扰区，尤其受交流干扰时，阳极性能有可能发生逆转 4. 有效阴极保护年限受牺牲阳极寿命的限制，需要定期更换

3. 阴极保护方法实际应用

东海大桥工程以及杭州湾跨海大桥工程钢管桩采用了牺牲阳极阴极保

护,上海长江大桥工程钢管桩采用了外加电流阴极保护。

第三节　公路跨海大桥工程结构耐久性设计

现阶段,我国在建或已建的跨海大桥,其设计基准期均提出为100年要求。由于跨海大桥位于海况条件比较恶劣的海水环境中,其耐久性设计十分重要,必须针对桥梁工程所处的不同的海水环境、不同的结构、不同的部位,采取不同的防腐蚀措施。以下以东海大桥为例,介绍跨海大桥工程结构各部位的防腐蚀设计方案。

一、海水环境部位划分

按照《海港工程混凝土结构防腐蚀技术规范》(JTJ 275—2000)第3.0.4条的规定,东海大桥工程桥梁结构物所处的海水环境部位,见图3-1。

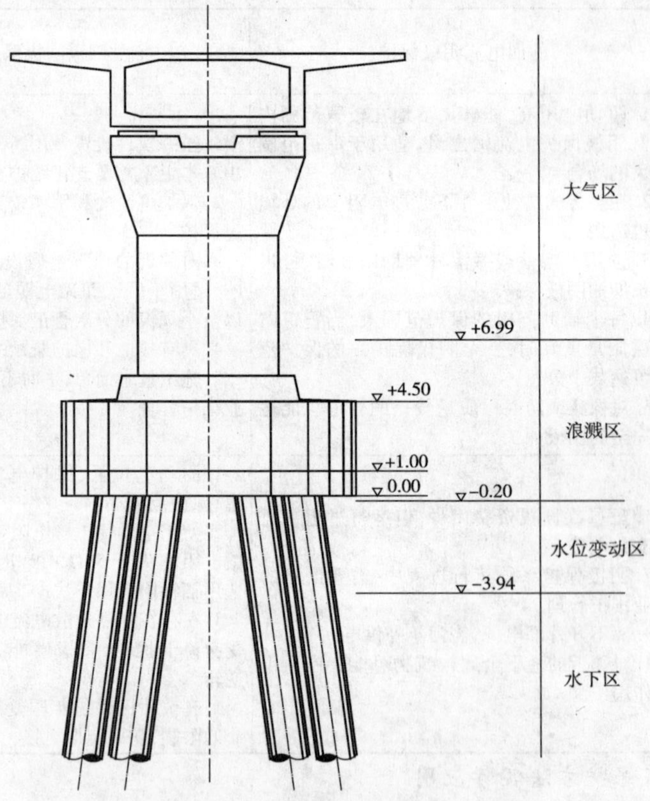

图3-1　东海大桥工程海水环境部位划分(高程单位:m)

从图3-1中可知：东海大桥工程钢管桩处于浪溅区、水位变动区以及水下区三个区段，承台处于浪溅区，墩身处于浪溅区和大气区两个区段，梁体处于大气区。按照海水环境部位对桥梁结构物的腐蚀程度不同，在设计和施工中，应对钢管桩上部、承台、墩身下部等部位实行重点保护。

二、下部结构工程耐久性设计

1. PHC管桩

PHC管桩的防腐蚀采取了高性能混凝土+桩身外包覆纤维增强复合材料的防腐蚀方案。要求桩身混凝土的电通量小于600C，钢筋保护层大于50mm。

2. 钢管桩

(1)水位变动区及部分水下区段

钢管桩的防腐蚀采取了牺牲阳极的阴极保护法+环氧重防护涂层+预留钢管桩富余厚度+桩内填芯混凝土的防腐蚀方案。

(2)部分水下区及泥下区段

部分水下区及泥下区腐蚀速率较低，只考虑单层防腐涂层保护，不另采取其他防腐措施。

3. 钻孔灌注桩

钻孔灌注桩的防腐蚀采取了高性能混凝土+增加混凝土保护层+保留钢护筒等措施；要求混凝土耐久性指标满足：电通量小于2 000C，氯离子扩散系数(90d)小于或等于$3.0\times10^{-12}m^2/s$。

4. 承台与墩身

承台与墩身的防腐蚀采取了高性能混凝土+增加混凝土保护层+混凝土表面涂层的措施。

三、上部结构工程耐久性设计

1. 混凝土梁

混凝土梁的防腐蚀采取了高性能混凝土+增加混凝土保护层的措施。

2. 钢梁

钢梁的防腐蚀采取了热喷AC铝合金+聚胺酯面漆+箱梁内部除湿装置。

3. 支座

在大型桥梁中，一般使用橡胶盆式支座，由于橡胶盆式支座中的橡胶块存在老化问题,使得橡胶盆式支座使用寿命受到限制,到一定期限必须更换盆式支座,从而增加了桥梁的维护成本。在近10年来,盆式支座已逐渐被球形支座所代替。球形支座采用摩擦系数极小的凹凸配合的两个球面实现承载和转动,通过选择不同的基体材料和摩擦材料以及防腐措施,完全避免了更换和维修问题,可以使支座满足100年使用寿命的要求。

支座摩擦副防腐:在球形支座中,一般采用不锈钢和填充聚四氟乙烯板组成摩擦副,不锈钢采用在海洋大气区抗腐蚀性较强的不锈钢316L,乙烯板采用聚四氟乙烯复合夹层滑板。

支座基体防腐和外涂防腐:普通的铸钢材料在海洋大气环境中不能满足使用要求,支座材料可选用低合金耐蚀钢604。604钢的年平均腐蚀量仅为普通钢材的1/8~1/5,且在实践中得到考验。同时,在铸钢表面应涂装重防腐涂料,对地脚螺栓等用涂料涂装。

第四节　跨海大桥工程测量技术

一、测量仪器与设备的发展情况

随着工程测量的领域日益扩大、现代化大型工程建设的迅速发展,在精度和仪器自动化方面都对测量仪器设备提出了更高的要求,测量仪器的发展始终应与当时的生产力水平相同步,并且能够满足大型工程对测量所提出的越来越高的需求,以实现精确、可靠、快速、简便、连续、动态、遥测、实时等诸多需要。目前,高精度的电子全站仪、电子水准仪、GPS接收机等都能自动化地进行数据获取甚至实时进行数据处理,实现测量自动化、智能化、数字化。

二、跨海大桥测量技术

跨海大桥建设中所遇到的测量技术问题,主要包括平面坐标系统的选择,首级控制网的布设,独立坐标系的确定,跨海水准测量与高程传递,海上打桩定位系统及各种施工测量放样技术等。

1. 确定平面控制网坐标系

确定平面控制网坐标系,需对工程地理环境全面、周密的考虑,测区投影带边缘长度变形影响不宜大于规范规定的投影误差相对精度,并保证工程本身的精度,以实现工程在设计、施工、运营等不同阶段对测量工作精度的需求。

2. 首级控制网的布设

控制网点的布设,要求点位稳定、可靠,保证足够的精度和密度,能使整体和局部工程得到有效控制。根据跨海大桥工程范围广、远离岸线以及工程各阶段对测量精度不同要求的特点,控制测量总的原则是:分级布设,分期实施,逐级加密。长距离的跨海大桥,应建立独立测量平台或规划优先施工的墩承台,为此后的施工加密控制点布设及跨海水准测量传递提供稳定的、通视良好的平台,这是确保全线工程施工顺利进行的重要工作。同时,技术要求规定,对于控制网,必须进行定期或不定期的稳定性监测,以保证整个工程的质量。

跨海大桥工程测量首级控制网一般由业主委托专门的测量单位对全桥工程控制测量进行总体规划,完成《××大桥工程控制测量技术设计方案》,并组织专家评审;然后由该测量单位按照测量技术设计方案,建立全桥工程测量控制网(一般称首级控制网),并由该单位向承包商进行交底和交桩,在桥梁施工中,仍由该单位定期进行复测及发布复测成果。

跨海大桥工程测量首级控制网一般由基准网、次级加密控制网组成,它是承包商进行工程施工测量和结构放样的依据,超长跨海大桥的首级控制网宜根据工程情况分级布设分步实施,以节省费用和不影响工程进度为原则。

控制网在东海大桥工程和上海长江大桥工程分三期布设,第一期,完成基准网布设(即在陆上和岛上设置基准控制点);第二期,完成部分次级加密控制网点布设(即在陆上或已建成的海上试桩平台上布设控制点);第三期,完成其余次级加密控制网点布设(按照测量控制网设计方案,在优先施工墩承台上布设控制点,最终达到每1~2km左右1个控制点)。

对各施工标段来讲,一般不能直接使用首级控制网进行施工放样,原因主要是两个方面:一是某个标段不能长期占用首级控制网,以免影响其他标段的正常测量工作,二是可能距离较远,不能直接利用首级控制网进行施工放样。承包商进场后,首要工作就是对首级控制网或部分首级控制网点进行复测,以首级控制网为基准进行加密,形成施工标段测量控制网,再在此基础上完成标段施工加密控制网。

因为范围广、工期紧,控制网的布设一般采用GPS测量方法,GPS测量获得的是WGS—84坐标,实际工程中使用的是地方坐标系,可以通过测量公共点网建立局部区域转换关系,或利用首级控制点测设单位提供的转换参数进行地方坐标系统的转换得到需要的坐标值。

目前在一些城市和工程建设中，采用虚拟参考站（Virtual Reference Stations，VRS）技术，可以为更广阔的应用领域提供高精度的 RTK GPS 定位服务，该技术使用 VRS 网络，通过 VRS 数据中心和发射台处理和发射差分信号，免去了用户建立基站。用户只要将流动站的 GPS 粗略定位坐标（初始化值）通过 GSM/GPRS 传给控制中心，控制中心根据用户的概略坐标和附近合适的参考站（或虚拟参考站）差分，并求得精确坐标，网络 RTK 的精度可以达到厘米级，满足桥梁下部结构工程施工精度的需要。

3. 独立施工坐标系

根据设计图纸，为了方便数据计算、测量放样、直观地检查纠错，一般采用平行于桥梁轴线的独立施工坐标系统，一般根据某一标段或某一局部施工范围建立独立桥梁施工坐标系，同时应解决全桥设计坐标系统和独立坐标系的转换关系，保证独立系统的正确。

4. 打桩定位系统

目前，采用 RTK（即载波相位动态实时差分技术）的方法，实时提供测站点在设计坐标系统中的三维定位结果，能达到厘米级精度，理论上可以全天候进行定位服务，效率和质量非常高。RTK 系统包括参考站和流动站，参考站安置在已知三维坐标的控制点上，接收卫星数据并通过电台数据链把观测数据和测站坐标信息发射出去，在其覆盖范围以内为所有流动站提供数据。流动站接收参考站的数据，同时采集 GPS 观测数据，只要能保持四颗以上卫星相位观测值的跟踪和必要的几何图形，即能实时显示出厘米级的定位结果。实际上，一般在打桩船上安装三台 RTK 或两台 RTK 流动站加一台倾斜仪，即可确定打桩船体的三维位置和姿态，并通过 GPS 天线与桩的固定几何关系，通过计算机处理系统确定桩的位置和方向。

5. 跨海水准测量与高程传递

跨海大桥不可避免地会面对如何进行长距离的高程传递，我们一般首先考虑使用 GPS 高程拟合来解决工程初期的问题。利用 GPS 观测数据结合地面及海洋重力资料、DTM 数据、最新地球重力场模型等资料，应用确定大地水准面的严密理论和计算方法，确定测区范围内的似大地水准面模型，从而利用大地高和高程异常求得海岛点的高程。GPS 精密大地高理论上可以达到毫米级精度，但是由于局部大地水准面的不规则性、高程异常变化等因素，使 GPS 跨海水准测量的精度受到了诸多限制。

实际上精确解决高程问题目前仍采用基于传统理论的跨海水准测量办

法。跨海水准测量方法很多，常用光电测距三角高程方法，根据距离远近构成平行四边形或大地四边形的闭合环施测图形，利用高精度的测角和测距仪器进行对向观测，按照规范的时段数与测回数实施测量，一测回垂直角观测需严格同步进行，测量过程中环闭合差等限差需满足规范要求方可进行下一环节工作。内业使用三角高程传递测量的严密数学模型进行数据处理。特大桥建设中，工程勘测规范要求达到三等以上跨河精度指标，应采用精度性能稳定的测量仪器，精度指标达到测角0.5″和测距1mm+1ppm。

6. 施工测量技术

施工过程中有大量的测量放样问题，如承台、墩柱安装、支座测设、各种曲线测设、索道管三维定位等，这些都要求施工测量人员科学分析，准确计算，结合各种传统和先进的方法、手段、设备，灵活解决。重要的一点是，需要认识工程整体精度和局部精度的关系，以减轻测量工作强度，提高工作效率。

三、测量监理工作内容

监理机构应开展的主要工作内容如下：

1）参与首级控制网的有关交底和交桩；

2）敦促承包商校核并保护好所使用的首级点，防止外界等因素造成点位变动；

3）参与审查承包商的施工方案；

4）审查承包商的施工控制网加密方案，对承包商的加密控制点进行复核；

5）对桥梁构筑物的测量放样按照规定频率复核；

6）对桥梁构筑物的竣工测量进行规定频率抽检。

四、值得注意的几个问题

1. 公路跨海大桥工程测量仍需要GPS与常规测量仪器结合进行

利用GPS进行测量定位，要求GPS接收机上空无障碍物，在桥梁上部结构施工中，比如斜拉桥塔内钢锚箱安装定位测量，由于屏蔽效应，采用GPS进行测量定位是困难的，另外，在桥梁上部结构施工中，GPS在高程测量精度上不能满足施工需要。因此跨海大桥工程测量需要GPS与常规测量仪器相结合的方式。

2. 关于GPS的测量精度问题

目前GPS测量精度,在平面位置测量方面,精度可以达到毫米级,在高程测量方面,精度可以达到厘米级。实际施工中,构筑物的轴线及高程偏差可能较大,这是由于施工环境、施工设备及施工工艺等方面的原因造成,并非GPS测量精度的影响,因此必须采用合理的施工方法和可靠的测量精度保证办法,以保证工程质量。

3. 公路跨海大桥工程是否需要建水上测量平台的问题

东海大桥工程由于海域宽达26km,在全桥开工之前,修建了相距约6km的3个海上测量平台,与设置在陆上和岛上的控制点,组成了东海大桥工程首级控制网。

上海长江大桥工程水域宽8km,打桩距离最近的参考站未超过10km,单从距离方面论,不会使GPS在RTK测量方式下的工作稳定性和精度受到影响,因此水上没有建单独测量平台,采用GPS直接利用陆上的控制点进行水上打桩和承台定位施工。

在东海大桥工程和上海长江大桥工程施工过程中,考虑到墩身以及桥梁上部结构施工放样的方便以及跨河水准的需要,规划了一些优先施工墩承台,在优先施工墩承台上布设控制点,作为次级加密控制网,以保证桥梁上部构造高精度测量控制的需要。

4. 公路跨海大桥沉降观测问题

公路跨海大桥沉降观测问题,从设计的角度而言,精度要求很高(某些设计要求达到0.1mm)。但从实际来看,具体实施起来的难度很大。其原因是在宽阔的海面上,风浪较大,难以确定如此高精度的相对稳定的参照基准点和置仪点,以目前的仪器设备和观测方法要在这样恶劣的环境中做好这项工作是十分困难的。

5. 公路跨海大桥工程冲刷深度观测

对于桩基础的冲刷深度测量,一般采用测深仪测深结合GPS定位进行,并利用专用软件进行计算机水下地形图成图,以此分析桥梁基础区域水流冲刷影响。

6. 监理机构是否需要对首级控制网进行复核的问题

监理机构对首级控制网是否进行复核,由监理合同决定。

跨海大桥工程测量控制网技术复杂,要求较高,工作量大,目前采取的方式是由业主委托专门测量单位进行布设和定期复测。如果需要实施相应的监理工作,则建议由业主委托专业单位对首级测量控制网的布设与复核工作进行监理，才能起到真正的复核效果。

编者认为，以目前国内现场监理机构测量监理人员以及仪器设备等配置情况来看，监理机构对首级控制网进行复核，难度较大，作用甚微。

第五节　施工船舶

海上修建桥梁工程，离不开施工船舶，比如东海大桥施工高峰期共投入各类施工船舶300余艘。

近几年来，国内部分大型承包商为适应海上桥梁工程施工需要，纷纷添置大型施工船舶，尤其是起重船、打桩船，有些施工船舶性能处于世界领先水平，为我国在21世纪开始外海跨海大桥的建设成为可能。这些施工船舶主要有打桩船、起重船、水上混凝土拌和船、拖轮、交通船、抛锚船以及驳船等。本节重点介绍国内现有的部分大型起重船、打桩船以及水上混凝土拌和船。

一、起重船

用于跨海大桥施工的大型起重船按照其功能可以分为两类：一类是专用运架梁起重船，以中铁大桥局的“小天鹅号”、“天一号”为代表，此类运架梁起重船是集海上运输箱梁和架设箱梁为一体的自航船，无需拖轮拖带；另一类是固定扒杆或全回转扒杆起重船，以中交建设集团“四航奋进号”、交通部上海打捞局“大力号”为代表，这种起重船架设箱梁时，需要大型拖轮配合和大型驳船运输箱梁。2006年11月21日交通部广州打捞局新添置一艘4 000t全回转起重船—“华天龙号”，起吊能力4 000t，其起重质量目前暂居亚洲第一。

1．“小天鹅”运架梁起重船（表3-3及图3-2）

表3-3

船名：小天鹅	总长：86.8m	型宽：46m
型深：5.9m	锚：8只	起重机功率：800kW
排水量（吨位）：7 844t（7 591t）	船体结构：约3 000t	起重质量：2 500t
设计吃水：3.5 m	船体主机组功率：537×4 kW	起升高度：41m（梁顶距水面）
推进系统型式：全回转舵桨 SRP330（SCHOTTEL）		
抗风能力：在风力6级及以下能够施工作业		
工作区域：沿海海域锚泊、作业和调遣。近海及无限航区调遣航行由拖船拖航		

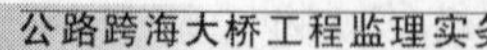

2. “天一号”运架梁起重船(表3-4及图3-3)

表3-4

船名:天一号	总长:93.4m	型宽:40m
型深:7m	锚:10只	起重机功率:1 300kW
排水量(吨位):10 901t (7 220 t)	船体结构:约3 228 t	起重质量:3 000t
设计吃水:3.5/4.0m	船体主机组功率:1 120kW,共4台	起升高度:53m(梁顶距水面)
推进系统型式:4叶定螺距螺旋桨、带导流管,全回转		
抗风能力:在风力6级及以下能够施工作业。能适应8级风及相应波浪条件下的载梁航行		
工作区域:内河A、B级,沿海自航,近海及无限航区由拖船拖航		

图3-2 “小天鹅”运架梁起重船

图3-3 “天一号”运架梁起重船

3. “四航奋进号”起重船(图3-4)

“四航奋进号”为中交第四航务工程局拥有的一艘双臂架全液压固定式起重船,于2004年4月12号交付使用,下水后随即投入东海大桥工程非通航孔70m箱梁部分高墩区的架梁工作,船舶性能见表3-5。

表3-5

船名:四航奋进	船长:100m	船宽:41m
最大吊高:80m	最大吊距:76 m	起重质量:2 600t

4. “大力号”起重船(图3-5)

“大力号”起重船是交通部上海打捞局的一艘大型起重船。该船参加了东海大桥工程非通航孔60m箱梁(共360榀)安装工作。船舶性能参数见表3-6。

表 3-6

船名:大力号	建造厂:IHI 知多船厂(1980.5 建造)	航区:I类
总长:100m	型宽:38m	型深:9m
柱间长:97m	吊杆能力:2 500t	船体主机组功率: 735kW, 共 2 台
满载排水:18 564t	满载吃水(前/后):5.2m	总吨位:10 417t

图 3-4　四航奋进起重船

图 3-5　“大力号”起重船

二、打桩船

目前国内各承包商拥有的工程打桩船舶总数在几十艘以上,其中以天威号、海力 801 号两艘全回转打桩船性能最为先进。

1. “天威号”打桩船(图 3-6)

2003 年 9 月 28 日,中港一航局新添置的天威号打桩船下水,并正式投入东海大桥工程施工,船舶性能见表 3-7。

表 3-7

船名:天威	总长:80m	型宽:32m
型深:6m	空载艏艉吃水:3.0m	空载排水量:7 400t
桩架高度:82 ±8m	桩长:70m	桩重:80t
桩径:2.5m	锤型号:IHCS—280	起重质量:350 ×2t

2. “海力 801”打桩船(图 3-7)

2004 年 1 月 22 日,中港二航局新添置的海力 801 号打桩船正式投入杭州湾跨海大桥工程施工,船舶性能见表 3-8。

表 3-8

船名:海力 801	总长:80m	型宽:30m
型深:6m	空载艏艉吃水:3.1m	轻载排水量:2 658t
桩架高度:95m	桩长:80m	桩重:100t
桩径:2.5m	锤型号:IHCS—280	起重质量:600t

图 3-6　天威号打桩船

图 3-7　海力 801 号打桩船

3. 三航桩 15(表 3-9 及图 3-8)

表 3-9

船名:三航桩 15	总长:71m	型宽:27m
型深:5.2m	设计水线长:63.6m	满载平均吃水:2.7m
满载排水量:约 4 400t	主机功率:649kW×2	全船总功率:1622kW
最大植桩桩长(m):80m+水深	桩架最高点离水面:93.5 m	配备桩锤型号:D160、D128
吊钩能力:主钩(t×数量)120×2 副钩(t×数量)80×1		
桩架最大俯仰角度:+25°、-28°		
最大桩重作业时最大俯仰角度:±14°		
倒架后最高点离满载水线:约 44m		

4. 三航桩 11(表 3-10 及图 3-9)

表 3-10

船名:三航桩 11	总长:64.14m	型宽:26m
型深:4.5m	设计水线长:56m	满载平均吃水:2.16m
满载排水量:2 791t	主机功率:485kW×1	全船总功率:798kW
最大植桩桩长:(m)圆桩:65m+水深	桩架最高点离水面:80.4m	配备桩锤型号:D100、D80
吊钩能力:主钩(t×数量)80×2 副钩(t×数量)60×1		
桩架最大俯仰角度:±30°		
最大桩重作业时最大俯仰角度:±18°		
倒架后最高点离满载水线:约 39.3m		

图 3-8　三航桩 15

图 3-9　三航桩 11

5. 三航桩 16(表 3-11 及图 3-10)

表 3-11

船名:三航桩 16	总长:71.5m	型宽:27m
型深:5.2m	设计水线长:63.6m	满载平均吃水:2.8m
满载排水量:4 500t	主机功率:1 470kW ×1	全船总功率:1 795kW
最大植桩桩长(m):80m + 水深	桩架最高点离水面:93.5m	配备桩锤型号:液压锤:HHK—20S
吊钩能力:主钩(t×数量)120×2 副钩(t×数量)80×1		
桩架最大俯仰角度:+25°、-28°		
最大桩重作业时最大俯仰角度:±14°		
倒架后最高点离满载水线:约 44m		

6. 打桩 15 号(表 3-12 及图 3-11)

表 3-12

船名:打桩 15 号	总长:64.16m	型宽:26m
型深:4.5m	满载吃水:艏艉 2.2m	满载排水量 3 080t
桩架高:95.6m(基线以上)	桩长:82m + 水深	桩重 120 t
桩径:2.5m		

注:原船桩架高 80m 后经改造增加高度。

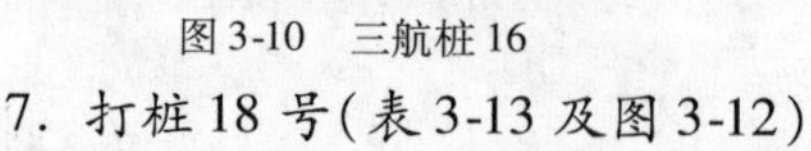

图 3-10　三航桩 16

图 3-11　一航打桩 15

7. 打桩 18 号(表 3-13 及图 3-12)

表 3-13

船名:打桩 18 号	总长:72.6m	型宽:28m
型深:5.2m	满载吃水:艏 2.898m 艉 2.303m	满载排水量 4 397.7t
桩架高:93.5m(水线以上)	桩长:80m + 水深	桩重 120 t
桩径:2.0m	锤型号:D160	为国内最高打桩船

三、水上拌和船

国内部分大型承包商拥有的水上拌和船总数在几十艘以上,这些大型水上拌和船是跨海大桥工程施工不可缺少的。兹举例介绍如下。

1. 拌和船 7 号(图 3-13)

该船为中国交通建设股份有限公司拥有,其性能见表 3-14。

表 3-14

船名:拌和船 7 号	搅拌能力:160m³/h	建造日期:2005.10
总长:60m	型宽:30m	型深:5m
吃水满载艏:3.48m	艉:4.11m	排水量:6 712t
搅拌机形式:强制式卧式	型号:JS1500	台数:2
布料杆型号:HG28/HG36	固定泵型号:拖式 HBT70DX	最大送距:150m

图 3-12　一航打桩 18

图 3-13　拌和船 7 号

2. 三航混凝土 18(图 3-14)

该船为中交第三航务工程局拥有,其性能见表 3-15。

表 3-15

船名:三航混凝土 18	搅拌能力:$100m^3/h$	总长:69.8m
型宽:19.60m	型深:4.5m	一次装载连续作业量:$750m^3$
满载吃水:3.3m	满载排水量:4 431.07t	舷外最大布料距离:约 35m

3. "海天号"混凝土工作船(图 3-15)

该船为中铁大桥局集团拥有,其性能见表 3-16。

表 3-16

船名:海天号	总长:85.8m	型宽:23.4m
型深:5.45m	锚:7 只	搅拌站生产能力: $120m^3/h$
排水量(吨位):7 008.7t (总吨位 3 975t,净吨位 1 192t)	总功率:250×3+90×1 =840kW	输送泵泵送能力: $80\ m^3/h \times 2$
设计吃水:3.2m	布料杆布料半径:38m	工作区域:沿海
抗风能力:风力 6 级及以下能够施工作业风力 8 级及以下能够拖航		

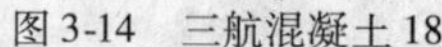
图 3-14　三航混凝土 18

图 3-15　“海天号”混凝土工作船

第六节　临时工程施工

一、临时栈桥

临时栈桥的使用范围很广，在桥梁工程施工中，被大量采用于水深较浅的地段，用之以修建桥梁结构的桩基、承台及墩身。临时栈桥一般采用钢结构，故称钢栈桥。

1. 钢栈桥实施方式与监理

钢栈桥多采用两种方式实施，一种是由业主单独进行施工招投标，比如杭州湾跨海大桥工程南岸 9.8km 长的钢栈桥，青岛海湾大桥工程 10km 长的钢栈桥，上海长江大桥工程崇明岸 2.6km 长的钢栈桥等，这种由业主单独进行施工招投标的钢栈桥，一般都具有供两个及两个以上标段使用的特点；另一种是由承包商在施工投标文件中根据施工安排自行考虑的钢栈桥，一般供本标段使用，比如东海大桥工程 I 标、III 标及 VII 标钢栈桥等。

由业主单独进行施工招投标的钢栈桥，一般不需要监理机构对钢栈桥设计方案进行审核，当监理机构发现钢栈桥设计方案存在问题时，应首先向业主提出，由业主发出变更通知。由承包商根据施工安排自行考虑的钢栈桥，监理机构应对承包商提交的钢栈桥设计方案进行审核。

采用以上两种方式实施的钢栈桥，在钢栈桥搭设过程中，监理机构均应对钢栈桥施工过程进行巡视，钢栈桥搭设完成后，应经各方验收合格后投入使用，对长大钢栈桥可能存在分段建设和分段使用情况，应做好分段验收工作。

2. 钢栈桥设计与施工

钢栈桥桥位布置一般有两种形式，一种是布置于主桥的上游或下游侧（具体布置于主桥的上游还是下游，应综合多方面因素考虑确定），采用布置于主桥侧的钢栈桥较为多见；另一种是布置于左右两幅桥梁的中间，这种布置较少见，比如苏通长江大桥工程北岸钢栈桥。采用布置于两副桥中间的钢栈桥，虽然可以节省施工平台的搭建费用，但在桥梁上部结构施工时，存在高空交叉作业现象以及在栈桥上进行起重吊装受净空限制等问题。

钢栈桥的下部结构大多采用钢管桩，上部结构大多采用型钢或贝雷梁作纵横梁，其上铺设钢面板，然后设置护栏。

钢栈桥的桥面宽度应慎重确定。一般按双车道考虑大型施工车辆的通行，根据经验净宽至少为7m，而且要设置施工车辆调头区，调头区要便于超长运输车辆（如施工用的大型平板车）的调头。

钢栈桥的结构设计荷载要考虑周全。钢栈桥的设计荷载包括结构自重、水流力、风力、波浪力、大型施工车辆荷载（如履带吊、混凝土罐车等）以及可能在栈桥上进行起重吊装作业荷载。需要注意的是，在搭设钻孔桩施工平台时，多采用大型履带吊在栈桥上进行起重作业，比如下沉施工平台的钢管桩或钻孔桩钢护筒等，这种作业工况往往控制栈桥的结构设计，容易被忽视。

根据经验，对钢栈桥的桥面板，要求钢板厚度不低于10mm，直接支撑桥面板的杆件（如果采用工字钢，不宜小于I14）宜呈横桥向布置（即与行车方向垂直布置）且杆件距离应满足设计要求，防止出现杆件压屈破坏而发生安全事故。

由于钢栈桥较长，在钢栈桥设计时，还应正确处理伸缩缝的问题，钢栈桥在伸缩缝处应上下断开，以确保钢栈桥的结构安全。

钢栈桥钢管桩沉放，多采用大型履带吊配合振动锤进行施工，条件允许时也有采用打桩船进行插打的。钢栈桥的拆除一般采用大型履带吊配合振动锤拔除，也有采用起重船进行拆除的。

3. 钢栈桥使用安全管理

钢栈桥是桥梁工程水上施工的重要通道，也是保证现场施工顺利实施的关键性构筑物。为确保栈桥的安全，在使用过程中，应建立使用安全管理制度。

（1）制订栈桥通行管理制度

在栈桥的入口处，设置告示牌、警示牌，设置岗亭，实行专人管理。禁止无关人员进入栈桥;对施工车辆要限制通行,比如限车型、限载重、限车速;对起重吊装作业应限制负荷等。

(2)安装禁止通航标志

对位于通航水域的钢栈桥,应安装两套警示标志,白天为禁止通航的标志牌,夜间为禁止通航的警示灯光。

(3)建立栈桥检查维修制度

承包商应对栈桥的使用状况进行检查,及时维修。

(4)建立栈桥应急预案制度

在栈桥使用过程中,承包商应建立栈桥应急预案制度,比如对大风、热带气旋、船舶撞击栈桥等要有预防和处理措施。

二、临时码头

公路跨海大桥工程规模大,工程材料、半成品及成品数量多(以东海大桥工程为例,仅工程材料总量在400万吨以上),这些材料大多通过临时码头装卸,此外还有众多施工人员、机具设备等也需要通过临时码头进出。公路跨海大桥工程临时码头数量多,要求临时码头停靠的施工船舶吨位较大,码头的使用荷载也大。

1. 我国港口工程中码头结构主要形式

(1)重力式码头

重力式码头由胸墙、墙身、抛石基床、墙后回填体等组成,靠建筑物自重和结构范围内的填料质量和地基强度保持稳定性。按其墙身结构,有整体砌筑式、方块砌筑式、沉箱式和扶壁式等(图3-16),大多采用混凝土或钢筋混凝土预制构件,在施工现场进行安装。

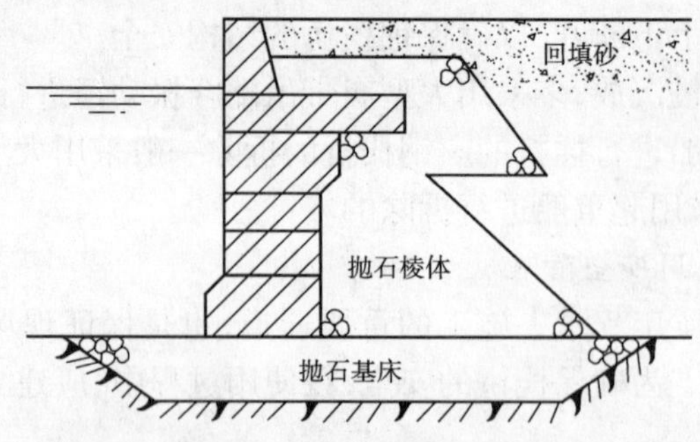

图3-16　重力式码头结构形式

墙后回填体可采用砂石料或天然土料。为减少土压力及增加墙后填料的透水性，常回填抛石棱体（又称减压棱体）。抛石基床的作用是减少地基应力，并保持墙底的平整度以便于墙身构件的安装。重力式码头整体性好，结构经久耐用，损坏后易于修复，但要求有良好的地基，材料用量较大，一般适用于地基条件好，当地有大量砂石料可供利用的地区。

（2）板桩码头

板桩码头主要由板桩墙、拉杆、锚定结构、导梁和胸墙等组成（图3-17），用以承受墙后填土和地面使用荷载产生的侧压力，并依靠板桩入土部分的被动土压力和拉杆及锚定结构的拉力保持建筑物的稳定性。板桩一般采用钢板桩或钢筋混凝土板桩。拉杆一般采用钢拉杆。锚定结构一般采用锚定板、锚定板桩或锚定叉桩。当受已有建筑物或其他条件限制不允许装设拉杆时，也可紧靠板桩墙后间隔打设斜拉桩作为锚定结构，称为带斜拉锚桩的板桩码头。板桩码头结构较简单，材料用量省，施工速度快，除特别坚硬或过于软弱的地基外均可采用，但耐久性较差。

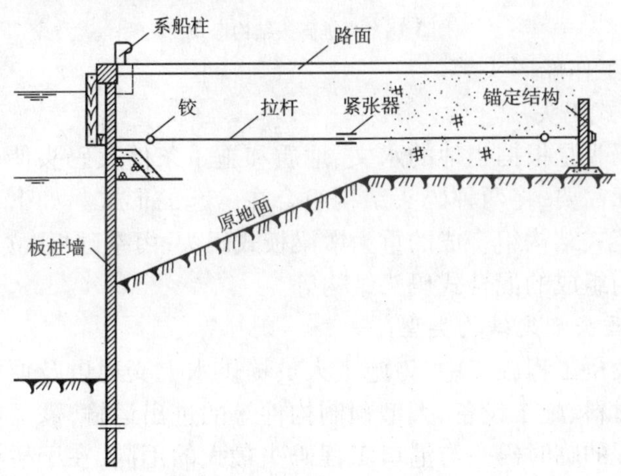

图3-17　板桩码头结构形式

（3）高桩码头

高桩码头主要由桩基和桩台两部分组成（图3-18）。桩基采用钢筋混凝土桩、预应力混凝土桩以及钢管桩。桩台结构有梁板式、无梁面板式、框架式、承台式等。

（4）浮码头

浮码头一般由趸船、趸船的锚系和支撑设施、活动引桥及护岸组成。由于趸船需随水位作垂直升降，所以趸船、锚链、撑杆和引桥在使用过程中均是活动的。浮码头可用于水位变幅较小、掩护条件较好的客运码头、石油码

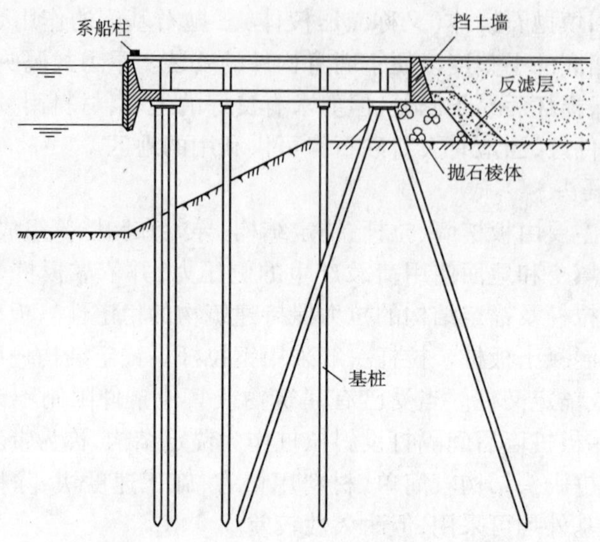

图 3-18　高桩码头结构形式

头、渔码头和工作船码头等。

(5)混合式码头

混合式码头是根据当地的水文、地质和施工条件及码头使用要求等具体情况和实际需要,将两种码头结构组合在一起的形式。如下部为重力墩与上部为梁板式结构组合成的重力墩梁板式码头,由基础板、立板和水平拉杆及锚定结构组成的混合式码头结构等。

2. 临时码头常见结构类型

在跨海大桥工程施工中,为施工人员提供水上交通以及便于工程所使用的各种原材料、施工设备、大型预制构件等的进出运输,需要修建临时码头。桥梁工程的临时码头与港口工程码头最大的不同,在于桥梁工程临时码头是为施工服务的,码头使用期限短,使用完后一般需要拆除。桥梁工程常见码头结构型式主要有:钢管桩高桩码头、栈桥式码头、重力式码头、板桩码头等。

3. 临时码头的实施方式与监理

为公路跨海大桥工程施工服务的临时码头有两种实施方式,一种是租用地方码头,另一种是自建码头。由于公路跨海大桥工程规模大或特种施工船舶对码头的需求,往往还需要自建临时码头。

自建临时码头又有两种方式,一种是由业主在全桥开工前负责建设,另一种是由施工标段根据自身施工安排,由承包商自行建设。由业主负责建设的临时码头,其施工监理由业主确定;由承包商自行建设的临时码头,监理机构应对临时码头实施监理。

4. 临时码头值得注意的问题

(1)临时码头出现位移

临时码头容易发生质量问题,轻则影响桥梁工程施工进度,重则发生安全事故,应引起注意。比如××大桥临时码头在施工过程中出现不能允许的位移,后来采取了在码头前沿增加了1排钢管桩和对码头前沿海底进行了水下旋喷桩地基加固处理。对临时码头进行加固改造工作,不仅增加了施工成本,还耽误了工期。

(2)临时码头方案问题

监理机构应从临时码头设计方案开始实施控制,比如××大桥临时码头结构为高桩梁板式,桩基采用钢管桩,上部采用型钢作为纵横梁,上铺钢面板。设计方案中的桩位在空间相碰,经监理发现后提出,临时码头的设计单位进行了调整和重新计算。

三、施工平台

随着我国经济发展的重心集中转向沿海经济带,作为连接岛屿和大陆的主要交通形式,跨海大桥工程的建设也应势而生。

由于自然环境的特殊性,海上桥梁的施工工艺也与陆地上和内河桥梁施工工艺有着很大程度上的不同,其难度也远大得多。为了减少施工难度,非通航孔地带桥梁基础,一般采用打入桩形式;通航孔、浅滩段等桥梁基础,多采用钻孔桩形式,而采用钻孔桩基础则需要通过搭建海上施工平台进行施工。

1. 施工平台形式

1)普通钢管桩施工平台

普通钢管桩施工平台的下部结构一般以钢管桩为基础,钢管桩之间采用小钢管进行水平连接,以增加施工平台水平刚度。施工平台上部结构大多采用型钢作为承重纵梁及横梁,其上再铺设钢板,同时设置靠船装置及爬梯,然后在平台四周设置护栏、漏电保护及通航警示标志,形成钢平台。普通钢管桩施工平台,按照钢护筒是否作为平台结构受力的一部分,又分为插桩平联法施工平台和护筒支撑法施工平台。

(1)插桩平联法施工平台

它是采用打桩船在GPS定位测量控制下,逐根插打钢管桩,将钢管桩打入海床以下一定深度，并用小钢管作为平联和斜撑，将钢管桩相互连成整体，形成整体排架。然后在桩顶上焊接牛腿，安装贝雷梁、型钢分配梁、铺设钢面板，从而形成施工平台的一种方法。平台上部结构也可以用贝雷梁代替型钢，但是可能出现施工平台的整体性较差，需要引起注意。

(2)护筒支撑法施工平台

它是采用大型打桩船，插打钻孔桩钢护筒，并用小钢管作为平联和斜撑，将钢护筒连成整体，然后再插打平台支撑钢管桩用以加宽平台结构，同样在钢护筒和钢管桩上焊接牛腿，安装贝雷梁、型钢分配梁，铺设钢面板，从而形成施工平台的一种方法。为了节省施工平台费用，利用钻孔桩的钢护筒代替部分钢管桩，但是存在一旦钢护筒发生意外变形，则处理较为困难。

2)导管架施工平台

东海大桥工程近岛段采用了导管架施工平台。导管架施工平台是借鉴海上石油平台的施工经验，根据桥梁墩位处的水文、地质、海洋环境特点，结合桥墩形式及大型专用设备配置条件等设计而成。

导管架预先在陆地上制作完成，由驳船运输到现场后利用起重船进行沉放。在沉放前，对海床的高程进行测量，确认海床面符合要求后，沉放导管架，导管架沉放到位后，插打四根定位角桩，并完成余下的钢管桩插打。再进行导管架和钢管桩的连接，再铺设钢面板，同时设置靠船装置及爬梯，然后在平台四周设置护栏、漏电保护及通航警示灯与标志，设置救生圈等，形成钢平台。

3)导管架钢浮箱施工平台

东海大桥工程主通航孔采用了导管架钢浮箱施工平台。这种施工平台由上海建工集团借鉴海上石油平台的设计理念研制而成，是东海大桥工程施工技术创新之一。导管架钢浮箱施工平台采用了导管架和双壁钢浮箱相结合的施工工艺，施工平台的两端是导管架，中间是双壁钢浮箱，导管架既作为施工平台的一部分，又起着固定双壁钢浮箱作用；钢浮箱既是施工平台的一部分，又是承台混凝土施工的模板，如图 3-19 ~ 图 3-21 所示。其特点为：

(1)两端导管架既是固定钢浮箱的先遣平台，又是平台上生产和生活设施的基地；

(2)钢浮箱在钢护筒沉放阶段作为施工平台；

(3)钻孔灌注桩施工时，钢浮箱作为施工平台；

(4)承台施工时，钢浮箱又是作为承台的模板和支撑结构。

如图 3-19 ~ 图 3-21 所示是东海大桥工程主通航孔采用的导管架钢浮箱施工平台。导管架在每个桥墩承台两边各设置两个导管架，每两个导管架组成一个海上施工平台，根据各自的功能，每个桥墩承台两边的平台分别为生活区平台和生产区平台。

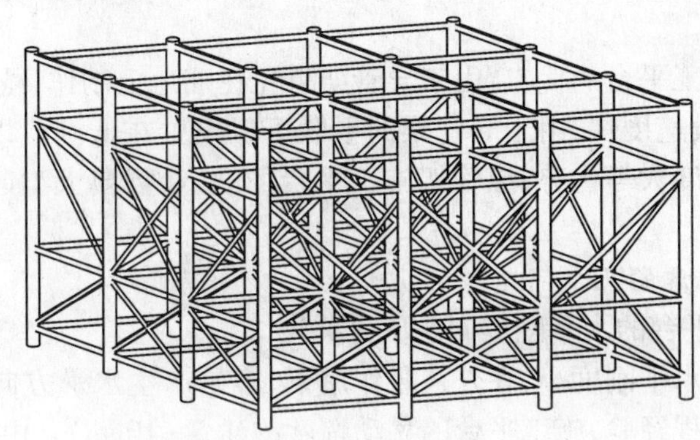

图 3-19　导管架示意图

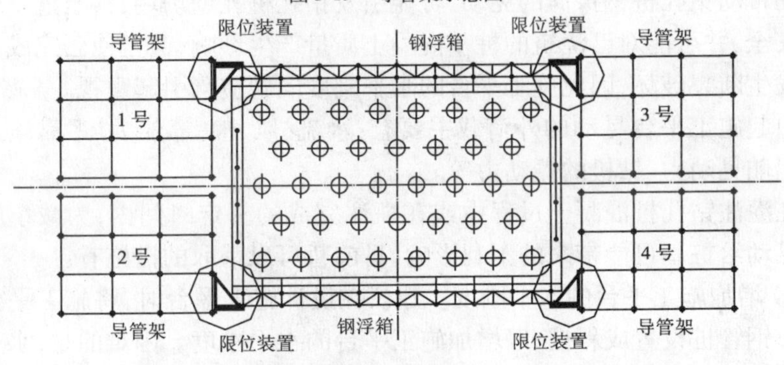

图 3-20　导管架钢浮箱法平面示意图

图 3-21　东海大桥工程主通航孔施工平台的导管架

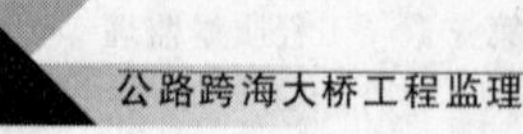

2. 普通钢管桩施工平台与导管架施工平台的比较

在海洋环境比较恶劣的情况下,普通钢平台与导管架施工平台优缺点:

普通钢平台的缺点:受海洋环境影响,搭设质量难以保证,安全风险较大,平台施工周期较长;普通钢平台的优点:无需大型起重船,费用相对较低。

导管架施工平台的优点:由于导管架事先在陆地上制作,减少了水上施工作业量,搭设速度快;由于导管架的平联可以设置在低潮位以下,施工平台具有水平刚度大等优势;导管架施工平台的缺点:需要大型起重船,费用相对较高。

3. 值得注意的几个问题

(1)施工平台的水平刚度问题值得关注

施工平台水平刚度小,在外荷载作用下,容易产生水平方向的晃动(根据东海大桥工程经验,施工平台的晃动幅度约达5~10cm)。由于施工平台的晃动带动钻孔桩钢护筒的晃动,可能引发钻孔桩孔壁坍塌,甚至危及施工平台安全,并可能对已浇筑的桩基混凝土质量产生影响,甚至使已完成的钻孔桩发生断裂破坏,因此施工平台的水平刚度问题应当引起重视。

引起施工平台晃动的外荷载主要有:水流、风、浪、靠船力、系靠施工平台的船舶晃动力、钻机的振动力等。

在灌注钻孔桩混凝土过程中或在灌注完成的一定时间内,为减小施工平台晃动给桩基可能带来的不利影响,目前暂可以采取的措施有:

① 增加施工平台的水平刚度。建议在设计施工平台时,将施工平台部分支撑钢管桩设置成斜桩,以增加施工平台的水平刚度。困难的是,水上插打斜桩需要借助打桩船施工,这决定承包商是否具备打桩船,或者是否愿意租赁打桩船;

② 在灌注桩基混凝土前,对未来几天气象进行预测分析,避开大风大浪等恶劣天气;

③ 在灌注桩基混凝土过程中,尽量减少施工船舶停靠平台。

值得注意的是,现行施工规范中对施工平台的水平刚度限值未见规定,施工平台的水平晃动对钻孔桩混凝土施工质量的影响程度也有待试验检验,建议有关单位开展此方面的研究工作。

(2)施工平台顶面高程的确定

施工平台顶面高程的确定,涉及施工平台的费用和使用性能,应慎重确定。目前大多参照海港水文规范(JTJ 213—1998)及海港总平面设计规范

(JTJ 211—1999)确定。

(3)施工平台使用安全管理

影响施工平台整体稳定性的因素主要有:超载使用、钻孔桩施工过程中可能发生的坍孔、大风或热带气旋、水流冲刷及船舶撞击等因素。在使用过程中,应建立使用管理制度,一是制订对起重吊装作业限制负荷;二是建立施工平台检查维修制度;三是建立应急预案制度,在钻孔桩施工过程中,对可能发生的坍孔要有预防措施,对大风、热带气旋、船舶撞击钢平台等要有预防和处理措施。

(4)采用筑岛施工平台应注意对相邻墩施工的影响

××桥××墩,承包商原采用筑岛法施工。由于水深浪大,筑岛高度达18m,在筑岛过程中,承包商对相邻墩钢护筒进行了观测,结果发现相邻墩钢护筒偏位增加了2cm,经潜水探摸发现,筑岛抛填的石头与相邻墩钢护筒距离仅2m,承包商决定停止抛石筑岛,放弃筑岛方案,改用钢平台施工方案。

(5)利用钢护筒作平台支撑桩的问题

××桥主塔墩,利用钢护筒作平台支撑桩,在施工平台使用期间,有2根钢护筒因外荷载作用而发生变形,由于钢护筒是平台支撑结构一部分,处理这2根钢护筒花了2个月时间,因此利用钢护筒作平台支撑桩应谨慎。

第七节　桩基施工

一、打入桩施工

1. 打入桩在公路跨海大桥工程中的应用情况

公路跨海大桥工程采用的打入桩主要有PHC管桩(即先张法预应力混凝土管桩)及钢管桩两种类型。

PHC管桩是采用先张法预应力工艺,经过离心成型及高压蒸养等方法,制成一种圆筒体混凝土预制构件。管桩常用节长为8~12m,也可根据需要制成不同的节长。常用管桩直径规格为300mm、400mm、500mm、600mm、800mm、1 000mm、1 200mm等。

公路跨海大桥工程所使用的PHC管桩直径一般在ϕ600~800mm,常用于陆上段桥梁下部结构中;直径为ϕ1 200mmPHC管桩(俗称大管桩),在码头工程中使用较为广泛，在桥梁工程中使用实例不多，东海大桥工程曾经在浅海段非通航孔下部结构使用了 378 根 ϕ1 200mm 混凝土大管桩，由于地质条件以及其他因素，存在锤击下沉较为困难以及在锤击过程中经常发生桩头劈裂和断桩等问题，致使工程进度严重受阻，后来放弃混凝土大管桩，改为钢管桩。

钢管桩在跨海大桥工程中使用较广，如东海大桥工程钢管桩直径 ϕ1 500mm，共打入钢管桩 5 376 根，钢管桩在工厂制造，每根钢管桩分上、下两节，上节为直缝钢管，下节为螺旋钢管，按照设计的桩长总装后整桩出厂；上节桩长度分为 30m 和 33m，壁厚 25mm；下节桩长度为 20 ~ 48m，壁厚 18mm。最大桩长 81m，最大桩重 62t。

杭州湾跨海大桥工程采用了 5 475 根钢管桩，钢管桩直径设计为 ϕ1 500 mm和 ϕ1 600 mm 两种，最大桩长 89.35m，最大桩重 68t。采用了螺旋焊缝整桩制造，上节桩壁厚 22mm，下节桩壁厚 20mm。

舟山大陆连岛工程金塘大桥采用了 2 918 根钢管桩，直径 ϕ1 500mm，最大桩长达到 90.7m，最大桩重 75t。采用了螺旋焊缝整桩制造。

上海崇明越江通道长江大桥工程采用了 1 200 根钢管桩，直径 ϕ1 200mm，最大桩长 86m，采用了上节为直缝管、下节为螺旋管的整桩出厂形式。

有关专家认为，螺旋管与直缝管相比，螺旋管焊接质量相对直缝管比较稳定，但螺旋管受剪性能相对直缝管较差，板厚较大时，螺旋管卷管较为困难。

2. 钢管桩涂装技术

目前公路跨海大桥工程钢管桩涂装多采用熔融结合环氧粉末涂料。20 世纪 60 年代美国开发成功熔融结合环氧粉末涂料技术，80 年代中后期该项技术引入中国，并被运用到陆地、水底管线等防腐涂装工程上。

正在建设中的杭州湾跨海大桥工程、舟山大陆连岛金塘跨海大桥工程、上海崇明越江通道长江大桥工程等采用了此项防腐涂装技术，用于桥梁工程钢管桩的防腐蚀。

熔融结合环氧粉末涂料技术对钢管桩的防腐喷涂生产线有以下要求：钢管桩在喷涂过程中，要能保持均匀性转动；中频加热温度必须控制在规范规定的范围内（270℃左右），以确保喷涂质量；对喷枪要求有耐高温融化性能；喷涂过程要求喷涂一气呵成，中间不能出现停顿。

东海大桥工程钢管桩采用了环氧重防腐涂层，它与熔融结合环氧粉末涂层在涂料和涂装工艺方面有显著不同。在东海大桥工程中:采用《725L—H53—9 环氧重防蚀涂料》(Q/725—217—2001),涂料为三组分组合而成,甲组分为基料(改性环氧树脂基料),乙组分为固化剂(改性胺固化剂),丙组分为粉料(耐磨填料及防锈颜料)。

根据钢管桩在水下所处的不同环境部位,确定不同的涂装厚度和涂装层数。一般只对钢管桩上部进行多层涂装,钢管桩下部进行单层涂装或不涂装,钢管桩的内表面也不需要涂装。具体涂装方案由设计单位确定。

3. 钢管桩沉桩

(1)钢管桩的运输与起吊

钢管桩出厂后,由驳船海运至施工水域,再由打桩船进行起吊,起吊应根据桩长确定吊点数量和吊点位置,如上海崇明越江通道长江大桥工程钢管桩直径 ϕ1 200mm,桩长 86m,采用了四点起吊。吊点由工厂在钢管桩制作时设置(沉桩时不割除)。

(2)钢管桩定位

由于跨海大桥远离海岸,采用传统测定桩位的方式已不适用,一种新型的技术——“海上 GPS 打桩定位系统”得以被开发使用。中港一航局研制的海上 GPS 打桩定位系统,解决了在远离海岸的水域采用打桩船施工的桩基定位问题。其技术原理是:应用全球卫星定位系统以载波相位实时差分测量(RTK)方式,实时测出打桩船的坐标方位,用专用的传感器确定船的瞬间姿态,以船体为参照物,通过测定打桩架与船体的关系,从而确定桩位及打桩过程中的各项技术参数。这种技术被首次用在东海大桥工程,是东海大桥工程施工技术创新之一。

(3)钢管桩锤击下沉

钢管桩锤击下沉应严格按照设计规定，采用双控，即控制高程，同时控制贯入度。当出现不符合设计要求的情况时，应会同设计单位进行处理。

(4)桩头处理与夹桩

对超高程的钢管桩头进行切割,切割一般采用普通电气焊切割工艺。当一个墩位的所有桩基施打完成后,应立即进行夹桩;当水文气象恶劣时,对一个墩位的已沉桩应及时夹桩。临时夹桩结构应专门设计。

(5)海上施打钢管桩对打桩船性能要求

打桩船的桩架高度以及起吊能力应满足要求,船体应具有较大的抗潮流稳定性,桩锤应满足设计对锤击能量的要求,使用的锚一般应在 7t 以上,锚绳直径及长度应满足要求。

(6)海上施打钢管桩对桩位布置的要求

跨海大桥钢管桩布置形式有直桩与斜桩两种,多布置成斜桩形式。如东海大桥钢管桩全部为斜桩,斜桩倾斜度一般为5:1~9:1。目前国内少数打桩船桩架俯仰角度可以达到±30°,实际能施打斜桩的最大斜度与桩重有关。打桩船只能进行前后俯仰打桩,不能左右斜打,要求桩船一次抛锚能完成一个墩位的所有桩基施打,因此设计单位在桩位布置以及桩的倾斜度布置方面予以注意,以便于施工。

4. 打入桩施工质量控制要点

1)打入桩的实施方式与监理

目前国内公路跨海大桥工程钢管桩的实施方式,由业主按照钢管桩制造、钢管桩防腐涂装和钢管桩打入等分专业进行招标。对钢管桩制作与涂装应安排监理驻厂。由于制造、涂装以及打入三者之间在工序上呈先后顺序关系,因此应注意此三者之间在质量与进度方面的衔接。

PHC桩一般多采用由承包商实施采购方式。PHC管桩一般按照成品在工地进行验收,不需要派驻厂监理;如果由业主招标确定供桩厂家,不需要审查供桩单位资质;如果由施工承包商负责组织供桩,则监理机构应审查PHC桩生产厂商的资质,必要时应对厂家进行考察后确定。

2)钢管桩制作质量控制要点

(1)钢管桩制作质量基本保证项目有以下6项。

①焊接工艺评定必须符合有关规范的要求;

②所用材料的材质以及焊条等必须符合设计及有关规范的要求。

③焊缝表面在凹沟处最低点不得低于母材表面,焊缝表面不得有气孔、裂纹、弧坑、夹渣等;

④按照设计或规范要求对焊缝进行无损检测;

⑤钢管桩防腐蚀处理必须符合设计及有关规范的要求;

⑥钢管桩的存放、运输符合设计及有关规范要求。

(2)钢管桩制作实测项目有7项,分别是:周长、椭圆度、相邻管节板边高差、相邻管节的管径差、桩身长度、接口坡口偏差、桩身纵向弯曲。重点及难点工序的控制主要为:管桩单节制造的椭圆度控制;管桩整体拼接后的直线度控制;管桩焊缝质量控制。它反映了厂家的制造水平。

(3)钢管桩试验检测要求。进场钢材的复验一般按照《铁路钢桥制造规范》(TB 102/2—1998)的规定,每10个炉批号抽检一组试件,具体内容可参照国标;焊接材料和涂装材料,同一工厂、同一规格,要求首批复验;对工厂焊缝检测,超声探伤UT按照焊缝长度的100%,X光射线探伤RT为焊缝总长的5%。

(4)钢管桩涂装要求。表面涂装采用熔融结合环氧粉末涂料,涂装要求见《熔融结合环氧粉末涂料的防腐蚀涂装》(GB/T 18593—2001)。

3)钢管桩沉桩施工质量控制

钢管桩沉桩施工中应严格按照设计确定的停锤标准进行控制。质量实测项目有4项:桩顶偏位、桩尖高程、贯入度以及倾斜度。正式沉桩前,有必要在近岸处采用常规测量方法对打桩船GPS定位系统进行校核后再使用。

5. 值得注意的几个问题

(1)钢管桩编号容易被忽视

由于跨海大桥钢管桩数量较多,现场打桩作业面多,为了分清责任,使工程资料有追溯性,便于工程日后养护管理,对钢管桩进行编号是必要的,尤其是有多家钢管桩厂家制造同一工程项目时,更应如此。编号应统一按照业主或监理机构的要求进行,负责制造钢管桩的厂家,在钢管桩出厂前,应在每根钢管桩出厂合格证以及桩身表面注明编号;负责施打钢管桩的单位应做好与结构物桩位对应的施工记录。在工程竣工时,资料应一并归档移交业主。

(2)监理机构对钢管桩桩位的测量问题

由于打桩采用了桩船自身安装的GPS定位系统,监理机构对钢管桩的定位无法进行实际的放样复核,只能复核承包商的计算参数。在桩打入后,应按照公路工程监理规范规定的频率或监理合同约定的频率对已竣工的桩位用GPS测量仪器进行独立的验收测量。

(3)对已沉钢管桩的保护问题

钢管桩在打入后容易遭受海浪、水流及船舶撞击而损坏,为确保钢管桩沉入后的安全,应针对以上危险源采取措施,这些措施主要表现在以下两个方面。

① 钢管桩沉入后应及时夹桩,力争做到夹桩与打桩同步跟进,临时夹桩结构应进行单独的设计,以确保桩基有足够的稳定性;

② 在已沉桩墩位处设置警示标志,警示标志应同时设置两套,一套为灯光信号,以便夜间识别;另一套为标志旗,以便白天识别。

已打入的钢管桩被水流、海浪等损毁的实例已不少见,如2002年7月,××海港码头工程已沉的钢管桩,遭受台风袭击,数根钢管桩在水下泥面处断裂,有专家认为是风、浪、水流力等作用引起钢管桩疲劳破坏。又如2003年7月,××大桥试桩平台12根直径1.4m的钢管桩一夜之间倾倒,造成平台重新设计,有学者对钢管桩断裂的主要原因进行了分析,认为是涨潮急流、涡振的反复作用,强大的水流振动,使水中钢管桩不断摇摆,并最终倒塌。

(4)海上打入桩的补桩问题

在海上施打钢管桩或PHC混凝土管桩,由于可能出现以下原因而需要补桩,致使实际桩的数量超出合同图纸数量。

①桩基达不到设计高程或虽然已达到设计高程但贯入度达不到设计要求,经桩基承载力检测不满足要求,需要补桩;

②已打入的桩基偏位超出规范或设计要求,经设计验算需要补桩;

③因意外荷载作用,如船舶撞击、风浪力作用等使桩基发生破坏或出现不能允许的偏位情况,需要补桩。

东海大桥工程钢管桩设计数量为5 319根,补桩57根,共计海上打入钢管桩5 376根,补桩率1.07%;东海大桥工程PHC管桩设计数量为378根,补桩16根,共计海上打入PHC管桩394根,补桩率4.23%;上海长江大桥工程钢管桩设计数量为1 193根,补桩7根,共计打入水上钢管桩1 200根,补桩率0.58%。

从实际打桩情况来看,影响补桩率大小的因素主要是:

①桩的材质影响,钢管桩补桩率比PHC混凝土管桩补桩率要小;

②施工作业环境影响,在风浪小的水域打桩,补桩率较小;

③地质条件影响,更适合打桩的地质,补桩率小;

④水域通航影响,通航密度较小的水域,已沉桩被撞击的风险较小,补桩率小。

由于存在补桩问题,因此在工程发包时,提醒业主给予注意,应写明桩基工程量增加的相应条款并约定工程量增加部分的单价;在施工过程中,业主应及时向供桩单位给出补桩信息,以便供桩单位安排补桩的生产作业。

二、钻孔桩施工

1. 钻孔桩应用发展情况

美国在本世纪初、欧洲在本世纪40年代初已开始使用钻孔桩,限于当时的钻孔设备等原因,钻孔桩的直径较小,承载力不高,使用的也不多。我国钻孔桩作为桥梁工程下部基础结构始于20世纪50年代末期,当时在河南省首创用人工转动钻头钻孔。

桥梁钻孔桩直径呈现越来越大的趋势。东海大桥工程近岛段采用了 ϕ300cm 直径嵌岩钻孔桩、芜湖长江大桥工程应用了 ϕ300cm 直径钻孔桩，武汉天兴洲长江大桥工程主塔墩基础采用了为 ϕ340cm 钻孔桩；广东韶关五里亭大桥工程采用了 ϕ350cm 直径嵌岩钻孔桩。中铁大桥局股份有限公司 2004 年 10 月研制成功的 KTY4000 型全液压动力头钻机，扭矩 30t·m，钻头直径 ϕ400cm，钻机扭矩和钻头直径暂居国内同类设备之首。

钻孔桩桩长呈现越来越长的趋势。大型桥梁钻孔桩长度常常超过 100m，其中青银高速济南黄河大桥工程钻孔桩桩长 140m、直径 180cm，为目前国内桥梁工程钻孔桩桩长之最。

变截面钻孔桩在大型桥梁主墩基础中使用较多。如东海大桥工程颗珠山斜拉桥桩采用了 36 根 ϕ250cm 变 ϕ320cm 钻孔桩，上海长江大桥工程主通航孔采用了 120 根 ϕ250cm 变 ϕ300cm 钻孔桩。

钻孔所破碎基岩的强度，一般在 100MPa 以下，在东海大桥工程近乌龟岛段岩石强度高达 192.3MPa。

2. 钻孔桩施工方法

1）钻孔方法

目前桥梁工程的常用钻孔方法有正循环回转钻孔、反循环回转钻孔、冲击钻孔等。

正循环回转钻孔是泥浆以高压通过钻杆，从钻杆底部射出，将钻渣悬浮，溢流孔外，经过泥浆沉淀池净化，泥浆再循环使用。其特点是孔壁靠水头和泥浆保护，对泥浆质量要求较高。

反循环回转钻孔是泥浆从钻杆外注入孔内，用真空泵或空气吸泥机将钻渣从钻杆内吸出。与正循环回转钻孔相比，其特点是钻杆内泥浆运动速度快，钻渣排出对泥浆质量要求较低，为保证孔壁稳定，泥浆质量仍然要求较高。

冲击钻孔是由卷扬机或冲击式装置提升钻锥，作上下往复冲击，将土石劈碎，冲击一定时间后，将钻渣用掏渣筒（或将空心锥直接提出，倒掉锥内的钻渣）掏渣，倒出孔外。泥浆起悬浮钻渣和护壁作用。

2）成孔检测

现行《公路桥涵施工技术规范》（JTJ 041—2000）第 6.8.2 条对钻孔桩成孔后的检测方式规定为：孔径、孔形和倾斜度宜采用专用仪器测定，当缺乏专用仪器时，可以采用外径为钻孔桩钢筋笼直径加 100mm（不得大于钻头直径），长度为 4～6 倍外径的钢筋检孔器吊入钻孔内检测。

目前国内有多种型号的测壁仪，其中日本生产的DM—686III型测壁仪，在国内多座大型桥梁工程中已被使用过，该仪器利用超声波的发射与反射（接收）原理，根据声波传输时间，反映探头至孔壁的距离远近，可打印出孔壁曲线图。从测壁仪所打印的曲线图上即可直接量取成孔后孔壁的各项数据，如孔径、成孔深度、成孔倾斜度以及成孔侧壁的平整度。

测壁仪检测的优点是：当泥浆相对密度在1.2以下时，可直接测量；从图像上可直接量取成孔质量特征值，既直观又操作简便，且检测迅速准确。其缺点是：当泥浆相对密度大于1.2时误差较大。

在大型桥梁工程施工中，建议应尽量采用测壁仪检测。

3）钢筋笼加工制作

（1）钢筋笼制作方法

钢筋笼制作方法有卡板成型法、支架成法、型胎具成型法等。目前有承包商采用了旋制法制作钢筋笼，采用该种方法制作钢筋笼需要专门的设备。

（2）钢筋笼主筋的连接形式

随着我国建筑业的不断发展，桥梁施工技术水平也在不断提高，钢筋的连接技术从传统的钢筋搭接绑扎法、钢筋焊接法逐步发展为钢筋机械连接法。

钢筋机械连接法始于20世纪80年代，先后出现多种形式的机械连接接头，如径向挤压套筒连接，锥螺纹套筒连接、直螺纹套筒连接等。其中直螺纹连接技术是继冷挤压连接技术和锥螺纹连接技术后的新一代钢筋连接技术，它保留了两种连接技术的优势，又避免了其不足之处，在工程中得到迅速推广应用，近年来，相继开发出镦粗直螺纹、剥肋滚压直螺纹、挤压肋滚压直螺纹、碾压肋滚压直螺纹连接技术等。

套筒冷挤压连接技术用高压油泵作动力源，通过挤压机将连接套筒沿径向挤压，使套筒产生塑性变形，与钢筋相互咬合，形成一个整体来传递力的。质量可靠、性能稳定，但是由于设备笨重，工人劳动强度大，设备保养不好易产生漏油污染钢筋，影响效力正常发挥，给使用维修带来不便，连接速度及方便性不如锥螺纹连接和直螺纹连接。

锥螺纹连接技术是用锥螺纹套丝机将钢筋端头先加工成锥螺纹，然后把带锥螺纹的套筒与待对接钢筋连接在一起。套筒和接头都可提前加工，不占用工期，操作简单，现场只需扭力扳手连接。但是影响接头强度的因素较多，稳定性差，锥螺纹底径小于钢筋母材基圆直径，接头强度会被削弱，钢筋不能弯曲或有马蹄形切口，否则易产生丝扣不全，影响接头性能，给连接质量留下隐患。

镦粗直螺纹连接技术是先将钢筋的马蹄形端头切掉，再用钢筋镦头机将钢筋端头镦粗，用直螺纹套丝机将其切削成直螺纹，通过直螺纹套筒将待对接的钢筋连接在一起。该方法不仅工序繁琐，而且镦粗后的钢筋头部金相组织发生变化，不经回火处理，会产生应力集中，延性降低，对改善接头受力是不利的。

挤压肋和碾压肋滚压直螺纹连接技术具有直螺纹连接的优点，但加工螺纹时需两台设备和两道工序才能完成。而且由于钢筋本身轧制公差较大，丝头实用能力差，加工质量控制难度大，滚丝轮受力条件恶劣、工作寿命低。另外，钢筋端部的纵横肋被挤压成圆柱时可能形成两层皮现象，影响螺纹的强度与寿命。

剥肋滚压直螺纹连接技术是在一台专用设备上将钢筋丝头通过剥肋滚压螺纹自动一次成形，由于螺纹底部钢筋原材没有被切削掉，而是被滚压挤密，钢筋产生加工硬化，提高了原材强度，从而实现了钢筋等强度连接的目的。剥肋滚压可在同一台设备上完成，具有其操作简单，加工工序少，滚丝轮工作寿命长，接头稳定可靠，施工便捷；螺纹牙型好，精度高，不存在虚假螺纹，连接质量可靠稳定等优点，具有较大的发展前景。

经过比较，剥肋滚压直螺纹连接技术具有明显的优势。它在镦粗直螺纹和直接滚轧直螺纹接头的基础上进一步发展，减少了镦粗环节，同时也解决了直接滚轧直螺纹存在的牙形不饱满、不连续的缺点，但由于国内钢筋尺寸公差较大，使得该技术在应用中由于滚压的压缩率不同，易造成冷强效果的波动及牙形缺陷，并易造成设备滚丝轮过载而损坏等缺点。

4）灌注水下混凝土

钻孔桩多采用导管法灌注水下混凝土。导管直径一般在 200 ~ 350mm 之间，导管连接方法有法兰盘、丝扣和卡口 3 种，法兰盘已经被淘汰。导管在使用前需要做拼接、水密、承压、抗拉等试验。

水下混凝土应事先配制，除满足强度要求外，混凝土的可灌注性应认真对待，当采用高性能混凝土时，更应引起注意。首批混凝土方量应经过计算确定。

灌注水下混凝土注意事项如下：

（1）水下混凝土灌注前，应检测孔底沉淀厚度，若不符合设计要求应进行二次清孔，清孔后的泥浆指标应符合规范要求，孔内水位必须高出海水 1.5 ~2.0m，以防坍孔；

(2)混凝土拌和物运至工地必须满足其流动性、均匀性、坍落度要求，若不符合要求，应进行二次拌和，若二次拌和仍达不到要求，不得使用；

(3)计量要准确，搅拌机运转能力要有充分保证，应满足在规定的初凝时间内浇筑完毕，夏季宜掺入缓凝剂；

(4)混凝土要有足够的流动度，灌注应连续进行，不得中断，夏季应预防坍落度损失过大。冬季当气温低于0℃时，混凝土灌注应采用拌和水加热保温措施；

(5)灌注水下混凝土的导管应按≥1.3倍水深的压力进行水密、承压和接头抗拉力试验；

(6)开灌时，导管底部至孔底应留有300～350mm的空间距离，采用塑料泡沫球作隔离；

(7)应经常测量孔内混凝土顶面高程，确保导管的埋深为2～6m，拆卸导管时应测量导管内混凝土面高度，严防导管漏水，导致事故；

(8)灌注前，必须对导管长度，标记进行核对检查，灌注过程中应随时抽查导管的埋入深度，防止测量差错，避免提冒或低灌；

(9)混凝土灌注过程中，若发生故障应及时查明原因，及时采取补救措施，研究处理。

5)桩底注浆

由于钻孔过程中泥浆以及土质的影响，桩阻抗不能得到有效发挥。从有关资料了解到，钻孔桩的单桩承载力压浆与不压浆可差一倍，桩底压浆的极限承载力是常规桩的1.55～2.74倍。因此运用桩底压浆改善边界条件，扩大桩的支撑面积，大幅度提高桩的承载力，从而减短桩长，减少桩数，减小桩径，提高经济效益，桩底压浆技术在桥梁施工中已成为一种广泛使用的趋势。

经过不断地试验、研究、改进，目前桩底压浆的施工工艺已趋成熟，操作也比较简单易行。利用声测管进行钻孔灌注桩桩底压浆，其成孔工艺与常规做法基本相同。

东海大桥主通航孔进行了两根试桩，桩径ϕ250cm，桩长约110m，试桩1为主通航孔PM336墩，压浆前单桩竖向极限承载力为41 000kN，压浆后为>52 000kN；试桩2为副通航孔PM241墩，压浆前单桩竖向极限承载力为30 000kN，压浆后为57 000kN；试桩1提高>26.8%，试桩2提高90%。

上海长江大桥工程在主通航孔进行了两根试桩，桩径为ϕ250cm变ϕ300cm变截面，桩长为105m，压浆前的单桩竖向极限承载力为56 604kN，

56 746kN；压浆后的单桩竖向极限承载力对应为114 654kN，114 654kN。压浆后的单桩竖向极限承载力是压浆前的2.02倍。

需要说明的是，大型工程项目试桩数量相对较多，为了节省试桩工程费用，部分试桩可以利用工程桩进行桩基承载力测试，但是利用工程桩做试桩时，当试桩荷载达到设计要求的承载力时即停止，不是桩基竖向极限承载力。

3. 钻孔桩质量控制

(1)钢护筒质量控制

按照规范和经验确定钢护筒直径与长度，钢护筒加工质量、椭圆度和垂直度应符合要求，钢护筒倾斜度符合规范规定。

(2)成孔质量控制

采用专门仪器对孔径孔斜孔深进行检测，符合规范要求。

(3)钢筋笼质量控制

分节制造的钢筋笼应进行验收，钢筋笼的主筋接头符合要求，钢筋笼保护层垫块符合要求并应牢固。

(4)沉淀厚度控制

沉淀厚度为开始卸钻杆时的孔深(即终钻时刻的孔深)与在灌注水下混凝土前(即砍球时刻)的孔深之差值。当不满足要求的沉淀厚度时，应进行第二次清孔。

(5)混凝土质量控制

控制混凝土配合比质量；对桩基混凝土的完整性采用超声进行检测，对代表性的桩或对质量有怀疑的桩进行取芯试验。

4. 值得注意的几个问题

1)钢护筒的选择与确定

在公路跨海大桥工程钻孔桩施工中，钢护筒主要起固定桩位、保护孔口不坍塌的作用，钢护筒大多采用钢板卷制而成，一般不重复使用。

关于钢护筒设置，《公路桥涵施工技术规范》(JTJ 041—2000)规定如下。

(1)护筒内径宜比桩径大200～400mm。

(2)护筒中心竖直线应与桩中心线重合，除设计另有规定外，平面允许误差为50mm，竖直线倾斜不大于1%，干处可实测定位，水域可依靠导向架定位。

(3)护筒高度宜高出地面0.3m或水面1.0～2.0m，当钻孔内有承压水时,应高于稳定后的承压水位2.0m以上。当处于潮水影响地区时,应高于最高施工水位1.5~2.0m,并应采用稳定护筒内水头的措施。

(4)护筒埋置深度应根据设计要求或桩位的水文地质情况确定。有冲刷影响的河床,应沉入局部冲刷线以下不小于1.0~1.5m。

公路跨海大桥工程钻孔桩设计桩径高达2.5~3.0m,深度多在100m左右,且桩数量较大,钢护筒的设计问题直接涉及钢护筒本身的钢材数量、桩身混凝土的数量以及施工能否顺利进行。在跨海大桥施工组织设计中,除了应遵照《公路桥涵施工技术规范》(JTJ 041—2000)的有关规定进行钢护筒的设计外,尚需注意以下方面:

(1)钢护筒壁厚

若钢护筒的壁厚太大,则浪费钢材,不经济;若壁厚太小,则可能发生钢护筒变形,而处理钢护筒的变形是一件很麻烦的事情。根据经验,跨海大桥水域钢护筒的壁厚一般按照钢护筒直径的1/160~1/180确定,且宜在钢护筒孔口和孔底段的外表面再设置加强圈,以增强钢护筒的刚度,减少钢护筒可能出现的变形。

(2)钢护筒内径

若钢护筒的内径太大,则浪费钢材,不经济;若内径太小,则难以保证成孔直径和倾斜度要求。根据经验,跨海大桥水域钢护筒的内径宜比桩径大100~400mm,当钢护筒较短,且沉放工艺能确保钢护筒倾斜度要求时,取小值,否则取大值。

钢护筒内径的确定,是一件在施工成本与施工技术之间寻求平衡的工作。以3.0m直径钻孔桩为例,假设钢护筒长度为60m,钢护筒内径分别采用3.2m和3.1m(壁厚均为18mm)进行比较,其结果是:采用内径3.2m的钢护筒比采用内径3.1m钢护筒,单根桩相应增加钢材2.7t,增加混凝土29.7m^3。如果该项目有100根桩,则共增加钢材270t,增加混凝土2 970m^3。

(3)钢护筒顶高程

钢护筒顶高程要考虑钢护筒外的潮位及波浪影响,同时还要考虑保证钢护筒内外水头差以及施工平台高程。根据经验,跨海大桥水域钢护筒顶高程一般与施工平台等高。

(4)钢护筒底高程

钢护筒底高程主要考虑地质情况的影响,若钢护筒入土太浅,则施工过程中可能出现坍孔、漏浆等问题,入土太深,则可能造成下沉困难,重则使钢护筒发生变形，且浪费钢材，不经济。

(5)钢护筒沉放

利用双层导向架(图 3-22)精确定位，双层导向架比单层导向架能更好地控制钢护筒倾斜度。钢护筒沉放一般利用振动锤或打桩船插打，超过直径2.5m的钢护筒，目前国内打桩船无法直接施打，需要进行局部改制。

图 3-22　下沉钢护筒的双层导向架

2)改性海水泥浆与淡水泥浆问题

东海大桥工程钻孔桩施工采用淡水泥浆，而杭州湾跨海大桥工程采用海水拌制泥浆。杭州湾跨海大桥对海水拌制泥浆及其对钻孔桩耐久性影响进行了研究，研究显示，和普通 PHP 泥浆相比，海水泥浆可以就地取材，通过使用增黏剂、分散剂，配制和调整泥浆，使泥浆各项性能符合要求。杭州湾跨海大桥工程得出结论：采用海水造浆可以节省施工成本，具有推广价值。

拌制海水泥浆是在护筒内扫孔完成后进行的。首先在扫完孔的护筒内加入膨润土，同时开动钻机及泥浆循环系统进行充分循环，再加入增黏剂、分散剂进行泥浆调整，并不间断检测泥浆黏度、比重、PH 值，直到各项指标满足要求再进行钻进。钻进过程中，根据土层的变化，进行泥浆指标的调整，终孔时，再次进行调整，保证终孔泥浆指标满足规范要求。

对于直接使用海水泥浆对钻孔桩质量的影响、采用改性海水泥浆还存在的问题等，有必要进一步开展研究，以规范公路跨海大桥工程钻孔桩施工。

3)沉淀厚度问题

编者认为，沉淀厚度为卸钻杆时的孔深(即终钻时刻的孔深)与在灌注水下混凝土前(即砍球时刻)的孔深之差值。沉淀厚度的测量时间应按照这两个时刻进行。遗憾的是，现行技术规范未见明确规定。

4)成孔倾斜度

编者认为，钻孔桩的倾斜度是指钻孔桩桩身任意两个横截面中心点连线与垂直方向的夹角。采用自制钢筋笼检孔器只能测出钢筋笼检孔器吊绳上部的悬挂点与孔身某一点的垂直度，它不能测出桩身任意两个横截面中心点连线与垂直方向的夹角。而测壁仪能打印出孔壁曲线，可以计算出桩身任意两个横截面中心点连线与垂直方向的夹角。随着施工检测仪器以及施工工艺的不断改进,行业规范有必要对此进行明确。

5)钻孔桩超声检测

钻孔桩超声波检测的实施,主要有三种方式,第一种是由业主委托专门的检测单位进行检测,承包商不再进行检测,监理也不进行抽检;第二种是按照施工合同约定,由承包商委托专门的检测单位检测,监理不进行抽检;第三种是由承包商委托专门的检测单位检测,监理在此基础上按照一定频率进行抽检。

编者认为以采用第一种方式较好;第二种方式,可能存在信任度的问题;第三种方式可能存在扯皮问题。

6)钻孔桩施工中出现的常见问题

(1)钢护筒问题

在跨海大桥工程施工中,钢护筒出现的问题较多,比如钢护筒倾斜度偏大,导致钻头无法穿过护筒;钢护筒埋深不够,或外部采用了加劲等构造缺陷,导致护筒底部漏浆;钢护筒发生变形等。

在跨海大桥工程施工中,容易发生大量的钢护筒变形,处理1个变形钢护筒可能要花几十万元。

为防止钢护筒发生变形,应从设计和施工方面采取措施,如控制钢护筒壁厚、在钢护筒上下端设置加强圈、控制钢护筒下沉时的激振力大小等。激振力选择可以按下式确定:

激振力$[P]>$土层动摩阻力$[R]$即:

$$[P] > R = LUf$$

式中:L——护筒的入土深度;

U——护筒的周长;

f——土的单位面积动摩阻力。

(2)泥浆问题

在钻孔过程中,如膨润土投放的太少,则易出现坍孔。

(3)工序衔接问题

成孔后应立即灌注桩基混凝土(如搅拌船跟不上),否则导致沉渣过厚,二次清孔困难或坍孔。

(4)机械故障问题:比如掉钻或钻头破损等

(5)采用高性能混凝土问题

采用高性能混凝土容易发生堵管,原因是高性能混凝土黏性较大,配合比设计不良造成。可以采取的措施有:在导管顶部开气孔,在混凝土导管设置附着式振捣器,采用备用长杆冲捣等。

第八节 承台施工

一、承台类型与应用情况

公路跨海大桥工程水中承台按照所处的部位,有通航孔承台和非通航孔承台。通航孔承台,承台体积相对较大,承台数量较少;非通航孔承台,承台体积相对较小,承台数量较多。前者一般采用双壁钢套箱法施工,后者多采用单壁钢套箱或预制混凝土套箱法施工。

桥梁承台呈现越来越大的趋势。如苏通长江大桥工程北主塔承台长114m,宽48m,平均厚度9m,为世界最大群桩基础。东海大桥工程主通航主墩承台,长49.8m,宽27.4m,厚6m,混凝土体积8 187m^3;上海长江大桥承台长72.2m,宽37.2m,厚度6m,混凝土体积15 000m^3。

二、承台施工方法

1. 承台施工围堰

(1)双壁钢套箱

双壁钢套箱既作为承台混凝土施工模板,又作为桥梁在运营中的防撞结构,这是目前比较流行的做法。

双壁钢套箱一般在工厂加工制作,浮运或船运至施工现场水域,再进行安装。双壁钢套箱可以采用整体制作吊装的方式,也可以采用分块制作安装的方式。东海大桥工程各副通航孔承台、上海长江大桥工程主通航孔、副通航孔承台等采用了整体制作吊装方式,而苏通长江大桥工程主墩承台钢套箱采用了分块制作安装的方式。采用整体制作吊装方式可以节省工期,但需要大型起重船进行安装。图3-23是上海长江大桥工程主墩钢套箱,采用两台起重船进行抬吊安装,钢套箱重1 430t。

(2)钢浮箱围堰

东海大桥工程采用了钢浮箱作为承台施工围堰。钢浮箱采用钢结构制作,底板以及侧板均为双壁,外形尺寸54.24m×42.4m×12.8m,自重约3 000t,预先在钢浮箱内开设钻孔桩钢护筒和钢浮箱定位桩孔口,整个外形犹如蜂窝式方体船形结构。其施工步骤是:在船坞制作钢浮箱→钢浮箱水上浮运→钢浮箱定位→钢浮箱灌水下沉与固定,见图3-24。

图 3-23　上海长江大桥主墩承台钢套箱整体吊装

图 3-24　东海大桥主墩承台钢浮箱安装

(3)单壁钢套箱

单壁钢套箱大多用于跨海大桥非通航孔承台的施工,它由钢套箱侧壁、钢底板、钢扁担以及其他配件(封孔板、通水管、拉压杆、护栏等)等组成。在陆上加工制作后,拼装成整体,由驳船运输至施工现场水域,再由起重船进行安装。如上海长江大桥非通航孔(70m 跨)承台,一个单壁钢套箱重约70t。

(4)预制混凝土套箱

采用预制混凝土套箱法施工承台,其混凝土套箱应事先在陆上预制,经船运输至墩位处,再由起重船完成安装。

预制混凝土套箱为钢筋混凝土薄壁结构,外形平面尺寸与承台相同,壁厚一般 30cm,底板为钢结构,预制混凝土套箱既是承台模板又是承台保护壳和组成部分。东海大桥采用了预制混凝土套箱法施工非通航孔承台。

2. 承台封底混凝土施工

根据封底混凝土高程与潮位及潮水变化关系,浇筑承台封底混凝土有三种方式。

当承台封底混凝土底高程较高,封底混凝土底面在低潮位时露出水面时,封底混凝土浇筑可以乘低潮时进行,采用“干封”法施工,在东海大桥的非通航孔段大多采用了此种方法。

当承台封底混凝土底面在低潮时不露出水面,而封底混凝土顶面在低潮时露出水面时,封底混凝土施工乘落潮时开始进行,待封底混凝土的顶面露出水面时,完成封底混凝土的浇筑和赶平工作,为“半水下半干封”法施工,在上海长江大桥的非通航孔段大多采用了此种施工方法。

当承台封底混凝土顶高程很低,不露出水面时,须采用“水下混凝土”法施工,在东海大桥及上海长江大桥的主、副通航孔承台封底混凝土均采用了此种施工方法，见图3-25。

3．承台混凝土施工

承台混凝土浇筑采用水上拌和船施工（图3-26），一般均应在承台内埋设冷却水管，使承台混凝土内外温差控制在25℃～30℃，以控制混凝土的温度应力和裂纹。

图3-25　上海长江大桥主墩承台封底

图3-26　上海长江大桥主墩承台浇筑混凝土

大体积承台混凝土的施工，也有未设置冷却水管的，比如东海大桥工程主通航孔承台混凝土施工中采用了蓄热保温法，承台混凝土内外温度、温差以及收缩应力达到标准要求，并且在浇筑混凝土时未设置冷却水管。东海大桥工程主通航孔承台混凝土施工，采用蓄热保温法施工且未设置冷却水管，在国内属于首次应用。

三、承台施工质量控制要点

1．控制内容

（1）审查承台钢套箱的制作与试拼方案（工厂制作、现场组拼装、岸滩组拼装、气垫充气拖拉下水，浮运就位、吊机起吊套入桩内）。

（2）组拼装后结构尺寸检查，渗水检查。

（3）防腐蚀检查。

（4）钢套箱下沉支承拉、压杆连接，导向限位装置检查是否牢固可靠。

（5）钢套箱底板与护筒周围封堵检查。

（6）钢套箱吃水深度检查。

（7）承台中心坐标、高程、结构尺寸检查。

（8）检查大体积混凝土灌注冷却降温措施和冬季施工措施是否到位。

（9）检查原材料、高性能混凝土配合比。

(10)检查凿除桩头混凝土、桩位平面偏位是否符合设计要求。

(11)检查防雷接地装置、墩身、墩座预埋筋、沉降位移观测点是否符合设计要求。

(12)在已完成的桩基上浇筑承台混凝土时,所搭设的支架及模板安装均应符合设计图纸及规范的有关规定。

2. 减少承台混凝土温度裂纹的措施

为避免大体积承台混凝土,因水化热使承台混凝土内部温度升高,而导致混凝土产生受力裂纹,可以采取以下几点措施:

(1)根据混凝土设计强度,对高性能混凝土配合比应进行交叉、平行试配试验。选择水化热低的水泥,改善集料级配,降低水灰比,选择高效优质外加剂、磨细粉煤灰,尽量减少水泥用量;

(2)承台厚度较大时,应按 $\delta = 30\text{cm}$ 水平分层浇筑,以增加散热面;延长浇筑时间和散热时间,使混凝土升温值Ⓗ $= \frac{WQ}{CP}(1 - e^{-mt})$ 得以减小;

(3)若采用在混凝土浇筑体内埋设冷却水管通水冷却,在输送冷却时,应注意冷却水与混凝土温差不宜 >25℃,适当布置测量控制点;

(4)灌注结束时,及时加强升温和降温观测,并绘制混凝土放热曲线和冷却水处理降温曲线。

四、值得注意的几个问题

1. 预制混凝土套箱法与钢套箱法的比较

东海大桥工程海上非通航孔承台采用了预制混凝土套箱施工方法,杭州湾跨海大桥工程海上非通航孔,部分承台采用了钢套箱施工方法,部分承台采用了预制混凝土套箱施工。

袁涛在《公路》2006 年第 9 期发表文章,对杭州湾跨海大桥工程采用钢套箱与预制混凝土套箱从成本、技术质量、安全、进度等方面进行了比较:以直径 12m 承台为例,采用混凝土套箱每个套箱的费用为 22.15 万元,采用钢套箱每个套箱的费用为 12.65 万元,结论是:除非在结构安全(抗风浪)非常突出的情况下,预制混凝土套箱才具有一定的优势。

由于公路跨海大桥工程所处环境不尽相同,具体采用预制混凝土套箱方案还是钢套箱方案,需要进行综合比较后确定。

2. 承台封底混凝土厚度往往被轻视

承台封底混凝土厚度应经计算确定,采用最小厚度。封底混凝土在承台施工过程中,主要承受水浮力和承台混凝土重力。东海大桥工程以及杭州湾跨海大桥工程非通航孔部分承台采用了 80cm 厚 C30 封底混凝土,目前这可能是跨海大桥工程承台封底混凝土实际采用的最小厚度了。

值得注意的是,承台封底混凝土强度等级与厚度的确定,更像一个施工问题,而不是设计问题。但目前所见的设计文件中,均给出了封底混凝土强度与厚度。

在近几年修建的跨海大桥工程施工过程中，按照设计文件给出的承台封底混凝土厚度往往不够，没有充分考虑到作用于封底混凝土上的潮差水浮力及承台混凝土质量等荷载，导致封底混凝土与钢护筒之间握裹力不够，封底混凝土强度(受弯)不能满足一次浇筑承台混凝土的施工要求。在实际施工中，承包商不得不采取两次浇筑承台混凝土、或在封底混凝土内设置弯矩钢筋、或采取了在桩周设置环形钢筋网和在桩上设置剪力键等方式。

编者建议:1)公路跨海大桥工程处于海水环境中,承台位于浪溅区,其腐蚀更为不利,建议采用一次浇筑承台混凝土的施工方式,以避免因两次浇筑承台混凝土形成的施工缝;2)当考虑按照一次或两次浇筑承台混凝土时,在施工招标文件以及设计文件中应予以明确。

3. *承台与系梁高程的确定*

(1)设计单位应谨慎确定承台底高程

据有关调查资料显示,我国海港高桩码头的使用寿命一般不到 30 年,其中一个很重要的原因就是桩头位于水位变动区,被海水腐蚀而最先遭受破坏,即桩头是码头结构的薄弱部位。

在东海大桥工程及杭州湾跨海大桥工程的非通航孔段,桩基大量采用了钢管桩和部分钻孔桩,在低潮位时,桩头露出水面。尽管钢管桩采用了阴极保护和填芯混凝土的设计形式,但阴极保护效果在水位变动区不如水下区,从海水腐蚀程度来看,钢管桩桩头是桥梁结构的薄弱部位;尽管钻孔桩钢护筒在一段时期内能起到延缓钻孔桩腐蚀的作用,但水位变动区的干湿交替,钻孔桩桩头也是桥梁结构的薄弱部位。

编者建议,跨海大桥工程承台底高程应由设计单位充分考虑,在对结构成本以及施工成本,特别是在结构使用寿命等方面进行充分比较论证的基础上,应尽量降低跨海大桥工程承台底高程。

(2)承包商应充分考虑承台围堰顶高程

由于潮汐变化(或遇大潮汐),加上波浪的影响,承台顶面位于浪溅区。

在浇筑承台混凝土和养生期间，确保刚浇筑的承台混凝土不被海水和海浪侵蚀，施工围堰的顶高程要考虑潮位与海浪的叠加作用。目前，承包商一般在承台围堰顶部设置防浪围板，既解决问题，又经济。

(3)系梁的施工难度往往被轻视

在上海长江大桥工程的非通航孔，部分高墩承台之间设计了系梁，以增强桥梁整体性。

承包商一般先完成承台施工，再施工系梁。由于系梁位于浪溅区，按照施工技术理念，需要采用围堰法施工并浇筑系梁封底混凝土。困难的是，施工系梁的围堰与已完成的承台之间的止水问题十分棘手。后来改为系梁预制安装施工方案，并提高了系梁底高程，但仍然存在预制系梁与承台之间湿接头的止水问题难以解决，因此系梁的施工难度不可轻视。

4. 采用套箱法施工应明确抗风浪等级

套箱安装后可能遭遇大风大浪的袭击，但选取何种风浪设计标准，需要承包商综合考虑工程安全、质量、进度以及施工成本，套箱安装后的抗风浪等级应慎重确定。

一般需对套箱安装后的三个阶段进行计算，一是空套箱（含封底混凝土没有强度）；二是封底后的套箱（封底混凝土已有强度）；三是浇筑承台混凝土后的套箱（承台混凝土浇筑后，但尚没有强度）。根据经验，一般是空套箱阶段最不利。

选取何种风浪标准进行施工组织设计是一个难题，现行施工规范对有关施工阶段的设计风浪标准取值，尚无规定，监理机构对方案的审核也缺乏依据。

编者认为，应采取“设计+措施”的方式处理此类问题。即承包商在施工方案中，明确套箱的抗风浪等级，当出现超出设计的风浪等级时（比如遭遇台风），采取应急措施。这些应急措施包括：制订套箱安装、套箱封底以及浇筑承台混凝土三者之间合理的进度安排；根据气象预报对已安装的套箱采取临时加固措施等。

如××桥承台钢套箱已经完成了封底混凝土施工，在台风时被损毁，整个套箱被台风卷入海底。又如××桥钢套箱封底混凝土施工时，因风大浪急，导致出现严重漏水，造成封底混凝土失败，主要原因是桩基水平刚度较小，桩基与钢套箱在水流、风、浪等作用下晃动较大所致。

5. 封底混凝土渗漏与预防措施

采用套箱法施工承台，常常发生围堰渗漏问题，渗漏发生的部位一般出现在封底混凝土与套箱内表面、封底混凝土与钻孔桩钢护筒或钢管桩外表面、浇筑封底混凝土可能出现的冷缝等部位。

防止出现渗漏的预防措施主要有:(1)在浇筑封底混凝土之前,将套箱内表面、钢护筒外表面用高压水冲洗干净,特殊情况下派潜水员下水实施清理工作,确保浇筑后的封底混凝土与套箱壁表面、钻孔桩钢护筒或钢管桩外表面紧密结合;(2)严格控制浇筑封底混凝土施工工艺,确保封底混凝土不出现冷缝。

在围堰抽水后,若出现渗漏,可以采取水泥砂袋堵漏。若发生少量渗水,则应设置积水井,将水排出。

6. 承台混凝土分次浇筑问题

由于承台处于浪溅区,为确保承台混凝土结构的耐久性,承台混凝土宜一次浇筑完成。有这样几个因素,承包商可能会提出分次浇筑承台混凝土,一是承台混凝土体积大,采用一次浇筑承台混凝土受施工设备等限制;二是承台封底混凝土强度以及握裹力不足以承担承台混凝土浇筑时的质量和水浮力。当需要分次浇筑时,应得到设计单位同意。

7. 承台套箱何时拆除问题

在承台混凝土浇筑后,应尽量延长承台套箱的拆除时间,避免新浇筑混凝土与海水直接接触。但是随着承台套箱拆除时间的延长,需要承包商增加套箱数量,也即增加施工成本;若套箱拆除时间过早,则海水容易渗入新浇筑混凝土中,可能导致混凝土结构过早腐蚀破坏。按照推荐性标准《公路工程混凝土结构防腐蚀技术规范》(JTG/T B07—01—2006)第 5. 2. 8 条要求,一般不应短于 4 周。

编者认为,套箱拆除时间,应在考虑施工成本和混凝土防腐蚀要求等因素基础上综合确定。若按照不短于 4 周拆除套箱,时间可能太长,建议以实际混凝土强度等级达到设计要求即可拆除套箱。

第九节　墩身施工

一、墩身类型与应用情况

跨海大桥墩身分为预制和现浇两种施工方式,为尽可能减少水上作业时间和工作量,预制墩身大多用于远离海岸的非通航孔段,而现浇墩身多用在浅滩段、陆上段以及副通航孔。

预制墩身按照墩身高度可以分为单个或多个节段进行预制安装。每个节段的质量应考虑预制场内的水平运输设备以及水上起重船架设的可能性。如东海大桥预制墩身节段数量为670个，单节最大质量为350t，单节最大高度为11.8m，杭州湾跨海大桥预制墩身共474个，单节最大质量460t，单节最大高度17.4m。在上海长江大桥预制墩身节段数量216个，最大预制节段重400t，单节最大高度14m。

二、墩身施工方法

1. 墩身预制与现浇施工

(1)台座

墩身节段一般在陆上进行预制，由于墩身节段有伸出钢筋，台座由两部分组成，下部为混凝土结构，它将墩身重力传递到地面，起扩散应力作用，上部为钢结构，采用钢板及型钢加工而成，同时兼作底模，在台座底模上开孔，以便墩身节段伸出钢筋穿入，其高度由伸出钢筋长度决定。

(2)模板

为提高墩身外观质量及耐久性，墩身模板不能采用对拉螺杆，在东海大桥工程、杭州湾跨海大桥工程以及上海长江大桥工程施工中，采用了整体桁架式墩身钢模板，外模板在平面上分为4块，内模板为伞形收缩的钢模板，模板安装采用龙门吊进行。

目前在跨海大桥墩身施工中，一种透水模板布被使用。以“福特斯”Formtex®透水模板布为例，它是一种纤维组织，使用时贴在模板内表上，能把刚刚浇好的混凝土表面(约20~30mm)多余的空气和水排出，使混凝土表面的水与水泥的比值降低，提高了混凝土的强度和耐磨力。另外，福特斯透水模板布确保混凝土在养护期间保持高湿度，将微小裂缝减到最少。应用表明，福特斯透水模板布能使混凝土形成亚光表面，色泽均匀，表层致密，消除了表面砂眼和裂纹产生，延长了混凝土的使用寿命。

透水模板布使用的缺点是：在墩身分节段施工中，由于透水模板吸出的水往下流淌，导致污染已施工的下节墩身混凝土表面，另外，采用透水模板布混凝土表面光洁度较差。

透水模板布在杭州湾跨海大桥工程墩身施工中得到应用，在上海长江大桥工程仅主塔身下部施工中采用了福特斯透水模板布。

透水模板布的施工工艺及效果，见图3-27~图3-30。

图 3-27　清洁模板表面

图 3-28　用胶水粘贴模板布

图 3-29　安装已贴好模板布的模板

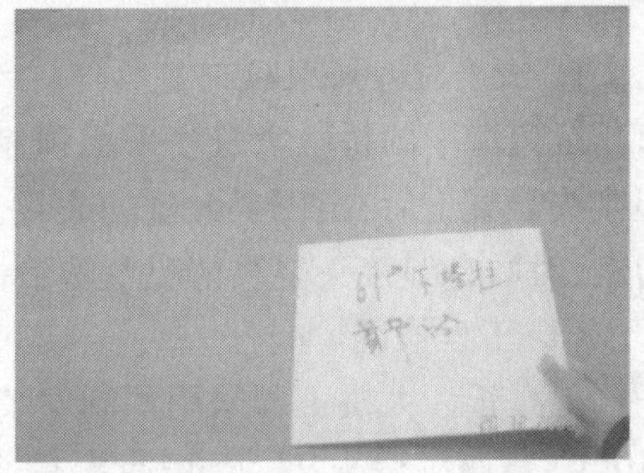

图 3-30　采用模板布施工的混凝土表面

2. 墩身水上运输与安装

吊装预制节段的吊索具应进行专门设计；水上运输应专门对墩身稳定性进行设计，由于运输船舶不可避免地在水上颠簸，应采用专门的措施，确保墩身不倾倒；对运输墩身节段的船舶应进行加固设计。如上海长江大桥墩身节段运输采用 5 000t 级深舱自航船，每次装运 4 个预制墩身节段，事先进行了专门的加固设计。

墩身安装（图 3-31）由起重船进行，为确保墩身安装的精度，专门设计了定位导向装置（图 3-32）。定位导向装置由 6 个混凝土短柱组成，起临时支撑墩身节段作用，短柱设计成斜靠背形式，同时对安装墩身节段起导向作用。在吊装墩身节段前，先将预制好的定位短柱安装就位，在安装墩身节段时，根据需要采用各种不同厚度的钢垫板调整墩身的垂直度。符合要求后，进行湿接头施工。

图 3-31　采用起重船安装预制墩身

图 3-32　预制墩身安装的导向定位短柱

三、值得注意的几个问题

1. 墩身湿接头裂纹问题

远离海岸的桥墩墩身多采用预制安装的设计和施工方法，在浇筑墩身湿接头混凝土后，出现了大量的裂纹。兹以上海长江大桥工程墩身湿接头为例，对墩身湿接头裂纹情况及防治措施介绍如下。

(1)工程概况

上海长江大桥工程采用预制安装墩身共 92 个，包括预制安装墩身节段 216 节，墩座湿接头 92 个，墩身湿接头 124 个。湿接头高度 140cm，内壁为空心。

墩身分节在预制场预制，装驳运至现场，用起重船吊装。每个湿接头处均设置有 6 个短柱，其中 4 个支撑短柱(兼有导向作用)和 2 个导向短柱。墩座湿接头处的短柱，事先预制后在承台顶面安放，墩身湿接头的短柱与下节墩身一起预制完成。短柱为斜靠背形式，下部平面尺寸为 65cm × 50cm，顶部平面尺寸为 25cm × 50cm。

湿接头混凝土为高性能混凝土，采用水上拌和船搅拌，泵送入模，养护 7d 后拆模。混凝土养护采用了包裹塑料布，覆盖土工布，喷涂养护液以及采用塑料管滴水养护等方式。

湿接头施工自 2006 年 7 月起至 2007 年 5 月止。

(2)裂纹情况

本工程共有 216 个湿接头，其中大多数湿接头出现裂纹，裂纹的分布规律如下：①裂纹呈竖向分布，沿湿接头高度上下连通；②经检测为外表面裂纹，深度一般为 30 ~ 45mm，宽度一般在 0.2mm，少量裂纹宽度为 0.28 ~

0.33mm,属于浅层裂纹;③裂纹条数不等,1 个湿接头多则有 14 条裂纹,少则 1 条或没有裂纹;④裂纹多出现在墩身凹槽和对应的支撑短柱处;⑤墩座湿接头比墩身湿接头裂纹数量多;⑥空心墩内表没有发现裂纹;⑦裂纹在拆模时即发现,出现在混凝土浇筑后的早期。

(3)采取的措施与效果

承包商针对湿接头裂纹出现的情况,为消除裂纹,曾先后采取了一系列措施,这些措施和效果主要是:①采取透水模板布施工工艺,无明显效果;②采取局部增加钢筋措施,无明显效果;③采取调整混凝土配合比措施,无明显效果;④采取更换外加剂措施,无明显效果;⑤调整膨胀剂掺量或取消膨胀剂,无明显效果;⑥将支撑混凝土短柱改为钢短柱,无明显效果;⑦调整湿接头水平箍筋间距和直径,裂纹有所改善;⑧采用在混凝土中掺入高强高弹模聚乙烯醇纤维,裂纹有所改善;⑨延长拆模时间以及采取不同的养护方式,裂纹有所改善。

(4)裂纹成因与结论

针对裂纹出现情况,有关单位曾召开了多次会议研讨,包括请国内有着丰富施工经验和混凝土裂纹方面的专家献计献策,结论如下:

专家对裂纹形成的原因,一致认为是:①湿接头混凝土受上下老混凝土界面约束;②湿接头采用了高强度高性能混凝土,而高性能混凝土的自干燥、自收缩性比普通混凝土大;③混凝土表面水分散失;④混凝土表面内外温差影响。

专家对裂纹的影响界定为:裂纹分布于浅表层,尚未超过混凝土保护层,对结构无影响。建议对宽度 0.2mm 以内的裂纹,进行封闭处理,对宽度 0.2mm 以上的裂纹,采用化学灌浆处理。

专家提出的建议:取消膨胀剂是必要的,采取调整水平钢筋的间距是有效的,建议在后续施工中,对原材料、混凝土配合比以及混凝土的养护等加以继续研究。

值得注意的是,定位短柱的存在,决定了裂纹出现的位置,但不是裂纹产生的原因。此种裂纹,尽管施工技术人员在努力寻找方法消除,遗憾的是,无论是在东海大桥工程还是杭州湾跨海大桥或上海长江大桥工程均没有找到一种彻底消除墩身湿接头裂纹的办法,尚有待继续研究!

2. 现浇墩身混凝土出现裂缝的另一个原因

该墩是××桥施工的第一个墩身，为封闭式空心结构，位于陆地上，采用现浇混凝土施工工艺，在混凝土浇筑后出现了裂缝，分析认为发生裂缝的原因是空心墩没有散热通道，混凝土浇筑后由于水化热的影响，空心墩内外温差过大造成裂缝。在后来的墩身施工时，在墩顶开了 ϕ80cm 的散热孔，外面增加保温措施和延长保温时间，消除了裂缝。因此，封闭式空心墩身应分两步进行：先在墩顶预留散热孔，在墩身混凝土施工完成后，再进行封闭。

第十节　预应力混凝土箱梁施工

在公路跨海大桥工程中,预应力混凝土连续箱梁多采用整孔预制安装施工法、支架现浇施工法、移动模架施工法、挂篮悬臂浇筑施工法以及顶推施工法等,本节对这 5 种施工法进行介绍。

一、整孔预制安装施工法

1. 箱梁整孔预制与安装方法

为了尽可能减少水上施工作业,跨海大桥的非通航孔箱梁采用整孔预制安装的设计施工方法。

东海大桥工程 60m 跨径单榀预制箱梁重 1 600t、70m 跨径预制箱梁单榀重 2 000t,在杭州湾跨海大桥工程,70m 预制箱梁单榀重 2 200t,在上海长江大桥工程,70m 预制箱梁单榀重 2 400t。

(1)箱梁预制

预制大型混凝土箱梁一般采用高位台座预制及高位台座存梁,移动式内外钢模板,钢筋整体入模,混凝土泵送,一次浇筑混凝土,蒸汽养护(夏季为自然养护)等工艺(图 3-33)。为了确保箱梁顶面混凝土的平整度及收浆抹面,中铁大桥局集团还专门设计制造了振动桥。

(2)箱梁在预制场内水平运输

大型箱梁预制构件在预制场内水平运输,多采用滑移(图 3-34)或轮胎搬运设备运输,在东海大桥工程、杭州湾跨海大桥工程及上海长江大桥工程 70m 箱梁采用了滑移运输方法。在杭州湾跨海大桥工程,50m 预制箱梁(单榀质量 1 430t)在场内的运输,采用了 2 台意大利产 ML800t 轮胎式搬运机进行搬运。

据悉,目前国内已研制成功 900 吨轮胎式桥梁搬运机,该搬运机由中铁四局为适应舟山大陆连岛工程金塘跨海大桥 60m 预制箱梁的场内搬运和装船而设计。单台 900t 轮胎式桥梁搬运机自重约 500t,由 64 个高 1.7m 的轮胎驱动，并可以实现双机联动，一人可以驾驶两台搬运机进行搬运作业。

图 3-33　预制箱梁浇筑混凝土

图 3-34　预制箱梁场内运输

(3)箱梁水上运输

大型箱梁预制构件在水上运输有两种方式，一是由"大型驳船 + 拖轮"进行水上运输，另一种是由具有运架一体功能的大型起重船进行水上运输。东海大桥工程 60m 预制箱梁的水上运输(采用大力号起重船吊装)采用前一种方式，70m 预制箱梁的水上运输(采用"小天鹅号"与"天一号"起重船安装)采用后一种方式(图 3-35)。

(4)箱梁安装

海上大型预制箱梁的安装采用两步到位的方式。大型箱梁预制构件采用起重船进行安装(图 3-36)，由于起重船受风浪及自身定位绞锚等的影响，箱梁的晃动较大，箱梁安装精度难以达到要求，需事先在墩顶设置调位装置，对已安装箱梁进行第二次精确调位，使之满足设计和规范要求。如东海大桥工程单片箱梁设置调位装置 4 套，每套由 1 台 700t 钢砂顶、2 台水平位移千斤顶、滑动副机座、减震板及配套油泵组成。

图 3-35　水上运输预制箱梁

图 3-36　安装预制箱梁

值得注意的是,钢砂顶不能对已安装箱梁高程进行调整。

(5)湿接头与体系转换

一联箱梁安装完成后,按照先边跨后中跨对称进行湿接头施工,在浇筑各湿接头混凝土前,将相邻两箱梁临时锁定,将正式支座安装就位,待湿接头混凝土达到设计强度后进行合龙段预应力张拉并进行孔道灌浆,当孔道水泥浆达到设计强度后,拆除临时钢砂顶,正式支座受力,各简支箱梁此时成为连续梁结构,完成一联体系转换。临时钢砂顶的拆除是通过旋出砂顶下部螺母,使砂子流出,砂顶顶心落下,退出工作。

2. 预制安装施工中值得注意的问题

(1)预制箱梁的裂缝问题

跨海大桥60m、70m混凝土箱梁预制过程中很容易出现裂缝,对出现裂缝的原因,比较一致的看法是采用了高性能混凝土,而高性能混凝土与普通混凝土相比,其早期收缩性大,因而更容易开裂。

解决裂缝的措施之一,优化混凝土配合比。如东海大桥开始预制70m箱梁时出现裂缝,通过采用降低水泥用量的措施,裂缝数量和宽度明显减少,不仅节约了水泥,还基本消除了裂缝。

解决裂缝的措施之二,通过调整蒸养工艺和加强养护来消除。

解决裂缝的措施之三,对箱梁进行早期张拉。在杭州湾跨海大桥施工中,为了防止70m箱梁混凝土早期出现裂纹,对箱梁进行低强早期张拉,即初张拉。当箱梁混凝土强度大于25MPa,弹性模量大于18.8GPa,且内模已经拆除,方可进行初张拉,初张拉力为钢束设计张拉力的30%。这种通过初张拉控制裂缝的措施,在杭州湾跨海大桥工程中被当作施工技术创新。

(2)箱梁运输和架设中的不正确操作可能导致箱梁损坏

箱梁运输和架设中的不正确操作可能导致箱梁损坏,如××桥有一榀箱梁在架设后,发现箱梁梁体开裂,经检查发现,支撑箱梁的墩顶临时支座劈裂,经分析估计是箱梁在架设过程中3点受力而导致损坏,后来,该榀梁经修补后采取超声波检测和取芯试验,并经专家论证,评为合格。

(3)箱梁架设后,因外力可能引起位移而发生危险

箱梁架设后,应尽快箱梁湿接头混凝土的施工,完成结构体系转换,使之成为连续梁,确保安全。

由于单榀预制箱梁在安装后,是支撑在临时千斤顶上,而临时千斤顶自身稳定性是有限的,在外力作用于梁体时,如桥梁纵坡引起的自重分力、大风、船舶撞击等,可能引起千斤顶倾覆或发生梁体位移等险情,因此应尽快

完成箱梁湿接头混凝土的施工,完成结构体系转换。应注意对临时千斤顶的倾覆稳定性进行计算,尤其是处于桥梁纵坡较大或当地有可能出现的大风等荷载。

如××桥箱梁在架设后,因受外单位船舶撞击(船体走锚),而发生偏移,致使已安装的箱梁偏移38cm。承包商曾设想采用在墩旁设支架摆千斤顶的纠偏方案,后来,通过组织专家会议论证,采用浇筑混凝土的方式将箱梁两端各接长50cm,再用千斤顶顶升调整使梁体复位,复位后再将箱梁接长段混凝土凿除。

又如××桥整联箱梁发生滑移。在桥面铺装完成后不久,即发现已安装的桥面伸缩装置有拉脱的趋势,经进一步检查发现,共有多联箱梁出现下滑,这些多联箱梁均位于桥梁纵坡较陡地段,发生最大位移90mm,经分析原因,为固定支座抗水平力不够,支座挡块被剪坏,后来,采取顶推法将9联箱梁逐一复位。

二、支架现浇施工法

1. 支架现浇施工方法

支架现浇法施工箱梁多用于跨海大桥浅海段或陆上段。支架类型分为落地式和非落地式支架两种,根据所处的地质条件和承包商已有的搭设材料等因素确定选用。

当原地面地质较好时,可以采用落地式满堂支架法施工。支架基础处理较为简单,只需将原地面作简单处理,如清理表土,或换填夯实,再铺设一层素混凝土硬化即成;支架结构多采用钢管,现在较多采用碗扣式钢管支架,碗扣式支架具有搭设和拆除速度快等优点。

当原地面地质条件较差时,可以采用落地式墩梁支架。支架基础根据所处地质条件,一般采用钻孔灌注桩、打入桩、扩大基础,支架上部结构采用型钢或贝雷等。

根据所处地质水文条件,也可以采用非落地式支架,如将支架基础设置在承台或墩身上,支架上部结构采用型钢或贝雷等。

支架预压荷载的形式有袋装砂(石)法、水袋法以及利用其他材料进行压重。

根据需要对支架进行预压,预压荷载应不小于支架所承受的实际荷载,卸载时间由沉降观测值分析后确定。

2. 值得注意的几个问题

(1)支架是否需要预压的问题

对于在何种情况下支架需要预压,在何种情况下支架可以不预压,因规范没有规定,导致在施工过程中,监理机构与承包商常常出现分歧。

编者认为,采用支架法现浇连续箱梁混凝土,支架应满足3个需要:①支架结构自身的强度、刚度、稳定性需要;②确定立模高程的需要;③确保梁体不因支架变形而开裂的需要。

从理论上讲,支架自身强度、刚度和稳定性可以通过设计计算予以确保,不需要通过预压进行验证。

为了确定立模高程以及确保梁体不因支架的变形而开裂,需要先确定支架自身的竖向变形和地基变形。支架自身的竖向变形值与支架所采用的材料、结构形式、连接方式等有关。一般来说,可以通过设计计算确定,不需要通过预压进行测试和验证。但地基变形往往缺乏准确的土力学指标,依靠计算是不准确的,需要通过预压来确定。

编者认为,对支撑在软土地基(含地表进行混凝土硬化处理的地基)上的落地式支架,必须进行预压;对采用桩基础的支架应当进行预压;对支撑在岩石等坚硬地基上的落地式支架可以不进行预压;对支撑在桥墩、承台上等非落地式支架,在经过充分的变形计算,可以确保立模高程的前提下,可以不进行预压。

(2)采用落地式支架应处理好与桥墩的变形协调关系

落地式支架应注意处理好桥墩与支架交界处的竖向变形协调,如××桥采用支架法施工30m跨径连续箱梁,为了能取出箱梁内模,箱梁分两次浇筑混凝土,第一次混凝土浇筑至腹板顶面,第二次完成箱梁面板浇筑。初期施工的四联箱梁出现了裂缝,裂缝发生在箱梁第二次混凝土浇筑后,裂缝位置在墩顶两侧且对称(接近墩身与支架连接处),裂缝沿着箱梁顶板呈横桥向分布,分析认为是支架发生了沉陷,而桥墩几乎没有沉陷,两者沉陷不一致,导致了梁体开裂。

(3)支架预压荷载分布不当引起的问题

支架预压荷载的分布,应与支架实际承受的重力荷载分布一致。如××桥引桥一孔50m箱梁,在浇筑混凝土过程中,支撑模板的支架有1根工字钢被压扁,导致模板沉陷约10cm。分析认为:在实际施工中,尽管承包商对每跨支架均采用了水袋法预压,但是在预压时,水袋的重力分布未能完全模拟混凝土浇筑时的重力分布状态,预压时不能暴露支架存在的问题。因此要对支架预压荷载的分布引起重视。

三、移动模架施工法

1. 移动模架施工法应用情况

采用移动模架法施工箱梁，在我国始于20世纪80年代末动工的厦门大桥（具体施工时间为1988年1月~1991年4月），该桥采用移动模架施工法完成了46孔跨径为45m的连续箱梁。

2006年，广州绕城公路珠江黄埔大桥南、北引桥（南、北引桥跨径均布置为14孔62.5m+1孔45m，长920m）采用了MSS62.5型移动模架法施工，最大跨径为62.5m，这是目前国内移动模架施工的最大跨径。MSS62.5型移动模架由主梁、鼻梁、上横梁、下横梁、模板、小车垫梁及行走机构等组成，总质量1 568t，总长度143.4m，MSS62.5上行式造桥机（移动模架系统）配有五种类型七套液压系统，即前、中支腿两套液压系统，外模板打开两套液压系统，前辅助支腿一套液压系统，中辅助支腿一套液压系统，内模板拆装运输小车一套液压系统，以及配有四种类型七套电气系统与液压系统相配套。

移动模架法施工的优点：移动模架属专用设备，需专业厂家特制，施工机械化程度高；不影响桥下通航或行车。

移动模架法施工的缺点：移动模架结构庞大，拼装及运输繁琐；使用跨径有限，跨径一般在30~50m之间；移动模架法适于多跨，跨数少则不经济；对多孔长桥，因工作面限制，当工期要求较高时，可能不适用。

跨海大桥的陆上段和浅滩段较多采用移动模架法施工。

2. 移动模架施工流程

以施工标准跨为例，移动模架施工作业流程如下：

（1）在前一跨预应力张拉结束后降下底模，松开横梁中间连接螺栓，将整台移动模架一分为二；

（2）将移动模架两道主梁同步横向外移，再纵移至下一跨支撑牛腿托架上，然后再横向内移，安装横梁中间连接螺栓，并装成整体外模；

（3）安装反吊型吊架，并吊紧移动模架主梁；

（4）调整移动模架外模高程；

（5）安装箱梁底、腹板以及横隔墙钢筋；

（6）安装内模；

（7）安装箱梁顶板钢筋；

(8)浇筑箱梁混凝土；

(9)养护箱梁混凝土；

(10)拆除内模，并完成预应力张拉。

3. 值得注意的几个问题

(1)移动模架压载试验与模板高程设置

采用移动模架法施工，在施工前，对移动模架进行预压和变形观测，预压的目的是检验移动模架变形值和承载能力，并为施工中调整模板的高程提供依据。大致的规律是：造桥机跨中要设上拱度，悬臂端(接缝处)要设下挠度，所有点的拱度均应通过预压观测得出，同时还应考虑设计提出的梁体预应力张拉拱度影响值。

移动模架外模高程 = 梁体设计高程值 + 梁体自重作用抛高值 + 预应力起拱值

(2)采用移动模架法施工的其他问题

移动模架的支腿是移动模架的关键部位，移动模架的支腿附着于墩身，并将移动模架的质量传递给承台，因此应经常对支腿的对拉粗钢筋质量进行检查，发现质量问题应及时更换，对粗钢筋施加的预应力应满足要求。

移动模架支腿对墩身产生较大横向水平力，当墩身为空心结构时，需要提请设计确认墩身结构的安全。

移动模架属于承包商的大型设备，往往在一个工地使用之后，转下一工地重复使用，而工程项目箱梁质量可能有所差别，需要对移动模架的强度、刚度、稳定性进行验算确认，确保安全。

(3)采用两套移动模架施工的最小间隔

在设计为左右副桥梁工程的项目中，往往采用两套移动模架平行施工作业，由于移动模架需要较大的横向作业空间，两套移动模架在进度上至少相隔2跨，根据经验，一般拼装一套移动模架(含压载试验)需要2~3个月，施工1跨约需15~20d，因此两套移动模架在时间上大约相隔3~4个月。掌握了两套移动模架的最小间隔，对施工进度控制将会有所帮助。

四、挂篮悬臂浇筑施工法

1. 施工方法

采用挂篮悬臂浇筑法适用于混凝土连续梁桥、连续刚构桥等结构。此种施工方法特别适合于宽深河流和山谷，施工期水位变化频繁不宜水上作业的河流，以及通航频繁等桥梁的施工。

挂篮类型很多，按照挂篮结构特点，分为三角型挂篮、弓弦式挂篮、菱形挂篮、平行桁架式挂篮等。挂篮主要由主桁系统、行走系统、底篮系统、后锚系统等组成。

采用挂篮施工法，应先施工墩顶0号节段，在支架上浇筑0号节段混凝土，然后在0号节段拼装挂篮，如果是用以施工连续梁、悬臂梁等结构，应对0号节段与墩身进行临时固结。

挂篮在拼装完成后应进行试压，试压可以在承台或桥台上进行，也可以在浇筑混凝土的0号节段上进行。试压荷载应为施工中承受的最大荷载，试压可以采用水箱加压法或试验台加压法。测出挂篮的弹性变形和非弹性变形值，用作控制挂篮悬臂浇筑立模高程的依据。

2. 值得注意的几个问题

(1)悬臂浇筑中的线性控制

悬臂浇筑中的线性控制十分关键，如××桥在边跨合龙前，直线段与悬浇段两者相差20余厘米。

(2)挂篮试压能否在0号块上进行的问题

挂篮在使用前应进行试压，试压在何处进行，是一个颇有的争议问题。承包商总是希望在已完成的0号块上进行，但业主和监理机构可能从确保桥梁施工安全质量的角度持不同意见。编者认为，只要能确保0号块支架的安全，确保0号块结构的安全，可以在0号块上进行。

值得注意的是，挂篮试压荷载大小未见规范规定，编者认为，挂篮最大试压荷载为施工中承受的最大荷载，不需要超载试压。

五、顶推施工法

1. 顶推施工法应用情况

顶推法施工预应力混凝土箱梁是钢桥拖拉架设法在预应力混凝土桥型中的运用和发展。采用顶推法施工预应力混凝土箱梁，在我国始于20世纪70年代末修建的铁路西延线狄家河大桥，至今约有30座桥梁工程实例。截至目前，采用顶推法施工的最大联长为600m，最大顶推跨径为52m。东海大桥工程近岛段因水文条件所限，不能采用整孔预制整孔架设施工方法，经过论证，采用了8m×50m顶推梁方案。

顶推法施工的优点：不需要大型设备；不影响桥下通航或行车；可以实行工厂化施工。

顶推法施工的缺点：在顶推过程中各截面正负弯矩交替变化，致使梁体截面和配筋(束)增加,引起结构本身费用增加;顶推法适于多跨,跨数少则不经济,跨径一般在30～50m之间;对多孔长桥,因工作面限制,当工期要求较高时,可能不适用。

2. 施工方法

预制台座可以设在台后或台前,由场地地质及水文条件确定,应尽量设在台前。预制台座按照功能由两个部分组成:一部分为箱梁预制台座,它起支撑模板的作用(模板设计成可升降式,在顶推前降下模板);另一部分为预制台座内的滑道支撑墩,它的作用是当模板降下后,承受梁体重力和顶推时的水平力。

导梁的长度一般为顶推跨径的0.6～0.8倍,导梁的刚度为主梁的1/9～1/15。导梁与主梁端部的连接,一般是先在主梁端预埋型钢或钢板,埋入长度由计算确定,一般不宜小于导梁高度,再与主梁端部的连接。为避免主梁连接部位混凝土出现拉应力裂缝,采用锚固预应力筋施加预应力(图3-37)。

临时墩应能承受顶推时最大竖向荷载和最大水平摩阻力,应进行专门设计。

梁段顶推可以采用单点顶推或多点顶推方式,在桥墩上设置滑道装置、导向装置、安装千斤顶,形成顶推装置(图3-38)。

图3-37 顶推钢导梁

图3-38 采用千斤顶与钢绞线作顶推装置

落梁方式有两种:一种是全联顶升落梁法,即在每个墩顶设置竖向千斤顶,将全联顶升,拆除滑道,安装支座,将梁落到支座上,将支座上、下板分别与梁、墩固定,完成落梁;另一种是局部顶升落梁法,每批至少在3个或3个以上的墩上轮流进行,一般先从安装固定支座的桥墩开始,向两端依次进行。无论采用何种落梁方式,为避免梁内产生过大弯矩,相邻两墩顶升高度之差应控制在设计允许范围内。如东海大桥顶推梁为 8m×50m，箱梁顶推到位后，落梁方式采用从中间一个墩开始，将梁体顶高 3mm，安装好该墩支座后落梁，然后依次向两端进行落梁。珠海淇澳大桥西引桥顶推梁（跨径布置为 10×40+24m）采用了全联顶升落梁的方式。

3. 值得注意的几个问题

(1)采取措施防止梁体位移

在顶推施工过程中，要采取措施防止梁体下滑或侧移。使梁体下滑或侧移的外荷载可能有：梁体位于桥梁纵坡段因自重产生的下滑分力、位于曲线段或有横坡时产生的侧滑力、风荷载产生的侧向水平力、意外的撞击（如船只撞击）等。梁体是支撑在滑道上的，而滑道能提供给梁体的摩阻力可能不足以抵抗外荷载，当梁体的摩阻力小于外荷载时，梁体将发生位移。一种“惯性”思维往往使工程技术人员作出错误的计算，即误认为梁体抵抗外荷载的摩阻系数为 0.05。有资料显示，采用四氟滑板的摩阻系数可小至 0.01，表面涂硅脂油后其摩阻系数更小，可至 0.008。显然采用 0.05 的摩阻系数是不安全的。

采取的措施是：在每次顶推到位后，千斤顶要求始终处于锚固状态，以防止梁体可能出现的下滑，侧向导向装置应要求能抵抗侧向水平荷载。如在我国华南某座桥梁的顶推梁施工过程中，出现梁体下滑 1.3m，险些造成事故，分析原因就是错误的采用了 0.05 的摩阻系数。

(2)关于落梁方式的选择

采用全联顶升落梁方式，其优点是落梁对梁体产生的附加内力较小，缺点是需要千斤顶较多；另外，梁体在被顶起时，当温度变化，梁体相应伸长或缩短，支撑梁体的千斤顶或其他装置可能有倾倒的危险，需要对梁体稳定性进行认真考虑；采用局部顶升落梁方式，其优点是需要千斤顶数量较少，施工安全风险较小，缺点是可能对梁体产生较大附加内力，因此选用何种落梁方式应经过评审。

(3)支座转角问题容易被设计忽视

在桥梁纵坡较大时，一般要求支座仍为水平安装，以确保支座的转角符合要求。设计处理的措施有：与支座顶板处对应的梁体底面应为楔型构造，楔型构造可以采取与梁体一次浇筑的钢筋混凝土结构，也可以采取在梁底预埋钢板，再在落梁前安装楔型钢板的方法。采取前者方法，应不影响梁体的顶推作业；采取后者方法，应事先加工钢板，刨成楔形，费用较高。总之，支座转角问题，容易被忽视，需设计单位引起注意。

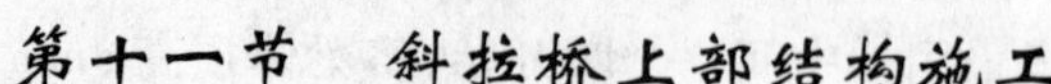

第十一节　斜拉桥上部结构施工

一、斜拉桥发展情况

1955 年瑞典建成的主跨 183m 的 Stromsund 桥标志着世界现代斜拉桥修建的开始。综观现代斜拉桥的发展历史，基本上分为两个阶段：(1)20 世纪 80 年代以前，由于结构分析方法和钢材性能的限制，以及钢拉索防腐技术工艺的不成熟，跨度突破不大，最大跨度是法国修建的 saint-nazaire 桥，跨径组成为(158 +404 +158)m；(2)20 世纪 90 年代以后，随着结构分析方法的成熟和完善，以及高强度钢材的应用和拉索防腐技术工艺的提高，斜拉桥的跨度产生了质的飞跃，已建成的钢主梁斜拉桥跨度已接近千米，如日本的多多罗桥和法国的诺曼底桥，在建的斜拉桥跨度已超过千米，如 2003 年开工建设的苏通长江大桥和 2004 年开工建设的香港昂船洲大桥。表 3-17 为世界目前跨度 500m 及以上的斜拉桥排名。

世界斜拉桥跨度排名一览表

表 3-17

序号	名称	主跨跨径(m)	地点	建成年代	序号	名称	主跨跨径(m)	地点	建成年代
1	苏通长江大桥	1 088	中国	在建	8	上海长江大桥	730	中国	在建
2	香港昂船洲大桥	1 018	中国	在建	9	南京长江三桥	648	中国	2005
3	湖北鄂东长江大桥	926	中国	在建	10	南京长江二桥	628	中国	2001
4	多多罗大桥	890	日本	1999	11	武汉白沙洲大桥	618	中国	2000
5	法国诺曼底桥	856	法国	1995	12	福州青州闽江大桥	605	中国	1999
6	荆岳长江公路大桥	816	中国	在建	13	上海扬浦大桥	602	中国	1993
7	仁川大桥	800	韩国	在建	14	上海徐浦大桥	590	中国	1997

续上表

序号	名称	主跨跨径（m）	地点	建成年代	序号	名称	主跨跨径（m）	地点	建成年代
15	名港中央大桥	590	日本	1998	19	安庆长江大桥	510	中国	2004
16	Roin-Antirion	3×560	希腊	2004	20	鹤见航道桥	510	日本	1994
17	斯卡尔桑德桥	530	挪威	1991	21	武汉天兴洲长江大桥	504	中国	在建
18	汕头岩石大桥	518	中国	1999	22	荆沙长江大桥	500	中国	2002

我国斜拉桥的发展始于1975年建成的四川省云阳县汤溪河桥，该桥是主跨为76m的单车道斜拉桥。经过30多年，斜拉桥以独特的造型及优越的跨越能力在我国得到迅速推广，特别值得注意的是，近期在公路跨海大桥工程的建设中，主通航孔均选用了斜拉桥结构形式，如东海大桥工程、杭州湾跨海大桥工程、舟山金塘跨海大桥工程等。

按照材质的不同，主塔主要有混凝土主塔和钢主塔。混凝土主塔的塔身刚度相对钢塔而言要大，造价较低，且几乎不需要保养维修。近年来，世界各国大部分的斜拉桥多采用混凝土塔身；钢桥塔抗震性能好，但造价高，运营期维修保养要求高，国外只有一些发达国家的部分斜拉桥采用钢主塔，我国只有2005年竣工的南京长江三桥桥塔采用了钢主塔（下塔柱仍为混凝土结构）。

按照材质的不同，大跨度斜拉桥的主梁主要有混凝土主梁、钢主梁、钢—混凝土组合梁和钢—混凝土混合梁等类型。混凝土主梁斜拉桥由于造价较低，在我国得到最优先发展，但混凝土主梁因自重较大，跨越能力受到限制，跨径一般在500m之内；钢主梁动力特性良好、质量轻、跨越性能优良，适用于超大跨度的斜拉桥，据有关分析资料显示，当斜拉桥跨径大于600m时应采用钢主梁。

在近代大跨度的斜拉桥中，拉索可分为整体安装和分散安装的拉索两大类，前者一般为平行钢丝索和冷铸锚，后者一般为平行钢绞线索和夹片锚。我国苏通长江大桥工程采用了平行钢丝斜拉索，最大索长582m，单根索重65t。

二、斜拉桥施工方法

1. 主塔施工

主塔是斜拉桥的重要组成部分，一般由塔座、塔柱、横梁等几部分组成。主塔的施工主要包括起步段施工、塔柱施工、横梁施工及斜拉索锚固区施工等。

(1)起步段施工

塔座施工一般采用定型钢模进行，在塔座混凝土浇筑的同时，应连带部分下塔柱一起施工，该段下塔柱将作为后期塔柱施工的起步段，起步段的模板安装可充分利用下塔柱的劲性骨架对模板进行水平拉结和固定。

(2)塔柱施工

塔柱的施工方法主要有滑模法、翻模法、爬模法等。翻模法因成本较高、高空作业安全度低、接缝处理不易等因素，应用较少；滑模法因模板提升要求在混凝土凝结时间不长的时间内进行，此时混凝土强度较低，不适应于斜塔的施工，应用也不广泛。目前国内高塔施工常采用爬模法。爬模工艺又分为有爬架爬模、无爬架爬模和液压自动爬模三种。表3-18是对这三种工艺在操作性、安全、工效、外观等方面的比较。

有爬架爬模、无爬架爬模和液压自动爬模的性能比较　　表3-18

项　目	有爬架爬模工艺	无爬架爬模工艺	液压自动爬模工艺
模板系统	采用钢模，质量重，刚度大，周转次数多，需塔吊配合	采用钢模，质量重，刚度大，多节模板交替提升，周转次数多，用塔吊进行安装提升	面板采用木模，质量轻，模板提升用爬架上悬挂系统
爬　架	爬升采用葫芦和塔吊配合，速度较快，操作人员多	无爬架，操作平台附在模板围檩上，或利用整体脚手架作为操作平台	采用液压系统爬升，速度快，操作人员少
操 作 性	操作较复杂，工人操作环境较好，工效较高	操作复杂，操作环境一般，工效较差，对工人技术要求高	操作方便，施工工效高，工人操作环境好
外观质量	混凝土外观较好	施工缝易于处理，外观较好	外观质量好
适 应 性	能适应一般高塔施工	只适合直塔和高度不高的塔柱施工	能适应斜度较大的塔柱施工
安 全 性	安全性较好	安全性较差	安全性好

(3)横梁施工

横梁一般采用落地式支架作为支撑体系,多采用两次浇筑混凝土和一次张拉预应力工艺进行施工。施工横梁的支架可采用大直径钢管与贝雷梁组成的结构形式,或采用万能杆件桁架结构形式。为保障主塔的整体性,同时便于支架搭设和横梁预应力施工,横梁应与该段主塔同时施工。

(4)斜拉索锚固区施工

目前国内外拉索锚固区一般有三种形式:环向预应力、钢锚箱及钢锚梁,这三种形式的施工方法和特点对比,见表3-19。

三种锚固形式的性能比较　　表3-19

项目	钢锚箱	钢锚梁	环向预应力
施工方法	工厂制造;塔吊吊安钢锚箱接近就位处慢速落钩;利用手拉葫芦和匹配键就位并用千斤顶微调平面位置;在四角螺栓孔施打冲钉定位;检查端面接触率满足要求后进行高强度螺栓施工	工厂制造;用塔吊吊起移入塔内支撑于牛腿上并对准预埋件;调整横梁使拉索锚梁与塔内预埋钢套管精确对准;安装限位装置或焊接钢锚梁于牛腿预埋件上	安装劲性骨架;绑扎钢筋;安装拉索钢套管并精确定位;安装预应力管道和预应力束;安装模板;浇筑混凝土并养护;预应力束张拉、压浆、封堵预应力张拉槽
安装精度	钢锚箱在工厂预制完成,容易控制锚固点的位置和角度。现场仅需控制塔柱混凝土基座高程	工厂完成钢锚梁制作,确定锚垫板位置,现场施工对每组牛腿位置均需精确定位	锚固系统全部在现场完成,由于高空作业,锚垫板的角度及位置控制较难
施工要求	对吊装能力有一定要求,钢锚箱的焊接拼装,施工较为方便,国内经验不多	对吊装能力有一定要求,钢锚梁的安装在塔柱施工完成后对塔柱内部空间有要求,安装不方便	需多次张拉预应力,高空浇筑混凝土锚固构造也有一定难度且对塔柱外观也有较大影响
实例	诺曼底大桥、苏通大桥	南浦大桥、东海大桥	杨浦大桥、南京二桥

2. 主梁施工

1)混凝土主梁施工

斜拉桥混凝土主梁常用的施工方法有支架法、平转法、悬臂浇筑法、悬臂拼装法等,对大跨度斜拉桥而言,比较适用的是悬臂浇筑法和拼装法,有时也辅以支架法。

(1)悬臂浇筑法

斜拉桥主梁的悬臂浇筑均采用挂篮施工,施工的主要步骤为:支架上立模浇筑0号和1号块→拼装联体挂篮→对称浇筑2号梁段→挂篮分解前移→对称悬浇梁段并挂索张拉→依次对称悬浇各梁段混凝土并挂索张拉→合龙→必要时调索。

斜拉桥主梁施工采用的挂篮形式很多,各有特色,但常用挂篮形式归纳起来可以分为三种:

① 后锚点挂篮,其特点为:在浇筑一个节段混凝土过程中,挂篮结构和主塔结构无直接关系,挂篮的定位和一个节段的混凝土浇筑过程不需要调索,施工工艺简单。但挂篮需承受全部施工荷载,使浇筑节段长度受到限制,且主梁在施工过程中为悬臂受力,要求有较大的刚度;

② 劲性骨架挂篮,该挂篮利用斜拉索吊挂主梁中的劲性骨架,减少挂篮所受荷载,施工安全可靠,进度快,但钢材用量大;

③ 前支点挂篮,其特点为:充分利用斜拉索的作用,在浇筑混凝土过程中,采用对斜拉索分批调索的方法,使其参与受力,因而增大了节段划分长度,减轻了挂篮自重。针对三维空间索,有单位还研究了空间转动锚座和水平止推装置,这种挂篮是具有较高水平的新型挂篮,其缺点是浇筑一个节段混凝土过程中要分阶段调索,工艺较复杂,挂蓝及斜拉索套管定位难度大。

(2)悬臂拼装法

悬臂拼装法是一种主梁采用预制方式,经运输至现场,利用吊装设备进行主梁拼装的工艺,其拼装方式根据吊装所用设备的不同分为悬臂吊机、缆索吊机、大型起重船及各种自制吊机拼装法。对于小跨径斜拉桥,当构件质量不大时,可采用缆索吊装;大型起重船主要是根据施工区域的水流、水深、梁段质量以及梁段下河条件等要求进行选择;选用悬臂吊机时应注意起吊设备需遵循自重轻、稳定性好的原则。

2)钢主梁施工

钢主梁较常见的截面形式为箱形断面。钢箱梁常用支架拼装和悬臂拼装相结合的施工方法。钢箱梁的安装一般分为无索区0号节段、标准梁段、边跨及辅助跨梁段以及合龙段施工。

(1)无索区0号节段钢箱梁安装

在主塔处搭设无索区0号节段临时支架,并在其上铺设移梁轨道,布置移梁设施和定位设施,采用起重船起吊0号节段并搁置于临时支架上,利用移梁设施和定位设施进行纵、横移位和精确定位。

(2)钢箱梁标准梁段悬拼

在完成桥面吊机的安装、试吊,再完成第一对斜拉索的张拉并拆除0号节段与支架间的支承钢楔块(限位装置仍予保留)后,即可开始对称悬拼标准梁段。标准梁段的施工程序为:前一梁段斜拉索安装→斜拉索第一次张拉→桥面吊机前移→斜拉索第二次张拉并检验→起吊拼装钢箱梁→钢箱梁定位→钢箱梁连接→本梁段斜拉索安装→循环施工。

(3)边跨及辅助跨梁段安装

如果施工区域的水深等情况可以满足起重船施工要求,利用大型起重船起吊钢箱梁节段并将其临时搁置于边墩或辅助墩的墩旁托架上,待桥面延伸过来后,再利用桥面吊机起吊拼装。

如果施工区域水浅,运梁船和起重船不能达到施工点,则需在边、辅墩旁增设临时墩,布设临时移梁栈桥和移梁轨道,或利用已完工的引桥移梁,将梁段至设计位置,待桥面延伸过来后,再利用桥面吊机起吊拼装。

(4)钢箱梁合龙段施工

钢梁的合龙常用的是自然合龙和强制合龙两种方式。

强制合龙一般用于边跨合龙,它是在合龙段位置上事先留出稍大于合龙段钢梁的空间,先行吊装合龙段,然后用千斤顶将尾段钢梁向已安装好的合龙段顶进,采用这一工艺,可以避免产生因季节、昼夜温度变化使钢梁涨缩带来的确定合龙段钢梁尺寸的困难,并且可根据现场施工进度等条件适时选择合龙时间。但必须进行计算分析和专门设计。

自然合龙又称降温合龙,即先设定一个合龙温度,然后根据各种边界条件计算此温度下的合龙段钢梁加工长度。施工时,当准备工作就绪后,待大气温度上升或降低到预先设定的温度值时,即将钢梁安装就位。自然合龙成功的关键是合龙温度和合龙段钢梁长度的确定,合龙温度应选在气温变化较稳定的阴天或夜晚,并要在温度急剧变化前留有足够时间以完成主梁间节点的连接和梁塔临时固定装置的解除。

3. 拉索的施工

拉索的挂设方法有直接起吊法、硬牵引法、软牵引法和承重导索法四种。四种挂索方法各有优缺点,分别适用于不同的场合,现将四种挂索方法的比较列于表3-20。大跨径斜拉桥挂索时应根据施工时的具体情况选择合适的施工方法,也可以是几种方法综合运用。

拉索的张拉形式可分为三种:塔端张拉、梁端锚固;梁端张拉、塔端锚固;塔梁两端同时张拉。拉索的张拉根据设计和施工的需要,一般分几次进行,拉索的张拉施工方法为后张法。

拉索挂设方法比较 表3-20

施工方法	主要优缺点			适用范围				应用场合
	设备投入量	施工工艺	施工所需时间	桥梁跨径(m)	索长(m)	索重(kg)	拉索与梁面夹角α	
起吊法	利用原有设备,投入最少	最简单	最短,约4h	<200	<100	<500	>60°	一般应用于近塔柱的几根拉索或小跨径桥梁
硬牵引法	主要投入卷扬机及其牵引索、多节式张拉杆	较简单	较短,约6h	200~300	100~150	5 000~10 000	>50°	一般应用于小跨径桥梁或特大桥中靠近塔柱的短、中根长度索
软牵引法	主要投入卷扬机,连续快速千斤顶、钢绞线钢丝绳、多节式张拉杆	较复杂,需进行牵引系统的转换	时间较长,约12h	300~600	150~400	10 000~20 000	>45°	一般适用于300m以上大跨径斜拉桥及远离塔柱的长索
承重导索法	主要投入卷扬机、分束张拉千斤顶,钢绞线导索与钢丝绳牵引索	较复杂,需挂设承重导索	时间长,约18h	500~1 500	>300	>20 000	>30°	一般应用于500m以上特大跨径斜拉桥及远离塔柱的长、重索

三、值得注意的几个问题

1. 关于斜拉桥施工监控单位的选择

大跨度斜拉桥的施工控制既是斜拉桥施工技术的重要组成部分,又是斜拉桥的设计在施工过程中的延伸,是连接斜拉桥设计与施工的纽带,是一项实践性很强的技术工作。

我国斜拉桥施工监控主要有两种实施方式,一种是由承担斜拉桥设计的单位进行施工监控,另一种是由业主或承包商委托另一家单位实施施工监控。

委托另一家单位实施监控的,监控单位需要领会设计意图,在准备阶段应与设计单位一起明确监控计算模型、箱梁制造线形、斜拉索制造长度等事宜,在实施阶段按批准的监控流程实施监控。监控单位的所有指令必须经设计部门复核、确认或批准,指令确认环节多,流转程序较复杂。

由斜拉桥设计单位实施监控的,监控工作和设计工作合二为一,既减少了准备阶段的工作,又精简了流转程序,而且在实施中设计意图得到了更好的贯彻。编者建议:斜拉桥的施工监控工作应优先选择斜拉桥的设计单位承担。

2. 0 号节段钢箱梁吊装与支架稳定性监测

根据东海大桥工程主通航孔斜拉桥施工经验,海上吊装 0 号节段钢箱梁时,由于受海域风浪等的影响,起重船吊着梁段晃动,且摆幅较大(摆幅达 3m 左右),如果起吊过程中节段梁碰撞支架,则对支架的稳定形成潜在的威胁,如果碰撞桥塔,则对桥塔产生伤害,0 号节段钢箱梁自身也可能会发生严重变形。因此应选择风浪较小的时段进行起重吊装作业。

在吊装过程中以及在挂设第一对拉索之前,应对支架的稳定性进行监测,做到及时报警。

3. 桥面吊机的试吊

斜拉桥主梁常采用桥面吊机进行悬臂拼装,桥面吊机使用前的试吊环节至关重要。公路桥涵施工技术规范(JTJ 041—2000)第 15.4.2 条对悬臂吊机悬拼安装做了具体要求:“块件起吊安装前,应对起吊设备进行全面的安全技术检查,并按设计荷载的 60%、100% 和 130% 分别进行起吊试验。”针对该条要求,条文说明第 15.4.2 条作了具体解释:“吊装设备在吊装前按设计荷载分 3 级加载分别进行荷载试验,可在正式吊装构件前发现问题,能提前予以调整,解决,避免正式起吊时发生事故。”

悬臂拼装过程一般起吊高度大,起吊过程时间较长,且对位时需扒杆变幅调整,公路规范虽对吊机的试验荷载作了要求,但未明确具体过程,如:是采用动载试验还是静荷载试验以及吊机变幅试验、刹车装置检查、限位试验等均未说明,在实际操作中,编者建议:由承包商根据公路规范要求,按起重机说明书提供的性能,结合国家关于起重机试验的规定,编制安全专项试吊方案,经组织专家评审通过后方可进行试吊,试吊方案中还须明确试吊质量的来源和组成。

4. 桥面吊机能否在0号节段上进行试吊的问题

桥面吊机在使用前应进行荷载试验,在何处进行荷载试验,是一个颇有争议的问题。承包商总是希望在已完成的0号节段上进行,但业主和监理机构可能从确保桥梁施工安全质量的角度持不同意见。编者认为,只要能确保0号节段支架的安全,确保0号块结构的安全,可以在0号节段上进行。

值得注意的是,按照公路桥涵施工技术规范,试验荷载应按130%的设计荷载进行试验。若安排在0号节段上进行荷载试验,在支架设计时应预先予以考虑此种工况,确保支架安全;同时,应请设计单位按照130%的试验荷载工况对0号节段钢箱梁强度进行确认,确保0号节段的结构安全。

5. 主塔混凝土的外观控制

真正做到混凝土的外观质量良好,是一项涉及到模板设计、混凝土配合比、施工质量、成品保护及混凝土表面修补等方面的综合施工技术。目前主塔的施工中已普遍采用爬模工艺,经多座斜拉桥的经验摸索,爬模工艺已趋完善。

主塔混凝土的特殊要求:高强度、高性能、大流态工作性促使承包商必须认真对待主塔混凝土配合比的设计,而且近年高性能混凝土的配制工艺也已成熟;要想得到良好的外观效果,应重视施工质量、成品保护及表面修补等方面的控制,而这几方面的控制体现全在于细节。

施工质量:选择性能良好的脱模剂;混凝土浇筑时尽量避免水泥浆溅到未浇部分的模板上,溅到部分则及时清理,以免破坏脱模剂涂层,造成混凝土表面颜色不均;各层混凝土浇筑应做到面层平整,以使施工缝整齐美观;模板安装应有措施保证混凝土不错台、不漏浆;模板安装应保证棱角顺直、线条平顺;真正做好各季节混凝土的养护工作等。

成品保护:吊装作业不得触碰已施工的构筑物;所有预埋件应有防腐措施,以防锈水流淌污染混凝土表面;施工中滴漏的水泥浆必须及时清理干净,保护混凝土表面洁净;养护用水应选用洁净水源。

表面缺陷修复:拉杆(锚栓)孔的封堵应平整,色泽应保持与混凝土表面基本一致,封堵形状应规则且表面应打磨光滑。

第四章　工程进度监理

公路跨海大桥工程进度管理的关键之一是确定全桥合理总工期以及各施工标段合理工期。公路跨海大桥工程施工标段多，业主多采用平行发包，并按照一定的顺序先后完成发包工作。从全桥角度看，只有标段承包商，没有全桥总承包商，因此，业主是全桥进度管理的核心，各承包商是标段工程进度的实施管理者，负责自身标段的施工进度管理工作，而监理机构则依据施工合同对进度执行情况进行检查并通知承包商对工程进度采取措施。

公路跨海大桥工程进度管理不同于一般桥梁工程，它的显著特征是宽阔海域中的风、浪、水流（海流）、潮汐等自然条件对施工进度影响很大，表现为全年有效施工作业天数较短且不连续。比如在东海大桥工程海域，海上可作业天数只占全年的50%左右。

公路跨海大桥工程进度管理是一项复杂的系统工程。施工标段多，且施工标段之间存在相互衔接或立体交叉作业关系，加之不利环境对施工的影响等多种因素交织在一起，致使工程进度管理难度很大。

工程进度监理是一项实践性很强的技术管理工作，监理机构应依据施工合同工期和施工合同约定的关键节点时间目标，抓住关键线路、施工方案、关键设备和不利环境因素等实施监理。

第一节　业主的工程进度管理

公路跨海大桥工程业主的进度管理需充分体现科学性，注意利用技术、合同等手段进行进度管理，并及时做好内外部协调工作。

从工程项目建设程序来看，业主的工程进度管理包括前期准备阶段、施工阶段以及竣工验收阶段。因后两个阶段与监理工作有直接关系，本节叙述如下。

一、业主在施工阶段的主要进度管理工作

1. 编制全桥施工总进度计划

在施工阶段，需要业主编制一份科学合理的全桥施工总进度计划，并按

照总进度计划开展工程招投标以及内外部协调等一系列工作，这是一种科学的管理途径。

编制全桥施工总进度计划，需要先进行合理的施工标段划分，初步确定各施工标段工期，然后利用进度管理工具，优化并确定各施工标段工期目标，进而确定全桥总工期目标。

总进度计划以施工标段为单元，反映各施工标段的开始和结束时间，并分析出各施工标段的关键节点以及各施工标段之间的衔接关系和时间节点，找出全桥所有的关键线路。

总进度计划应包括三部分内容：总进度计划编制说明，总进度计划图（用横道图和网络图同时表示），关键节点（含相邻标段之间衔接节点）时间要求。

按照经确定后的总进度计划，将各施工标段工期和关键节点时间要求，写入相关施工标段招标文件中，以便承包商作出响应。

全桥总进度计划由业主编制。业主也可以将全桥施工总进度计划委托有经验的工程咨询管理单位编制。总进度计划编制完成后，建议组织专家进行评审，以确保总进度计划的最优性。

表4-1所示为东海大桥工程主要施工标段实际进度，供读者参考。

东海大桥工程主要标段实际进度表 表4-1

施工标段	实际开工日期	实际竣工日期	实际工期（月）
I标陆域及浅海桥梁	2002-08-31	2005-03-26	30.8
II标60m梁墩制安	2002-10-16	2005-06-10	31.8
III标70m梁墩制安	2002-11-15	2005-06-30	31.5
IV标辅助通航孔桥	2002-11-13	2005-04-08	28.8
V标主通航孔桥	2002-12-10	2005-09-30	33.7
VI标海域打入桩基础与承台	2002-06-26	2004-08-30	26.2
VII标颗珠山桥	2003-07-22	2005-08-13	24.8
VIII标海堤工程	2003-02-15	2005-06-30	28.5
IX-1标钢护栏	2005-02-02	2005-09-20	7.6
IX-2标钢护栏	2005-02-08	2005-09-20	7.4
X标桥面铺装	2005-03-01	2005-09-25	6.8
D1、D2标钢管桩制造	2002-10-18	2004-01-15	14.9
D3标钢管桩制造	2003-03-12	2004-05-10	14.0
D4标钢管桩制造	2003-04-05	2004-04-17	12.4
D5标钢管桩制造	2003-06-25	2004-04-08	9.5

2. 按照已经确定的施工总进度计划开展工作

(1)开展首级测量控制网的布设,并按计划实施;

(2)开展施工监理招标工作,并按计划实施;

(3)开展施工标段招标工作,并按计划实施;

(4)确定施工图出图计划,并按计划实施;

(5)安排材料供应计划,并按计划实施;

(6)确定全桥大型临时工程以及施工招标计划,并按计划实施;

(7)划分施工作业区,设置临时航道以及临时航道转换时间计划;

(8)编制专项工程质量检验评定标准(如果不需要,则该项省去);

(9)编制工程竣工文件编制办法。

3. 办理有关工程建设手续

(1)向当地城市规划部门办理《建设工程规划许可证》及《建设用地规划许可证》;

(2)向当地政府或土地管理部门办理《建设用地批准书》;

(3)向国家海洋局办理《海域使用权证书》;

(4)办理委托质量监督和安全监督手续;

(5)向当地建设行政主管部门办理《建筑工程施工许可证》;

(6)向海事部门申请发布航行通告。

4. 开展进度协调工作

在施工过程中,业主需要及时开展内外部协调工作。外部协调主要是与当地各级政府或有关部门进行协调,为施工创造良好外部环境;内部协调主要是协调各施工标段之间,或施工标段与材料或半成品或设备供应商(由业主招标确定的供应商)之间的关系。

二、业主在验收阶段的主要进度管理工作

(1)组织有关部门和单位对工程进行交工验收;

(2)向当地城市规划部门申请《建设工程竣工规划验收合格证》;

(3)向当地城市建设档案管理部门申请《建设工程档案验收合格证》;

(4)向当地质量监督部门办理质量监督报告;

(5)向有关环境保护部门申请建设项目环境保护验收;

(6)向当地公安部门申请竣工消防验收;

(7)向当地海事部门申请航标工程竣工验收;

(8)向当地公安部门申请交通标志标线工程竣工验收;

(9)向当地气象部门申请防雷装置竣工验收；

(10)向当地民航管理部门申请航空障碍灯竣工验收；

(11)向当地建设行政主管部门申请竣工验收。

三、值得注意的几个问题

1. 合理划分施工标段

由于跨海大桥施工标段多，合理划分施工标段是编制全桥总进度计划的需要，合理划分施工标段，对全桥施工总进度计划编制起决定作用。划分施工标段需遵循如下几个原则。

(1)标段结构特点原则

根据公路跨海大桥工程结构特点进行全面分析，并结合国内承包商在技术管理、施工经验等实际情况，对全桥进行施工标段划分。比如将全桥钢结构制作项目、海上打入桩工程项目等单独招标。

(2)桥梁上、下部结构整体发包原则

为减少施工标段之间的工序交接，减少施工标段之间的上下交叉作业，减少业主的协调工作量，在标段划分时，力争桥梁上、下部结构工程整体发包。比如将通航孔、非通航孔等上下部结构整体发包。

(3)合同数量适中原则

公路跨海大桥工程施工标段划分数量应适中，施工标段数量太多，则增加业主的施工管理难度，施工标段划分数量太少，则工期可能难以实现。

(4)施工标段大小合适原则

施工标段工作量大小应均衡。比如当某类工作量较大，尽管其工作内容相同或相似，可以划分为两个施工标段，有利于进度的实施；当某些工作量小，尽管其工作性质不同，也可以将其合并作为一个施工标段招标，这样可以减少施工合同数量，减少业主的协调工作。

关于施工标段划分，兹以东海大桥工程为例进行说明。东海大桥全长32.5km，共划分为34个施工合同，其中主体结构工程13个施工合同，桥面钢栏杆2个施工合同，桥面铺装1个施工合同，钢管桩制作与涂装5个施工合同，钢管桩牺牲阳极安装1个施工合同，混凝土桥墩涂装1个施工合同，两座斜拉桥拉索制作2个施工合同，两座斜拉桥检修车制造与安装1个施工合同，两座斜拉桥除湿装置1个施工合同，伸缩装置4个施工合同，综合管线通道1个施工合同，标志标线工程1个施工合同，桥头堡工程1个施工合同。

2. 确定施工标段发包顺序

按照全桥施工标段划分，绘制全桥总进度计划图，由总进度计划图优化并确定各施工标段合理工期，确定施工标段发包先后顺序。施工标段发包顺序需遵循以下原则。

（1）海上工程下部结构优先发包原则

海上施工不同于陆地，海上施工受海洋气候影响较大，常受施工设备等制约，施工作业面往往受到限制，海上工程也往往控制公路跨海大桥工程进度，因此对海上打入桩等应先发包。

（2）从两端向海上推进原则

公路跨海大桥理想的成桥顺序是由两端向海域中间推进，这样可以利用已成的桥面作为施工通道，使后续工程（如箱梁湿接头、桥面以及附属工程等）施工所需的原材料、机具设备等变水上运输为陆上运输，这样可以减少施工成本，同时也可以加快施工进度。

（3）主通航孔优先发包原则

主通航孔是全桥的关键线路之一，一般也是工期最长的标段，主通航孔在全桥主体结构工程中，应先发包施工。

（4）桥面及附属工程与主体结构工程跟进原则

当成桥已具一定规模，应开展桥面以及附属工程施工，以确保全桥总工期目标的实现，桥面及附属工程应及时发包。

东海大桥工程施工标段发包顺序如下：

前期发包的施工标段：钢管桩制作与涂装、海上打桩与承台施工、陆上及浅滩段、60m 非通航孔墩身以及箱梁预制安装、70m 非通航孔墩身以及箱梁预制安装、主通航孔、副通航孔、颗珠山大桥。

后期发包的施工标段：钢管桩牺牲阳极安装、斜拉桥拉索制作、斜拉桥检修车制造与安装、斜拉桥除湿装置、桥面伸缩装置、综合管线通道、桥面钢栏杆、桥面铺装、混凝土桥墩涂装、标志标线、桥头堡工程。

3. 充分依靠海事部门进行施工海域通航秩序管理

由于施工海域宽阔，尽管在桥梁两侧施工水域设置了施工船舶作业区、施工船舶航行以及抛锚区，但是仍然可能存在过往船舶或施工船舶随意穿越桥梁施工区域，这种随意穿越，不仅给跨海大桥的施工和已完成结构物留下了安全隐患，对工程进度管理也形成潜在风险，如果不严加对过往船舶和施工船舶的管理，后果可能是严重的。依靠承包商对过往船舶实施通航管理，其权限和力度是有限的，需要依靠海事部门进行管理，海事是执法机关，管理手段也较多,如采取加强宣传,发布航行通告以及在施工作业区派出海事巡逻艇等维护通航秩序等。

第二节　承包商的施工进度管理

承包商的施工进度管理是在业主总体进度管理之下的施工标段进度管理。承包商应按照施工合同约定的工期和施工合同中对某些关键节点时间要求来编制和实施本标段施工进度计划,以确保本标段工程进度目标的实现。

一、承包商施工进度管理工作内容

1. 编制标段施工进度计划

标段施工进度计划应与全标段施工组织设计同步策划,应采用横道图与网络图两种方式表示。

由于跨海大桥施工标段较多,在总体进度计划中,应明确本标段与相邻标段有关的一些节点完成时间,以便在施工过程进行重点关注和检查这些节点的完成情况。

2. 编制年、季、月进度计划

承包商的年、季、月进度计划应按照批准的标段施工计划编制,宜采用横道图方式表示,并报监理机构批准后执行。

3. 检查进度计划的执行情况,当实际进度与进度计划偏差较大时,应采取加速施工措施。

二、影响标段施工进度的几个因素

1. 混凝土配合比可能影响进度

混凝土配合比设计是一项综合性较强的技术管理工作。成功的混凝土配合比,取决于结构和试验专业技术人员工作上的配合以及他们的实际经验。它要求配制出的混凝土不仅符合规定的力学性能,还应具有诸多其他方面的工作性能。

在实际工作中,混凝土配合比对进度的影响表现在,一是混凝土的工作性能,如东海大桥首榀箱梁预制后出现了不符合规定的裂纹,采取了调整混凝土配合比的措施,使裂纹明显减少,但调整配合比需要时间,影响进度;又如,在上海长江大桥钻孔桩施工中,钻孔桩混凝土和易性不良,导致需要重新调整混凝土配合比,调整混凝土配合比需要时间而影响进度;二是混凝土氯离子扩散系数试验需要118d龄期,占用时间很长,可能会影响工程进度。

2. 试桩工程可能影响进度

试桩工程的目的主要是验证设计参数和确定施工工艺。一般在工程正式施工之前,由业主通过招标选择承包商开展试桩工程的施工。

但是对公路跨海大桥工程而言,通过单独选择承包商进行试桩工程,因海域开阔,需要搭设施工平台和调遣施工船机设备等,试桩费用可能是昂贵的。为节省试桩工程费用,试桩工程也可由施工标段承包商进场后进行。需要注意的是,由标段承包商进行试桩工程时,进行试桩工程可能需要2~3个月或更多的时间,业主应提前进行施工标段招标,并在施工招标文件中明确,以便承包商作好安排,而不至于对标段工程进度产生影响。

3. 大型施工船机设备可能影响进度

大型施工船机设备影响进度的实例并不少见。大型施工船机设备对进度的影响,一是可能出现大型设备比预计的进场时间晚,影响工程进度。二是大型设备的安装调试可能比预计的时间长,影响进度。

4. 施工方案影响进度

施工方案优劣对施工进度影响很大。比如东海大桥主通航孔,原设计为普通施工钢平台+钢套箱施工方案,后改为导管架+钢浮箱施工方案,新方案具有施工平台搭设速度快以及导管架与钢浮箱一次就位,无需在成桩完成后再安装套箱等优点,为该标段节省工期约3个月;又如××大桥××墩,原实施方案采用筑岛法施工桩基、承台及墩身,因该墩位处水深流急,且淤泥质覆盖层下为倾斜的岩层,筑岛未获成功,后来放弃原方案,采用了钢管桩施工平台方案,该墩施工工期被延误约2个月。

5. 材料、半成品、成品供应可能影响进度

由业主供应的材料、半成品、成品可能影响施工进度,承包商应予以关注,并结合施工标段进度实施情况,提前向业主提出供应计划和要求,以便这些材料、半成品、成品能及时供应到位。比如由业主负责供应的水泥、钢材、支座、伸缩装置、斜拉索等,常常影响施工标段进度。

6. 相邻施工标段可能影响进度

公路跨海大桥工程施工中,相邻施工标段存在交界面,可能影响施工进度。如在顺桥梁里程方向,属相邻关系的施工标段,其交界墩可能影响进度;又如桥梁上下部结构分别发包的施工标段,下部结构施工标段可能影响上部结构施工标段的进度,上部结构施工标段可能影响桥面及附属工程施

工标段进度。

7. 不利环境因素可能影响进度

公路跨海大桥工程施工组织应充分考虑不利环境因素对施工的影响，包括收集潮汐预报资料，加强对恶劣气候如热带气旋、寒潮、大风等气象信息的收集。比如从事大跨度斜拉桥的施工，在较大悬臂施工阶段，宜避开台风季节，浇筑大方量的混凝土，应对未来几天的气象进行分析预测等。

在东海大桥施工海域，一年中有两次是施工的黄金季节，上半年是4月、5月、6月，下半年10月、11月。一年中的7月、8月、9月为热带气旋和强对流天气季节，12月及1月、2月、3月为强冷空气和浓雾季节。公路跨海大桥工程的施工组织和进度的管理应掌握当地气象规律。

第三节　工程进度监理

工程进度监理工作主要是审查承包商计划和对承包商计划的执行情况进行检查和对进度滞后的原因进行分析，要求监理工程师运用所掌握的理论和自己的实践经验开展工作。

一、进度监理的依据

监理机构对施工进度监理的依据是施工合同，也就是施工合同约定的工期和关键节点的时间要求，以及经批准的标段施工进度计划。

二、进度监理的准备工作

（1）熟悉业主制订的有关全桥施工总进度计划；

（2）明确各标段施工合同对工期的要求，明确各施工标段施工合同中对部分节点的时间要求，明确全桥进度的关键线路及标段之间的衔接节点；

（3）汇总各标段经批准的全标段进度计划；

（4）准备一份有关进度完成情况的统计表式；

（5）绘制全桥形象进度图式并上墙；

（6）准备当月天气记录表式并上墙。

三、进度监理的工作内容

（1）审批承包商编制的标段施工总进度计划；

（2）审批承包商编制的标段施工年、季、月施工进度计划；

(3)每日进行进度统计,统计各标段每日进度完成情况,及时绘制全桥形象进度图。

(4)每月、季、年度对进度进行检查、分析。监理机构应对各标段每月进度完成情况进行统计,列出主要进度节点完成情况,并与进度计划进行比较,分析原因。此外监理机构还应从全桥的角度,每月进行一次进度检查和分析,对全桥进度的总体执行情况给予评价。

(5)当实际进度滞后于计划进度时,应书面通知承包商采取纠偏措施并监督实施;

(6)定期向业主书面报告进度执行情况。

四、值得注意的几个问题

1. 关于开工令的签发

在监理工作中,监理机构一般会遇到两种开工令,这两种开工令的关系以及如何处理未见有明确规定。

(1)《公路工程国内招标文件范本》中的开工令

目前我国公路工程施工招标文件多数采用《公路工程国内招标文件范本》(2003 版)进行编制,按照该范本的要求,大多数业主均在施工合同专用条款中,约定监理机构发出开工令的期限(比如签订合同协议书后 42d 内)和开工期(比如接到开工令之日算起 7d 内)。

编者理解,该范本设定开工令的目的是计算工期的需要。监理机构在收到业主提供的施工合同组成文件时,应按照施工合同组成文件的具体约定,及时向承包商签发开工令并抄送业主。

值得注意的是,可能有两种情况致使监理机构无法签发开工令:一是施工合同协议中无合同签订日期;二是监理机构拿到施工合同文件时,已过签发开工令的期限。如果遇到以上两种情况,编者建议,监理机构将不再签发开工令,并将不签发开工令的原因记入监理日志中即可。

(2)《公路工程施工监理规范》中的开工令

关于签发合同工程开工令,在《公路工程施工监理规范》(JTG G10—2006)第 4.2.13 条规定:监理工程师收到施工单位提交的合同工程开工申请后,应对合同工程的开工条件进行核查。具备开工条件的,由总监理工程师签发合同工程开工令。显然,监理规范中的开工令是控制工程安全以及质量目的需要而设定。

前一种开工令不需要承包商申请,由监理机构按照施工合同约定进行签发;后一种开工令需要承包商申请,由监理机构核查具备开工条件后签署。

2. 关于网络计划图的提交

利用网络计划图进行工程进度监理和处理工程延期,是一种比较好的方法。在各种监理培训教材中,网络计划图也是重点介绍的对象。

由承包商向监理机构提交网络计划图,不仅是监理机构进行工程进度监理的需要,也是监理机构处理工程延期的主要依据。

目前,国内少数承包商在总体施工组织设计中,只采用横道图,而不愿意编制网络计划图。如果遇到这种情况,监理机构应书面通知承包商提交网络计划图审批。

3. 关于工程进度滞后的处置

影响工程进度滞后的原因有三种:第一种是承包商自身管理原因;第二种是业主原因;第三种是其他原因。监理机构应针对进度滞后的原因进行分析,根据具体情况采取不同的措施。

由承包商自身原因引起的工程进度滞后,监理机构应及时向承包商发出书面通知,要求承包商采取措施加快工程进度(必要时,应要求承包商调整进度计划报监理机构审核);监理机构在签发书面通知后的一段时间内,工程进度仍未有明显改进,并经监理工程师分析判断,承包商难以在合同工期内完成合同工程时,监理机构应专题向业主报告。

对于非承包商原因引起的工程进度滞后,比如业主原因或其他原因等,监理机构应接受承包商提出的工程延期申请,审核延期天数同时抄送业主。由业主原因引起的工程进度滞后,监理机构应提醒业主尽快消除影响工程进度的原因。

值得注意的是,实际工程进度是动态的,当实际进度滞后多少时,监理机构需要向承包商发出书面通知,规范未有规定,取决于监理机构对工程进度的把握。

第四节　东海大桥工程主要施工标段进度介绍

一、VI标

1. 工程概况

该标段承担东海大桥约26km海域打桩和承台的施工,包括打桩5 697

根(含 PHC 桩 378 根,但不含补 PHC 桩 16 根以及补钢管桩 57 根),施工承台 612 个。

打桩合同工期 22 个月,承台合同工期 24 个月。

PHC 桩共 378 根,桩径 1.2m,桩长 30～40m,壁厚 15cm。钢管桩 5 376 根,桩径 1.5m,桩长 50～81m。上节桩桩长分为 30m 和 33m 两种,壁厚 25mm,下节桩桩长 20～48m,壁厚 18mm。钢管桩采用分上下两节制造,整桩制造出厂。

承台共 612 个,按高低墩不同分为两种承台。低墩承台为分离式圆形,直径分为 10m 和 11m 两种,高 4.15m,共 516 个;高墩承台为整体式矩形,长 27.85～30.35m,宽 10.2m,高 4.15m,共 96 个。

混凝土预制套箱分为圆形和矩形两种。圆形套箱壁厚 30cm,单重 140～180t,采用整体预制安装施工方法;每个矩形套箱(受预制厂起重能力限制)分为两个 U 形预制,单 U 重 180～200t,由驳船运输至施工现场水域,矩形套箱采用了两种接头方式,一种是采用在驳船上完成混凝土湿接,然后整体吊装,另一种是(受浮吊起重能力限制)分别将单个 U 形吊装在墩位上,然后完成混凝土湿接。

2. 重大节点进度实施情况

打入桩:2002 年 6 月 26 日打第 1 根桩,2004 年 5 月 22 日,打桩全部结束。

混凝土套箱预制:2002 年 11 月 5 日开始预制第 1 个承台混凝土套箱,2004 年 6 月 28 日,套箱预制全部结束。

混凝土套箱安装:2002 年 11 月 28 日安装第 1 个承台套箱,2004 年 7 月 23 日,套箱安装全部结束。

承台混凝土浇筑:2002 年 11 月 30 日浇筑第 1 个承台封底混凝土,2004 年 8 月 30 日,承台混凝土浇筑全部结束。

3. 实际施工速率(周期)

沉桩纪录:单船最高日沉桩 18 根,单船最高月沉桩 178 根。打桩工作历时 23 个月。

套箱预制:最高月完成套箱预制 54 个。套箱预制工作历时 19 个月。

套箱安装:最高月完成超过 50 个。套箱安装工作历时 20 个月。

承台混凝土浇筑:最高月完成 63 个。承台混凝土浇筑工作历时 21 个月。

4. 实施进度的大型船机设备

打桩船:先后投入打桩船 6 条。

混凝土搅拌船:共投入 4 条搅拌船,每条搅拌船的搅拌能力 $40m^3/h$。搅拌材料(水泥、胶凝材料、砂石料)全部水上过驳到搅拌船上。

多功能驳:共投入 25 条多功能驳作为海上移动施工平台,每条多功能驳载重能力 2 000 ~3 000t,多功能驳上配有 80t 履带吊机、发电机、电焊机及钢筋加工设备等。多功能驳从套箱安装工作开始驻位至混凝土浇筑结束撤离。驻位周期约为 35d。

在施工高峰期共投入施工船舶总计 156 条(约占东海大桥工程施工船舶总数的 50%)。

5. 加快施工进度的措施

加快打桩进度的措施:(1)购置新打桩锤。打桩锤击数,大部分桩超过 3 000 击,高的达 6 000 击。为了减少锤击数和加快进度,新购置了 DM－125,DM－128 锤,更替了使用了 20 多年的 DM—100 锤。(2)改造船体。由于海洋环境的恶劣和适应打长桩的需要,有 3 条打桩船在进场前进行了彻底改造,如对船体加长加宽,桩架加高,有 3 条打桩船桩架高为 82m。(3)更换了锚缆系统。打桩船由原来的 6 个锚增加到 8 个锚,每个锚从 3t 加到 5t。(4)更换大吨位的运桩驳和配备大马力拖轮。为了适应海域环境和整根桩运输的需要,原有的 400 ~600t 驳船已不能适应运桩需要,承包商新造和租用 2 000 ~3 000t 运桩驳船 10 多条,此外,还配备 1670HP、2600HP、3200HP 的大型拖轮 10 多条,以及几十条起锚艇,交通艇。(5)将 PHC 桩改为钢管桩。鉴于 PHC 桩断桩率较高,业主决定将 PHC 桩全部改为钢管桩,从而大大提高了打桩速度。

加快承台施工的措施:(1)调整施工组织方案。承台施工原组织方案是 1 条多功能驳负责 4 个小承台或 2 个大承台的施工,但存在工序衔接不上的问题,多功能驳有闲置时间。后来改为安排 1 条船专门负责夹桩,切桩头,1 条船负责混凝土套箱钢梁的拆除和下桩芯钢筋笼,这样多功能驳从套箱安装开始驻位,到完成封底板、浇筑封底混凝土、浇筑承台结构混凝土等工序,多功能船在 1 个墩承台的施工周期由原来的 50d 减少到 35d,1 条多功能驳 1 个月可完成 1 个墩的 2 个分离承台的施工。(2)将承台底高程提高 1m。经承包商提出,业主以及设计单位同意将承台底标高提高 1m,减少了承台施工难度,加快了承台施工速度。

6. 进度评述

打桩工程按要求应在2004年7月18日完成,实际完成于2004年5月22日,提前了约2个月。承台工程按合同要求应在2005年1月28日完成,实际完成时间2004年8月30日,提前了约5个月。

二、I标

1. 工程概况

该标段承担东海大桥工程南汇侧陆上段及浅滩段的施工。桥梁长度为3.55km,其中陆上段长2.25km,为30m跨径预应力混凝土连续箱梁,浅滩段长1.3km,为50m跨径预应力混凝土连续箱梁。合同工期22个月。后来,业主给本标段增加了280m长的北延伸段,北延伸段为28m跨径预应力混凝土连续箱梁。

陆上段桥梁基础为ϕ600mmPHC打入桩,上部结构为30m跨径预应力混凝土连续箱梁,采用支架现浇法施工,每联箱梁混凝土分两次浇筑,分界面在箱梁腹板顶部;浅滩段桥梁基础为1.6m直径钻孔桩,采用栈桥法施工,承台采用钢套箱施工,上部结构为50m跨径预应力混凝土连续箱梁,采用移动模架施工(其中5孔采用了支架现浇法施工)。280m长的北延伸段,基础为ϕ600mmPHC打入桩,上部结构为28m跨径预应力混凝土连续箱梁,与30m跨径预应力混凝土连续箱梁施工方法相同。

2. 重大节点进度实施情况

2002年8月,浇筑第1个承台混凝土,2003年12月10日,浇筑最后1个承台。

支架浇筑箱梁:2003年12月17日,浇筑最后1联箱梁。

移动模架施工箱梁：左幅箱梁26孔，2004年1月7日浇筑第1孔，2004年12月25日浇筑第26孔。右幅箱梁21孔（另5孔为支架现浇法施工），2003年12月25日浇筑第1孔，2004年10月11日浇筑第21孔。

3. 实际施工速率(周期)

拼装一套造桥机用了2.5个月,移动模架压载及调试约15d,移动模架拼装与调试合计3个月。

移动模架施工单跨最快为11d,平均每跨为13d(箱梁混凝土采用了全程蒸汽养护)。

移动模架拆除用了1个月时间。

4. 实施进度的大型设施和加快进度的措施

(1)移动模架(MSS 造桥机)

移动模架组成:前鼻梁长 46m,后鼻梁长 24m,主梁长 64m(1 根主梁重 160t),全长 134.5m,全套移动模架质量约 660t。

(2)加快进度的措施

陆上段桥梁,共投入了 8 联支架施工(共 40 联箱梁,支架箱梁施工持续近 1 年时间,每月大致完成 5 联)。

移动模架采用了全程蒸养;

根据承重支架下沉测试结果,支架预压只在第 1 联进行,节省了时间;

防撞墙共投入 600m 钢模板。

5. 进度评述

该标未能实现合同工期,按合同应在 2004 年 7 月完工,实际在 2005 年 3 月完成,滞后合同工期约 8 个月。其原因主要如下。

(1)移动模架进场太晚,原因是移动模架的设计和制造耽误了很长时间,承包商未能抓住这一关键节点,直接影响了标段工期,为了抢回工期,不得不全过程采用了蒸汽养护和左幅箱梁 5 跨采用支架法现浇施工。

(2)防撞墙施工进度受设计图纸供应滞后影响,致使投入的模板数量增加。

(3)业主增加了合同工作量,即增加了北延伸段,对该标施工组织也有影响。

总体认为,该标段不是全桥进度的控制部位,故对全桥总体进度无影响。但是该标段适时完成至少有 2 点好处,一是为后续工程(如桥面以及桥面附属工程)的尽早展开提供条件;二是为相邻标段(II 标)的箱梁湿接头与防撞墙施工提供通道。

三、II 标

1. 工程概况

该标段为海上 60m 跨径非通航孔段的墩身与箱梁施工,桥梁长度约 10.7km,总计 179 跨。

墩身 357 个,其中低墩 289 个,中墩 48 个,高墩 20 个,为空心薄壁结构,最大高度为 25.5m,采用 C40 高性能混凝土。受预制场龙门吊起吊能力限制,16 个中高墩采用了分节预制,故预制安装墩身共 393 节。墩身预制单重最大 350t。

上部箱梁为预应力混凝土连续梁结构，5 跨或 6 跨一联，采用预制安装再现浇墩顶处湿接头的设计施工方案，预制安装 60m 箱梁 360 榀，箱梁单重约 1 600t，采用 C50 高性能混凝土。

箱梁湿接头 64 联，现浇防撞墙 46km。

合同工期 34 个月。

2. 重大节点进度实施情况

临时设施：从 2002 年 10 月开始至 2003 年 6 月底完成。

预制墩身：2003 年 5 月 1 日，预制第 1 个墩身。2004 年 11 月 20 日，预制墩身工作结束。历时 18 个多月。

安装墩身：2003 年 9 月 3 日，安装第 1 个墩身。2004 年 11 月 30 日，安装墩身工作结束。历时 14 个月。

预制箱梁：2003 年 8 月 2 日，预制第 1 榀箱梁。2005 年 4 月 1 日完成第 360 榀箱梁预制。历时 20 个月。

安装箱梁：2003 年 10 月 6 日，安装第 1 榀箱梁。2005 年 4 月 27 日完成第 360 榀箱梁安装。历时 19 个月。

箱梁湿接头：2005 年 5 月 15 日完成，防撞墙 2005 年 6 月 10 日完成。

3. 实际施工速率(周期)

预制墩身：月最高完成 39 个。

安装墩身：月最高完成 46 个。

预制箱梁：月最高完成 30 榀，平均每月 18 榀。

安装箱梁：日最高完成 4 榀，月最高完成 38 榀(分别是 2004 年 11 月份和 2005 年 4 月份)，平均每月 19 榀。

箱梁湿接头：月最高完成 10 联。

防撞墙：月最高完成 10.5km(共投入模板数量 720m)。

4. 大型设施和加快进度的措施

(1)大型设施

台座与模板：制墩台座 36 个，制梁台座 6 个(后增加至 8 个)，存梁台座 24 个(后增加至 28 个)，3 套模板，预计的单榀梁施工周期为 10d。

安装墩身：采用勇士号浮吊(起吊能力 1 000t) +5 000t 甲板驳 1 艘(华吉) +3 400HP 拖轮 2 艘。每次运输 8 节墩身出海并完成安装。

安装箱梁：采用大力号浮吊(起吊能力 2 500t) +4 艘 5 000t 甲板驳 + 拖轮 2 艘 + 抛锚船 1 艘，每次取梁 4 榀出海并完成安装。

投入混凝土拌和船 1 艘(月亮湾号)：单机 $75m^3/h$，双机 $150m^3/h$。

(2)加快施工进度的措施

箱梁钢筋笼采用了整体安装入模方法,箱梁混凝土采用了蒸养工艺等措施,最快达到单个台座5d可以完成1榀箱梁的预制。

箱梁安装共投入5 000t级运梁驳船4艘,每次出海可以完成4榀箱梁的安装。

5. 进度评述

本标合同工期要求2005年7月18日完成,实际完成于2005年6月10日,工期提前约1个月。

四、III标

1. 工程概况

该标段为70m跨径预应力混凝土连续梁的墩身和箱梁施工,大乌龟岛段8m×50m预应力连续顶推箱梁上、下部结构施工等。桥梁长度约12km。

预制安装低墩身235个,预制安装中高墩42个,现浇中高墩112次,墩身预制最大单重350t。

预制安装70m箱梁310榀,箱梁预制质量为2 000t。

8孔50m跨径预应力连续顶推箱梁,基础为直径2m浅覆盖层嵌岩钻孔桩。现浇箱梁湿接头64联,现浇防撞墙47km。

合同工期34个月。

2. 重大节点进度实施情况

大型临时设施:从2002年10月1日开始至2003年6月30日完成,此后是约3个月的调试和生产工艺总结阶段。从生产能力看,70m梁的理论生产周期10d,实际的生产周期在11.5~13.5d/片×台座。

预制墩身:2003年5月1日,预制第1个墩身。2004年10月30日,完成预制墩身工作。历时17个月。

安装墩身:2003年7月11日,安装第1个墩身。2004年11月10日,完成安装低中墩。历时16个月。

高墩现浇于2005年3月9日完成(共浇混凝土112次)。

预制箱梁:2003年7月18日,预制第1榀箱梁。2005年4月20日完成第310榀箱梁预制。历时20个月。

安装箱梁:2003年9月30日,安装第1榀箱梁。2005年5月21日完成第310榀箱梁安装。历时19个月。

3. 实际施工速率(周期)

预制箱梁:平均每月15.5榀,月最高完成23榀。

安装箱梁:平均速率15.7榀,月最高完成28榀,日最高完成2榀。

4. 实施进度的大型设施和加快进度的措施

(1)制梁设施:制梁台座6个,存梁台座18个,横向滑道6个,纵向滑道1个,出梁栈桥1个。制梁外模3套,内模4套,制梁用龙门吊4台(起吊能力60t)。

(2)制墩设施:台座分2列22排布置,共44个,龙门吊1台(起吊能力350t),墩身出运码头泊位1个,材料综合码头泊位3个。

(3)安装箱梁设施:小天鹅(起重能力2 500t级,自带动力)。

(4)安装墩身设施:综合运架驳(起重能力350t级,无动力),1次取10个墩身出海。

(5)现浇湿接头和现浇高墩设施:混凝土拌和船1艘(海天号)。

(6)PM444、PM445、PM446墩施工

PM444、PM445、PM446墩位于近乌龟岛段,此处地质条件复杂,无覆盖层,岩面裸露,岩层倾斜起伏大,岩石强度达192.3MPa,海蚀沟发育,水流复杂多变。施工难点主要是两个方面,一是施工平台的搭设难度大,二是钻孔桩成孔比较困难。最终选定采用栈桥+导管架平台施工方案。

施工平台的搭设:对覆盖层较厚的墩位,直接下放导管架,然后插打定位桩;对覆盖层较薄的墩位,定位桩插打后,进行抛石稳桩或采用水下大封底稳住导管架;对岩面倾斜大的墩位,实施水下爆破整平,再下放导管架和插打定位桩;对钢管桩还采用了锚桩技术(栽桩)。

钻孔桩成孔:在钻孔过程中,对岩面倾斜采用了多次抛填块石和黏土,用冲击钻反复冲砸,开孔完成后,采用旋转钻或冲击钻施工。共投入3种机型,香港嘉臣RC—300/KTY—3000B/KPG3000。钻孔桩施工结束时间为2005年3月29日,墩身施工结束时间为2005年4月26日。单根桩施工周期为12d,嵌岩深度8~20m左右。

5. 进度评述

本标合同工期要求2005年7月18日完成,实际完成于2005年6月30日,提前按合同工期完成。

新制的小天鹅浮吊投入使用稍显滞后。

承包商在箱梁滑移方面采取了技术攻关,为本标段滑移顺利实施提供了技术保证。

本标段租用了四航“奋进号”浮吊，包括架设高墩区70m预制箱梁和乌龟岛栈桥的拆除等作业，为本标段提前完成任务也起了很关键作用。

五、IV标

1. 工程概况

该标段为东海大桥3座副通航孔桥梁的施工，里程分别位于K6、K12、K24处。为预应力混凝土连续箱梁，孔跨布置为：K6桥为(70+120+120+70)m，K12桥为(80+140+140+80)m，K24桥为(90+160+160+90)m。通航等级分别为500/1 000/500t级。

钻孔桩所处地质为粉质或砂质黏土，桩径2.5m，桩长110m。箱梁悬臂浇筑节段最大质量200t。

合同工期34个月。

2. 重大节点进度实施情况(表4-2～表4-4)

副通航孔K6桥实际施工进度表 表4-2

项目＼日期	PM145		PM146		PM147	
	开始时间	结束时间	开始时间	结束时间	开始时间	结束时间
平台搭设	2003-2-20	2003-5-18	2003-1-24	2003-4-25	2003-3-18	2003-5-27
钻孔桩施工	2003-6-4	2003-10-1	2003-5-26	2003-10-18	2003-5-31	2003-8-27
承台施工	2003-10-1	2003-12-29	2003-10-19	2004-1-16	2003-8-28	2003-11-29
墩座施工	—	2004-1-16	—	2004-2-5	—	2003-12-25
墩身施工	—	2004-2-28	—	2004-3-4	—	2004-2-11
0号块箱梁	—	2004-5-18	—	2004-5-25	—	2004-5-20
1号块箱梁	—	2004-6-22	—	2004-6-29	—	2004-6-29
中跨合龙	—	2004-10-29	—	2004-10-29	—	2004-10-29
边跨合龙	—	2004-11-18	—	2004-11-18	—	2004-11-18

副通航孔K12桥实际施工进度表 表4-3

项目＼日期	PM240		PM241		PM242	
	开始时间	结束时间	开始时间	结束时间	开始时间	结束时间
平台搭设	2003-1-6	2003-3-25	2002-11-11	2003-2-9	2003-2-14	2003-5-2
钻孔桩施工	2003-4-9	2003-12-3	2003-2-12	2003-10-6	2003-5-11	2003-11-20
承台施工	2003-12-4	2004-1-28	2003-10-7	2004-1-7	2003-11-21	2004-1-11
墩座施工	—	2004-2-3	—	2004-1-16	—	2004-1-28

续上表

项目＼日期	PM240		PM241		PM242	
	开始时间	结束时间	开始时间	结束时间	开始时间	结束时间
墩身施工	—	2004-3-7	—	2004-3-22	—	2004-3-29
0 号块箱梁	—	2004-5-19	—	2004-5-21	—	2004-5-31
1 号块箱梁	—	2004-6-21	—	2004-6-22	—	2004-7-7
中跨合龙	—	2004-12-1	—	2004-12-1	—	2004-12-1
边跨合龙	—	2004-12-16	—	2004-12-16	—	2004-12-16

副通航孔 K24 桥实际施工进度表 表 4-4

项目＼日期	PM418		PM419		PM420	
	开始时间	结束时间	开始时间	结束时间	开始时间	结束时间
平台搭设	2003-2-25	2003-6-17	2002-12-29	2003-5-2	2003-2-8	2003-6-3
钻孔桩施工	2003-6-25	2003-12-11	2003-5-6	2004-1-6	2003-6-7	2003-11-16
承台施工	2003-12-12	2004-2-27	2004-1-7	2004-3-28	2003-11-17	2004-3-15
墩座施工	—	2004-3-13	—	2004-4-16	—	2004-4-8
墩身施工	—	2004-5-24	—	2004-5-24	—	2004-5-13
0 号块箱梁	—	2004-6-29	—	2004-6-30	—	2004-6-28
1 号块箱梁	—	2004-8-28	—	2004-8-31	—	2004-8-21
中跨合龙	—	2005-3-20	—	2005-3-20	—	2005-3-20
边跨合龙	—	2005-4-8	—	2005-4-8	—	2005-4-8

3. 实际施工速率(周期)

副通航孔桩基施工周期约 4 ~7 个月；

承台、墩身及 0 号块施工周期约 6 ~7 个月；

1 号块施工周期约 1 ~2 个月(主要是挂篮拼装与压载占用较长时间)；

箱梁悬浇(单节施工周期平均 8d)及合龙段施工周期共约 6 ~8 个月。

4. 实施进度的大型设施和加快进度的措施

(1)施工平台

各施工平台布置 2 ~3 台钻机(KP3500 或中昇 300 型,主机重 47t,共投入钻机 21 台),1 台 50t 履带吊或 1 台塔吊,泥浆循环池,1 根桩的钢筋笼和 200t 膨润土。1 个约 50m^3 的淡水箱,5 ~8 个住宿用集装箱。每个副通航孔在中主墩平台上设 1 500 ~2 000kW 发电机组和 1 个约 80t 的储油罐。砂石水泥直接入拌和船,施工用材料、淡水、油料等由供应商船运至各施工平台。

(2)钢套箱

承台施工采用钢套箱施工方案,钢套箱的设计与永久性防撞设计相结合,钢套箱侧板在承台施工完成后即作为防撞结构。

套箱由底篮、侧板、支撑系统组成。底篮由桁架和焊接在桁架下弦杆上的面板组成,底篮高90cm,直接浇在封底混凝土中。套箱侧板主要从防撞要求来设计。底篮与侧板通过圈梁栓接连接。套箱由钢制牛腿支承,由于受水文影响,牛腿做成倒挂形式,套箱顶部用直径60cm的钢管支撑呈X形布置。

K6、K12、K24桥钢套箱质量为430t、470t、570t。分别用500t和1 300t浮吊安装。钢套箱底板开桩位孔,开孔由事先测量下沉后的钢护筒实际位置确定。

单个套箱安装时间5h。

(3)施工挂篮

施工挂篮为三角形和菱形挂篮两种,共投入36套。

最大节段混凝土质量:K6、K12、K24分别为184t、173t、200t。

挂篮质量:K6、K12、K24分别为82.9t、69.5t、64.6t(包括模板系统质量)。

(4)拌和船

共投入拌和船3艘,每艘船生产能力为$120m^3/h$,储料能力为$1\ 000m^3$,在钻孔桩施工高峰期,拌和船使用仍较为紧张。

5. 进度评述

按合同工期应在2005年7月18日完工,该标段主体结构完成在2005年4月8日,提前完成合同工期。

墩身施工模板套数少,12个边墩仅投入2套模板,导致边墩施工进度滞后,为确保工期,采用了先中跨再边跨的合龙顺序。

六、V标

1. 工程概况

该标段为东海大桥5 000t级主通航孔斜拉桥的施工。主通航孔为单索面钢筋混凝土结合梁斜拉桥,孔跨布置为(73+132+420+132+73)m。地质条件为淤泥质粉质沙质黏土,水深约12m,钻孔桩直径2.5m,长度110m,单个主墩共38根桩,承台尺寸49.8m×27.4m×6m,单个主墩承台混凝土为 8 200m^3,承台以上主塔高度 159m,主塔为宝塔型。

钢箱梁标准节段重 370t,最重 490t。在江苏靖江加工制造,主塔内钢锚梁及桥面吊机在武汉加工制造。拉索共 192 根,单根拉索最重为 20t。安装高强度螺栓共 40 万套。

合同工期 34 个月。

2. 重大节点进度实施情况(表 4-5)

2002 年 10 月,承包商进驻现场。2002 年 12 月 15 日,第 1 个自重约 300t 的导管架沉放,2003 年 1 月 24 日,沉放第 8 个(也即最后 1 个)导管架。2003 年 4 月 6 日,PM335 钢浮箱进档,2003 年 4 月 26 日,PM336 钢浮箱进档,2003 年 4 月 30 日,主墩钻孔桩正式开钻。从进场至开钻时间约 6 个月,桩基施工约 4 个月,承台施工约 2 个月,塔施工约 9 个月(塔高 159m),0 号段(不含桥面吊机拼装检查)1 个月,1 号段(含桥面吊机)约 1 个月,箱梁拼装及合龙约 7 个月。从开钻至主体结构合龙约 25 个月。

本标段工程试桩于 2003 年 1 月 25 日开钻,2 月 16 日浇筑工程试桩桩身混凝土。

主通航孔斜拉桥实际施工进度表　　表 4-5

项目＼完成日期	PM335(主塔)	PM336(主塔)
施工平台搭设	2003-5-25	2003-6-12
钻孔桩	2003-9-2	2003-10-25
主墩承台完成	2003-11-19	2003-12-15
主塔塔座	2004-1-31	—
主塔身	2004-8-18	2004-8-26
0 号节段安装	2004-9-20	2004-10-7
挂 1 号索	2004-10-23	2004-10-28
边跨合龙	2005-5-8	2005-5-8
中跨合龙	2005-5-20	

3. 实际施工速率(周期)

钻孔桩:单桩施工周期最快约 7 ~ 8d;

主塔身施工:一个节段最快 3d,平均为 5.2d;

主梁安装:一个节段最快 5d,平均为 9.2d。

4. 实施进度的大型设施和加快进度的措施

施工平台:海上施工平台单个面积约 5 000m^2。施工平台采用导管架

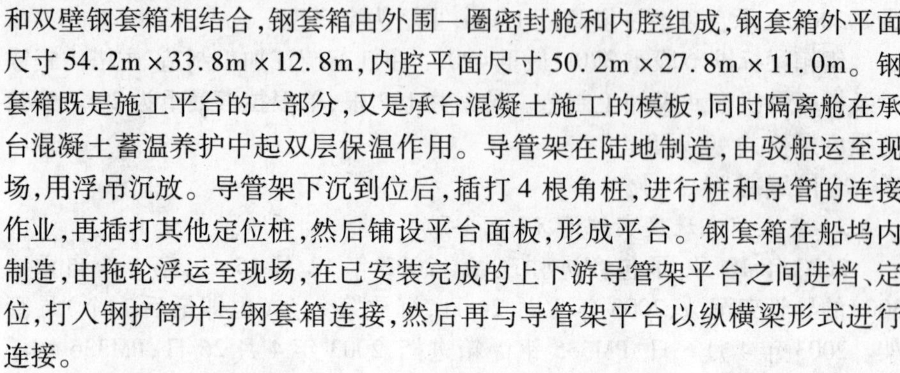

和双壁钢套箱相结合，钢套箱由外围一圈密封舱和内腔组成，钢套箱外平面尺寸 54.2m×33.8m×12.8m，内腔平面尺寸 50.2m×27.8m×11.0m。钢套箱既是施工平台的一部分，又是承台混凝土施工的模板，同时隔离舱在承台混凝土蓄温养护中起双层保温作用。导管架在陆地制造，由驳船运至现场，用浮吊沉放。导管架下沉到位后，插打 4 根角桩，进行桩和导管的连接作业，再插打其他定位桩，然后铺设平台面板，形成平台。钢套箱在船坞内制造，由拖轮浮运至现场，在已安装完成的上下游导管架平台之间进档、定位，打入钢护筒并与钢套箱连接，然后再与导管架平台以纵横梁形式进行连接。

其他主要施工设施：塔身施工爬模设备 2 套，塔吊 2 台，桥面吊机 2 台，施工电梯 2 台。

主要加快施工进度的措施：

（1）投入钻机数量多，PM335 共布置 3 台，PM336 共布置 4 台，确保了在不到 5 个月时间内完成桩基施工。

（2）采用导管架钢套箱的施工方案，节省了约 3 个月时间；

（3）塔身施工采用了附着式脚手架施工方案，比常规爬模施工方法节省近 1 个月时间。

5. 进度评述

合同要求应在 2005 年 7 月 18 日完成，主体结构实际在 2005 年 5 月 20 日完成，该标段在进度组织管理上较好。

七、VII 标

1. 工程概况

该标段承担东海大桥颗珠山大桥的施工。桥长 1 660m，主桥为 50m + 139m + 332m + 139m + 50m 的双索面钢—混凝土结合梁斜拉桥，东引桥为 12 孔 50m 跨径预应力混凝土连续箱梁，西引桥为 7 孔 50m 跨径预应力混凝土连续箱梁。合同工期 28 个月。

主桥基础东主墩为直径 2.5 ~ 3.0m 钻孔嵌岩桩，桩长约 100m，西主墩为 2m 直径钻孔桩。斜拉桥东侧过渡孔采用了预制安装方法施工，西侧过渡孔采用支架法施工。斜拉桥主塔为分离式双主塔，塔高 105m（承台以上）。

东引桥部分墩基础为钢管桩，采用打入桩，部分墩为钻孔桩基础。上部结构采用了两套移动模架施工。

西引桥基础为 2m 直径浅覆盖层的钻孔嵌岩桩，上部结构采用支架现浇法施工。

2．重大节点进度实施情况（表 4-6）

颗珠山大桥斜拉桥实际施工进度表　　表 4-6

项目 \ 日期	开始时间	结束时间
施工平台	2003-6-11	2003-9-23
桩基	2003-8-4	2004-3-30
钢套箱	2004-2-24	2004-4-4
承台	2004-3-11	2004-5-9
主塔身	2004-5-9	2004-10-29
0 号段钢梁拼装	2004-9-20	2004-10-6
挂 1 号索	2004-12-13	2004-12-13
边跨合龙	—	2005-3-28
中跨合龙	—	2005-5-3

3．实际施工速率（周期）

颗珠山大桥施工准备（含搭设施工平台）约 7 个月；

主桥于 2003 年 8 月 4 日开钻，2003 年 9 月 25 日浇筑第 1 根桩基混凝土，桩基施工结束时间为 2004 年 3 月 30 日，持续 6 个月；

承台施工：约 2 个月（含塔座施工）；

塔身施工：约 6 个月；

主桥箱梁拼装（含合龙施工）：约 5 个月。

东引桥施工：移动模架法施工，每孔施工周期约 20d；

西引桥施工：支架现浇法施工，每孔施工周期 20d。

4．实施进度的大型设施和加快进度的措施

该标段共投入移动模架 2 套、桥面吊机为 8 台，爬模 4 套（为 H 形塔），2 台施工电梯。

5．进度评述

合同要求应在 2005 年 7 月 5 日完成，主体结构实际完成时间为 2005 年 5 月 3 日，按合同工期完成。

第五章 安全监理

2004年2月1日起施行的《建设工程安全生产管理条例》(国务院令第393号)是我国第一部规范建设工程安全生产的行政法规,它标志着我国建设工程安全生产管理进入法制化、规范化发展的新时期。该条例明确规定了监理单位的安全责任,监理单位的施工现场监理工作由原来的“质量、进度、费用”三控制变为“安全、质量、进度、费用”四控制。

上海市是国内最早实行安全监理制度的城市,早在20世纪80年代末即开始了安全监理试点工作,经过近十多年的试点工作后,2003年8月,上海市建设和管理委员会发文,决定从2003年10月1日开始,在全市实行建设工程安全监理制度,并规定了安全监理四项基本职责。

安全监理是一项集政策性、技术性、责任性很强的工作。在监理准备工作阶段,监理机构应结合工程特点,收集相关的国家法律法规、政府部门规章及文件、有关工程强制性标准、有关安全技术规范等,并建立安全监理文件控制清单。

监理机构应如何做好施工安全监理工作,避免因施工现场发生重大安全事故而承担监理责任,是国内监理行业面临的一个重要而崭新的课题。本章根据编者在东海大桥工程、上海长江大桥工程安全监理工作的实践,结合现行的法律法规和政府部门的有关要求,叙述公路跨海大桥工程安全监理应开展的工作内容及应如何开展这些工作。

第一节 有关安全管理的知识

一、安全生产保证体系

“安全生产保证体系”一词,未见于《建设工程安全生产管理条例》以及与之配套的相关文件。

早在1998年,上海市颁布了地方标准《施工现场安全生产保证体系》

(DGJ 08—903—98),2003 年 3 月,经全面修编后的《施工现场安全生产保证体系》(DGJ 08—903—2003)被批准为上海市工程建设规范。该规范对施工现场安全生产保证体系定义为:总的管理体系的一部分,便于项目经理部和建筑企业对承建项目相关安全风险和不利环境影响的管理。它包括为制订、实现和保持项目经理部安全目标所需的组织结构、策划活动、职责、程序、过程和资源。

施工现场安全生产保证体系与质量保证体系组成了施工现场项目管理体系,施工现场安全生产保证体系是施工企业安全生产保证体系的向下延伸,必须纳入施工企业的管理体系之中。

《施工现场安全生产保证体系》共有 16 项基本要求(也称要素):

(1)安全目标;

(2)危险源与不利环境因素识别评价和控制策划;

(3)适用法律法规标准规范和其他要求;

(4)施工现场安全生产保证计划;

(5)组织机构与职责权限;

(6)安全教育与培训;

(7)文件控制;

(8)安全物质采购和进场验证;

(9)分包控制;

(10)施工过程控制;

(11)事故的应急救援;

(12)安全检查;

(13)纠正措施和预防措施;

(14)内部审核;

(15)安全评估;

(16)安全记录。

二、事故树与事件树分析

1. 事故树分析

事故树分析(Accident Tree Analysis 简称 ATA),主要是对系统的事故原因进行分析和评价事故风险。事故树分析法又称事故逻辑分析,是对事故进行分析和预测的一种方法。

事故树分析是对所分析的系统或作业中可能发生的事故条件及可能

导致的灾害后果，按照工艺流程的先后顺序和因果关系绘制成程序图（事故树图），用以表示导致事故的各种因素之间的逻辑关系，并进一步分析安全问题或系统运行的功能问题，判断事故的概率以及事件（元件）的结构重要度，然后提出进一步的安全技术措施。

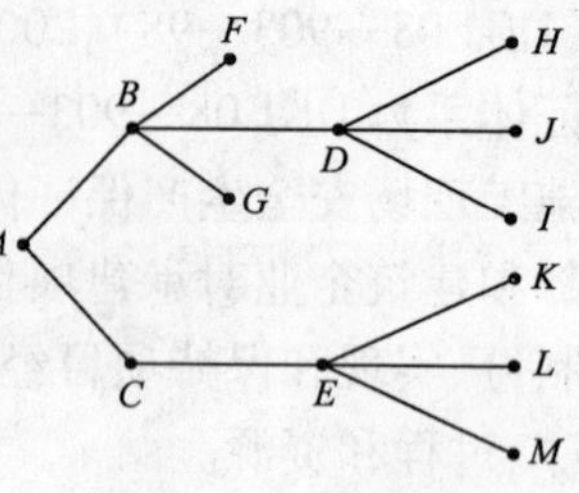

图 5-1　事故树图形

事故树是树形结构图，由点和线按照一定的逻辑关系绘制的不封闭图形，其图形结构见图5-1。

2. 事件树分析

事件树分析（Event Tree Analysis 简称 ETA）是一种归纳逻辑图，是决策树（Decision Tree）在安全分析中的应用。事件树绘制时从事件的起始状态出发，然后按一定的顺序，逐项分析系统的构成要素所处的状态（成功或失败），并将要素的状态联系起来，进行分析比较，查明系统的最后输出状态，从而展示事故的原因和发生条件。

事件树分析是将所分析的系统（事故）作为树的干，然后向右分为二支，一是成功，二是功能失效（失败），再按顺序分析成功的子系统（元素或元件），其子系统又可分为成功与失败，这样逐级分解，进行剖析成功与失败，一直到不能再进行分析的元件或基本元素为止，其图形结构见图5-2。

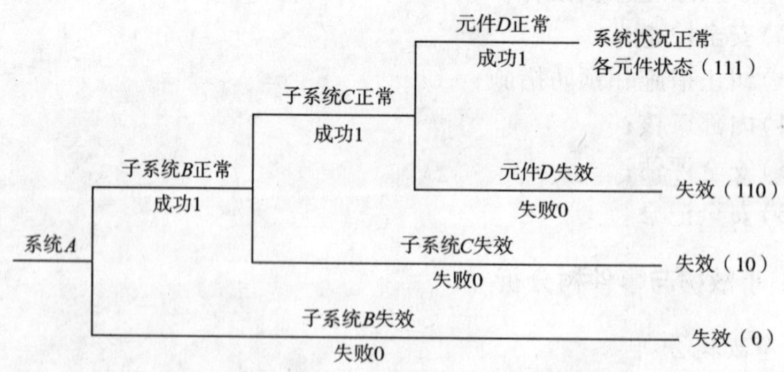

图 5-2　事件树图形

3. 高处落物砸伤事故分析

在建筑施工中，为了充分利用空间和时间，保证工期要求，多采用立体交叉作业，由于建筑施工的特点，也需要高处作业。高处落物打击事故是常见多发性事故。任何人都不准从高处向下抛、投物料，各工种进行作业要及时清理渣土杂物，以防无意碰落或风吹落。以及现场职工必须戴安全帽，按规定设置安全网、防护棚是减少事故发生的重要手段。现分析如下。

(1)事件树　根据条件绘制的事件图见图 5-3。

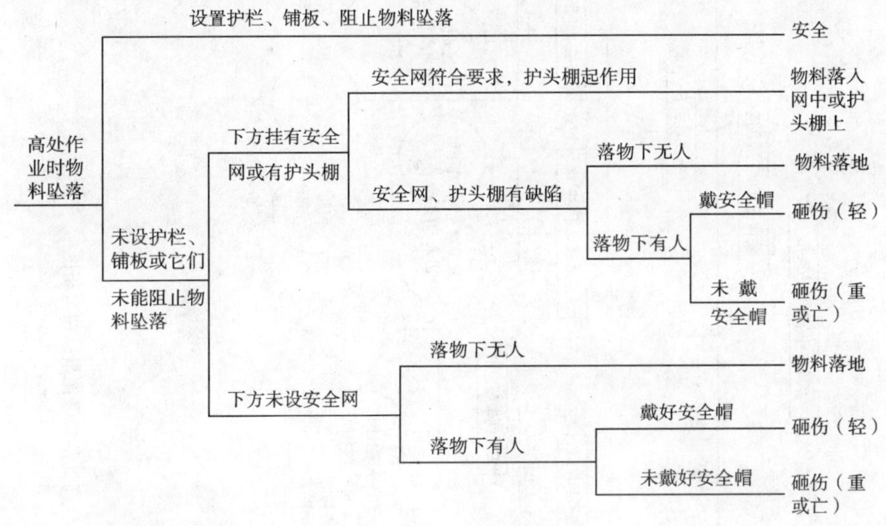

图 5-3　高处落物砸伤事件树分析图

(2)事故树

如图 5-4 所示是高处落物砸伤致死的事故树，从图中可以看出共包含有 19 个基本事件。

从最小径集和基本事件重要度顺序看：X_1 最重要，高处落物，加速度很大，必须高度重视；其次，施工人员戴安全帽是至关重要的；第三，按要求挂好安全网，认真检查网的质量、挂法、覆盖面是否符合要求，同时应在施工面外沿设防护栏杆。

在危险区内，设立安全标志，加强警戒，防止有人进入危险区和在危险区内作业。从结构重要度分析，X_2、X_3、X_4、X_6、X_7、X_8、X_9 似乎不重要，但对那些文明施工管理水平差的单位，这些事件却很重要。此外，杜绝从高处向下抛掷物体；高处放置的构件、砖、材料、工具等物一定要远离建筑物边沿，重物也应该支稳。

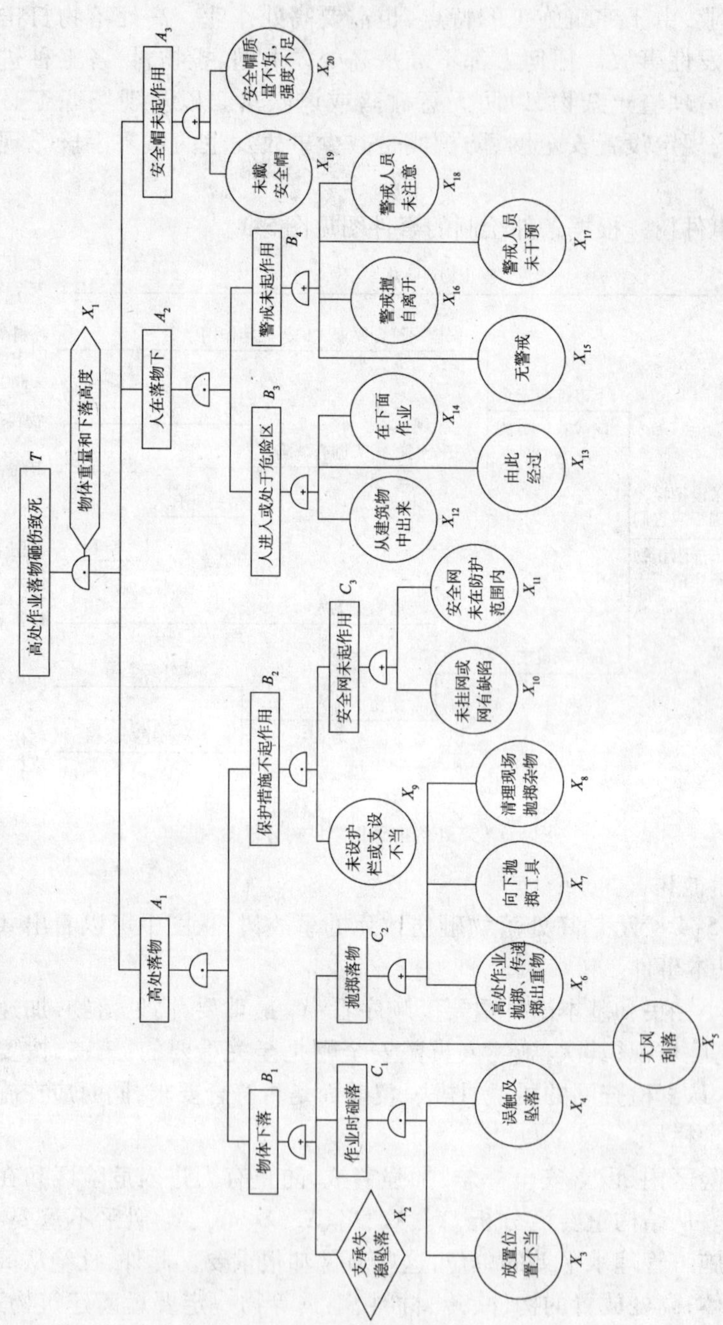

图 5-4　高处落物砸伤事故树分析图

第二节　安全监理的准备工作

1. 收集有关开展安全监理工作所需的资料

按照条例第14条规定："工程监理单位和监理工程师应当按照法律、法规和工程建设强制性标准实施监理"，因此监理机构应收集的资料有：

(1)有关工程建设的法律法规；

(2)行业或地方政府发布的规章与文件；

(3)有关工程建设的强制性标准；

(4)有关安全技术规范、标准及规程；

(5)监理合同中关于安全监理的工作内容和要求；

(6)施工区域所处的不良地质条件(如浅层气)、水文、气象、地下管线、水底障碍物以及海洋渔业保护资料等。

监理机构应建立安全监理文件控制清单，这些文件是编制安全监理规划和开展安全监理工作的依据，应组织有关监理人员学习。

2. 熟悉施工合同中安全措施费用以及计量规则

(1)关于安全措施费计提费率

交通部令2007年第1号《公路水运工程安全生产监督管理办法》第14条规定：建设单位在编制工程招标文件时，应当确定公路水运工程项目安全作业环境及安全施工措施所需的安全生产费用。

该令的第22条规定，施工单位在工程报价中应当包含安全生产费用，一般不得低于投标价的1%，且不得作为竞争性报价。

按照交通部令，我们理解安全措施费应是指中标单位的报价，该报价不得低于投标报价的1%，即认为是符合规定的，而不是由业主在施工招标文件中确定此项费用。

(2)关于安全措施费的使用范围

交通部令第15条对安全措施费的使用规定为：安全生产费用，应当用于施工安全防护用具及设施的采购和更新、安全施工措施的落实、安全生产条件的改善，不得挪作他用。

财政部、国家安全生产监督管理总局联合制订的《高危行业企业安全生产费用财务管理暂行办法》第13条规定，安全费用应当按照以下规定范围使用：

①完善、改造和维护安全防护设备、设施支出。

②配备必要的应急救援器材、设备和现场作业人员安全防护物品支出。

③安全生产检查与评价支出。

④重大危险源、重大事故隐患的评估、整改、监控支出。

⑤安全技能培训及进行应急救援演练支出。

⑥其他与安全生产直接相关的支出。

(3)关于安全措施费的监理

交通部令第14条规定:安全生产费用由建设单位根据监理工程师对工程安全生产情况的签字确认进行支付。

建设部建质[2006]248号《关于落实建设工程安全生产监理责任的若干意见》关于安全生产费用的监理:检查施工现场各种安全标志和安全防护措施是否符合强制性标准要求,并检查安全生产费用的使用情况。

在施工合同中,应有安全措施费总额和组成细目及其相应费用,并应有相应的计量规则,这是监理机构对安全措施费进行计量签认的前提,否则监理机构无法对安全措施费进行计量签认,也无法检查安全措施费用使用情况。

3. 了解业主设置的海上施工安全作业区以及临时航道

为确保在施工过程中的桥梁构筑物、施工船舶以及施工人员的安全,同时也是为确保过往船舶的航行安全,跨海大桥工程在施工之前,设置施工安全作业区以及临时航道是跨海大桥工程施工安全管理的重要措施之一。

设置施工安全作业区以及临时航道,由业主向当地海事部门负责申请。经当地海事部门核准后,在施工作业区界线处设置警示标志,必要时还应配备警戒船,并发布通告。

施工安全作业区范围应依据施工船舶数量、船型以及施工船舶作业方式确定,如东海大桥施工安全作业区为大桥轴线两侧各1 600m水域范围(不包括临时航道部位),其中大桥轴线两侧各1 000m范围内为施工船舶安全作业区,施工船舶安全作业区外600m范围为施工船舶安全航行区,沿桥轴线共设置临时航道3处,以便过往船舶以及施工船舶通过。舟山大陆连岛工程金塘跨海大桥施工安全作业区为大桥轴线两侧各700m水域范围。

4. 建立全桥施工安全管理制度与程序

我国大型公共建筑工程的建设,多以业主为管理核心,监理机构是在业主的管理框架之下开展工作，因此建立必要的安全管理制度与程序，有利于统一全桥施工安全管理行为，同时也有利于安全监理开展工作。

由于各项目业主的管理水平和准备工作情况存在差异，当业主设置有较为完善的安全管理制度与程序时，监理机构应熟悉这些制度与程序，并在工作中严格执行；当业主没有设置安全管理制度与程序时，监理机构应协助业主完善全桥安全管理制度与程序。

比如，根据跨海大桥建设经验，监理机构应建议业主组建全桥海上施工应急救援网络，并进行演练。又比如，根据超长跨海大桥建设经验，在宽阔的海域施工，尤其是在过往船舶较为频繁的海域，监理机构应建议业主实行施工船舶标志旗管理制度。在东海大桥工程实行了施工船舶标志旗管理制度，收到了较好效果。需要提醒的是，施工船舶悬挂标志旗需事先征得当地海事部门的认可。

公路跨海大桥工程主要管理制度和程序，见第一章所述。

5. 明确统一的气象信息收集频道

由于气象台站较多（如中央气象台、地方气象台、海洋气象台等），跨海大桥施工标段多，跨海大桥所处地理位置可能跨省市等因素，则存在以谁发布的气象消息为准的问题。为便于对热带气旋、大风、寒潮等恶劣气候的防范，确保施工和施工船舶安全管理，统一气象信息收集频道是必要的。

如东海大桥以上海海洋气象台发布的气象消息为准，其他气象台站发布的消息作参考。

6. 设置安全管理机构

在跨海大桥施工阶段，承包商、监理机构、业主都应建立安全管理体系，全桥组成以业主为核心的安全管理大网络。

承包商的安全管理网络应以项目经理为第一责任人，专职安全管理人员的配置应符合建设部建质〔2004〕213 号文的规定。

监理机构的安全监理网络应以总监为第一责任人，专职安全监理人员的配置应符合投标承诺和开展安全监理工作实际需要。

业主的安全管理网络应以指挥长（项目经理）为第一责任人，专职安全管理人员的配置应符合开展安全管理工作的需要。

7. 编制监理规划中的安全监理内容

安全监理内容应与项目监理规划同步策划，同步编制和报审，安全监理内容应纳入监理规划中，不宜独立于监理规划编制。

8．编制安全监理实施细则

安全监理实施细则应在相应工程施工前编制完成，经总监理工程师批准后实施。

安全监理实施细则是具体指导安全监理开展工作的文件，它研究的对象是专项工程的施工安全，也即凡是需要编制安全专项施工方案的分项工程，在专项施工方案被批准后，就要编制相应的安全监理细则。安全监理细则的编制，涉及结构和安全监理两个专业，其主要内容为七个方面：(1)专项工程概况；(2)专项工程的主要特点分析；(3)安全监理依据；(4)安全监理工作流程；(5)安全监理控制要点；(6)安全监理工作方法与措施；(7)安全监理的工作分工。选择适当时机向承包商进行交底并留下交底记录。

安全监理实施细则的编制实例，见附 5-1 所示，供读者参考。

9．建立安全表式与资料台账清单

表式化管理已成为工程管理不可缺少的手段。安全表式应包括承包商用表和监理机构用表两类，目前尚未见有行业统一的安全表式出台，监理机构应自行设计完成相关安全表式，在与业主及相关单位协商后使用。

按照上海市市政工程管理局对安全监理工作和安全监理记录的有关要求，我们结合工程实际制订了安全监理的主要表式，见附 5-2 所示，该表式曾在东海大桥工程和上海崇明越江通道长江大桥工程中使用。读者在工作中，可结合工程实际情况和当地政府部门的要求制订安全表式。

安全监理记录应包括安全监理日志、安全监理巡视检查记录等，目前也需要监理机构自行设计。

以东海大桥工程为例，安全监理主要资料台账清单如下：

(1)安全专项施工方案及审查意见；

(2)船舶安全准入及退场申报资料；

(3)起重机械安全准入及退场申报资料；

(4)特殊作业人员名册和上岗证书(复印件)；

(5)各类脚手架(承重支架)、大型模板等验收资料；

(6)安全监理实施细则；

(7)大型起重《吊装令》及《安全监控备案申报》；

(8)安全监理巡视检查记录；

(9)安全监理工作日志；

(10)《安全监理联系单》、《安全监理指令单》、《暂时停工令》、《复工令》及相关整改反馈、复查资料；

(11)各类安全事故快报及事故报告(包括事故分析会);

(12)台风、强冷空气袭击"快报表"及船舶人员撤离报表;

(13)监理组《安全监理月报》;

(14)有关单位所发的安全文件及通报;

(15)承包商《安全生产保证计划》;

(16)承包商《防台防汛预案》《冬雾强风季节施工预案》《管线保护预案》;

(17)参加的有关安全例会纪要和安全交底记录;

(18)监理组安全学习记录;

(19)承包商《安全生产月报》。

第三节　安全监理工作内容

一、《公路工程施工监理规范》规定的安全监理工作内容

1. 施工安全监理

(1)审查施工单位编制的施工组织设计中的安全技术措施或专项施工方案是否符合强制性标准;

(2)审查分包合同中是否明确了施工单位与分包单位各自在安全生产方面的责任;

(3)监督施工单位按照专项施工方案组织施工;

(4)督促施工单位进行安全生产自查工作、落实施工生产安全技术措施,参加施工现场的安全生产检查;

(5)建立施工安全监理工作台账;

(6)分项、分部工程交工验收时,如安全事故的现场处理未完成,不得签发中间交工证书。

2. 施工环境保护监理

(1)审查施工组织设计是否按设计文件和环境影响评价报告的有关要求制订了施工环境保护措施;

(2)检查施工单位制订的环境保护措施的落实情况;

(3)如发现施工中存在违反有关环保规定、未按合同要求落实环保措施的情况,应书面要求施工单位整改;

(4)施工中发现文物时,应要求施工单位依法保护现场,并报告有关部

门和建设单位；

(5)应要求施工单位依法取得砍伐许可后方可按照砍伐许可的面积、株数、树种进行砍伐，并注意保护野生动物、植物。

二、按照建设部文件要求的安全监理工作内容

按照建设部建市[2006]248号《关于落实建设工程安全生产监理责任的若干意见》的要求，建设工程安全监理的主要工作内容如下：

监理单位应当按照法律、法规和工程建设强制性标准及监理委托合同实施监理，对所监理工程的施工安全生产进行监督检查，具体内容包括：

1. 施工准备阶段安全监理的主要工作内容

(1)监理单位应根据《条例》的规定，按照工程建设强制性标准、《建设工程监理规范》(GB 50319—2000)和相关行业监理规范的要求，编制包括安全监理内容的项目监理规划，明确安全监理的范围、内容、工作程序和制度措施，以及人员配备计划和职责等。

(2)对中型及以上项目和《条例》第26条规定的危险性较大的分部分项工程，监理单位应当编制监理实施细则。实施细则应当明确安全监理的方法、措施和控制要点，以及对施工单位安全技术措施的检查方案。

(3)审查施工单位编制的施工组织设计中的安全技术措施和危险性较大的分部分项工程安全专项施工方案是否符合工程建设强制性标准要求。审查的主要内容应当包括：

①施工单位编制的地下管线保护措施方案是否符合强制性标准要求；

②基坑支护与降水、土方开挖与边坡防护、模板、起重吊装、脚手架、拆除、爆破等分部分项工程的专项施工方案是否符合强制性标准要求；

③施工现场临时用电施工组织设计或者安全用电技术措施和电气防火措施是否符合强制性标准要求；

④冬季、雨季等季节性施工方案的制订是否符合强制性标准要求；

⑤施工总平面布置图是否符合安全生产的要求，办公、宿舍、食堂、道路等临时设施设置以及排水、防火措施是否符合强制性标准要求。

(4)检查施工单位在工程项目上的安全生产规章制度和安全监管机构的建立、健全及专职安全生产管理人员配备情况，督促施工单位检查各分包单位的安全生产规章制度的建立情况。

(5)审查施工单位资质和安全生产许可证是否合法有效。

(6)审查项目经理和专职安全生产管理人员是否具备合法资格，是否

与投标文件相一致。

(7)审核特种作业人员的特种作业操作资格证书是否合法有效。

(8)审核施工单位应急救援预案和安全防护措施费用使用计划。

2. 施工阶段安全监理的主要工作内容

(1)监督施工单位按照施工组织设计中的安全技术措施和专项施工方案组织施工,及时制止违规施工作业。

(2)定期巡视检查施工过程中的危险性较大工程作业情况。

(3)核查施工现场施工起重机械、整体提升脚手架、模板等自升式架设设施和安全设施的验收手续。

(4)检查施工现场各种安全标志和安全防护措施是否符合强制性标准要求,并检查安全生产费用的使用情况。

(5)督促施工单位进行安全自查工作,并对施工单位自查情况进行抽查,参加建设单位组织的安全生产专项检查。

三、东海大桥工程安全监理工作内容

东海大桥工程安全监理工作始于2002年7月,当时《建设工程安全生产管理条例》尚未发布,安全监理工作内容是按照上海市有关要求,并结合东海大桥工程实际情况制订,2004年2月条例发布,东海大桥工程安全监理工作内容又按照条例规定进行了调整,其主要工作内容如下。

1. 督促承包商建立健全安全生产保证体系

安全监理在督促承包商建立健全安全生产保证体系方面,主要是检查如下7个要素是否到位。

(1)检查承包商的安全组织网络与安全职责

承包商应建立适应工程特点的安全组织结构和配置称职的安全管理人员,专职安全管理人员的配置应符合施工合同约定和建设部建质[2004]213号文的要求。

(2)检查承包商对危险源与不利环境因素识别、评价和控制策划

承包商必须根据工程对象的特点和条件,充分识别各施工阶段部位所需控制的危险源与不利环境因素。

承包商必须采用适当的方法,评价已识别的全部危险源与不利环境因素对施工现场产生的安全风险的影响,从中确定重大危险源与重大不利环境因素。对其中安全风险较大或专业性较强的施工过程阶段或部位活动,还应进行安全论证。对需要控制的危险源和不利环境因素的控制方式进行

策划并形成文件。

(3)检查承包商编制的安全生产保证计划

承包商在施工前必须编制安全生产保证计划。

安全生产保证计划应针对工程特点,依据危险源与不利环境因素识别、评价和控制策划结果,以及适用法律法规标准规范和其他要求,确定安全目标,并以实现安全目标为目的,描述安全生产具体途径。

安全生产保证计划与施工组织设计同步策划,可单独编制,也可纳入施工组织设计中。

(4)检查承包商的安全教育和培训

承包商应把安全教育与培训贯穿于施工生产的全过程,应有计划地对施工现场的所有从业人员,包括分包单位的从业人员进行相应的安全教育和培训。

项目经理、专职安全管理人员和特种作业人员应持证上岗。

(5)检查承包商的施工过程控制

承包商必须根据施工现场安全生产保证体系策划的结果和安排,确保安全生产管理的活动人员设施设备在施工过程中处于受控状态。

(6)检查承包商的安全检查活动与改进情况

承包商应建立安全检查制度,对施工现场的安全状况进行日常检查。

(7)检查承包商安全记录

承包商应及时形成安全记录,以提供施工现场安全保证体系符合要求并有效运转的证据。

2. 开展安全准入工作

东海大桥实行三类安全准入,即施工起重机械、施工船舶和人员准入。

东海大桥实行安全准入的施工起重机械包括塔吊、龙门吊、桥面吊机、汽车吊、履带吊、码头座吊、驳船船用吊机等。凡承包商现场拼装的施工起重机械,比如塔吊、龙门吊及桥面吊机等,承包商须请有资质的安装单位进行安装,还须请有资质的检测单位进行检测验收,并向安全监理出具检测报告,该报告是安全监理同意使用的依据。凡承包商采购或租赁的施工起重机械,比如汽车吊、履带吊等,承包商只需备齐相关证书,报监理组查验,经安全监理同意后方准使用。

东海大桥实行安全准入的施工船舶包括交通船、施工船舶、材料船及辅助船舶等四类船舶。承包商将这些船舶的证书和船员证书报监理组查验,经安全监理同意后发给专用船舶标志旗。

东海大桥实行准入的人员主要是安全管理人员和特殊工种作业人员。

安全管理人员包括项目经理和专职安全员，须持安全上岗证书。特殊工种作业主要包括起重工、电焊工、吊车司机、起重指挥、水下电焊工、潜水员、司炉工及电梯操作工等八类特殊工种作业人员。承包商在相应工程施工前，将这些特殊工种人员的个人资质报安全监理查验，经安全监理同意后上岗。

安全监理开展安全准入工作的依据是《中华人民共和国海上交通安全法》（主席令第 7 号）第 4 条、第 5 条、第 6 条、第 7 条及《建设工程安全生产管理条例》（国务院令第 393 号）第 25 条、第 35 条、第 36 条。

3. 审查安全技术文件

（1）审查施工组织设计（方案）中的安全技术措施

东海大桥各承包商编制的施工组织设计和施工方案中必须有安全技术措施，安全监理对相关部分内容进行审查并提出审查意见，报总监批准后实施。安全监理开展此项工作的依据是《中华人民共和国建筑法》（国家主席令第 91 号）第 38 条及《建设工程安全生产管理条例》（国务院令第 393 号）第 26 条。

（2）审查安全专项施工方案

东海大桥安全监理要求承包商编制安全专项施工方案，对承包商编制的安全专项施工方案（包括施工现场临时用电、大型模板工程、起重吊装工程、爆破工程、移动模架安装及拆除工程、挂篮安装及拆除工程、电梯安装与拆除工程、承重支架搭设与拆除工程、平台及栈桥搭设与拆除工程、脚手架搭设与拆除工程、潜水作业施工等）进行审查。安全监理开展此项工作的依据是《中华人民共和国建筑法》（国家主席令第 91 号）第 38 条及《建设工程安全生产管理条例》（国务院令第 393 号）第 26 条。

（3）审查应急预案

东海大桥安全监理要求承包商编制应急预案（包括防台防汛应急预案、防冬雾应急预案、防强风应急预案等）。安全监理督促承包商及时完成这些文件的编制和报审工作。安全监理开展此项工作的依据是《建设工程安全生产管理条例》第 49 条。

（4）审查专项安全防护措施

东海大桥安全监理审查承包商编制的专项安全防护措施（包括海底管线保护方案、临时通航孔封闭管理实施方案等）。安全监理开展此项工作的依据是《建设工程安全生产管理条例》（国务院令第 393 号）第 30 条。

4. 施工现场的安全巡视、检查及验收

(1)施工现场的安全巡视

东海大桥安全监理对施工现场的安全巡视工作内容包括:1)巡视承包商遵守国家法律法规和地方规定及工程强制性标准;2)巡视承包商按照经批准的安全技术文件进行施工;3)对容易引发重大安全事故的高危作业进行巡视或旁站监理。监理开展此项工作的依据是《建设工程安全生产管理条例》(国务院令第393号)第14条和沪建建〔2003〕605号文。

(2)施工现场的安全检查

东海大桥安全监理对施工现场的安全检查工作内容包括:①施工现场临时用电是否符合规定;②临边围护是否符合要求;③大型起重机械设备的安全装置是否经过检测;④检查明火作业审批手续;⑤检查特种作业人员是否持证上岗;⑥检查施工现场的是否有违章现象;⑦检查季节性安全防范工作,包括防台防汛、防暑降温、防强冷空气、防寒保暖、防冻防滑等;⑧检查文明施工和环境保护等。

(3)施工现场的安全验收

东海大桥安全监理对施工现场的安全验收工作,包括大型施工机械、施工船舶、安全设施、大型临时设施和设备等的验收。

5. 安全监理的记录与报告

东海大桥安全监理的记录与报告,采用统一的表式,这些表式是按照上海市市政工程表式并结合东海大桥的实际情况制订的,包括《安全监理月报》、《安全监理日志》、《安全监理旁站记录》、《安全监理指令书》、《安全监理联系单》、《安全监理现场会议备忘录》、《施工机械、安全设施验收核查表》、《专项安全施工方案、施工机械、安全设施及验收情况检查汇总表》等。东海大桥的安全监理按统一的规定填报或签署上述表式,同时做好安全监理台账资料保管工作。

6. 安全监理的其他工作

东海大桥的安全监理除了上述5个方面的工作内容之外,还有如下安全监理工作:

(1)督促承包商执行东海大桥的安全管理制度和程序,包括安全事故报告制度和报告程序、船舶撞击已建桥梁结构物报告及处理制度、大型起重吊装令制度、防台防汛工作制度、安全报监制度等。

(2)进行安全监理文件的编制和交底工作,东海大桥安全监理编制了安全监理规划和各类安全监理细则文件,并向承包商进行交底。

(3)建立健全内部安全监理工作制度,包括填写安全监理日志及安全监理巡视(旁站)记录、主持全桥月度安全生产检查、主持全桥月度安全生产会议、召开安全监理内部例会、编制安全监理月报等。

第四节　安全监理工作程序

建设部建市[2006]248号《关于落实建设工程安全生产监理责任的若干意见》对安全监理工作程序规定如下:

(1)监理单位按照《建设工程监理规范》和相关行业监理规范要求,编制含有安全监理内容的监理规划和监理实施细则。

(2)在施工准备阶段,监理单位审查核验施工单位提交的有关技术文件及资料,并由项目总监在有关技术文件报审表上签署意见;审查未通过的,安全技术措施及专项施工方案不得实施。

(3)在施工阶段,监理单位应对施工现场安全生产情况进行巡视检查,对发现的各类安全事故隐患,应书面通知施工单位,并督促其立即整改;情况严重的,监理单位应及时下达工程暂停令,要求施工单位停工整改,并同时报告建设单位。安全事故隐患消除后,监理单位应检查整改结果,签署复查或复工意见。施工单位拒不整改或不停工整改的,监理单位应当及时向工程所在地建设主管部门或工程项目的行业主管部门报告,以电话形式报告的,应当有通话记录,并及时补充书面报告。检查、整改、复查、报告等情况应记载在监理日志、监理月报中。

监理单位应核查施工单位提交的施工起重机械、整体提升脚手架、模板等自升式架设设施和安全设施等验收记录,并由安全监理人员签收备案。

(4)工程竣工后,监理单位应将有关安全生产的技术文件、验收记录、监理规划、监理实施细则、监理月报、监理会议纪要及相关书面通知等按规定立卷归档。

建设部建市[2006]248号文规定了开展安全监理工作总程序,即编制安全监理文件—审查施工安全技术文件—巡视或检查施工现场—发现安全隐患通知整改—向业主或行政主管部门报告—安全监理文件的立卷与归档。需要注意的是,监理机构在开展安全监理工作过程中,还应针对危险性较大的分部分项工程或重大危险源或不利施工环境因素设定具体的安全监理工作程序,以程序确保安全生产活动正常进行。

第五节　安全监理的控制途径

从事安全监理工作,需要树立“纯安全”与“大安全”的理念。所谓“纯安全”,即专职安全监理所能负责的那一部分工作;所谓“大安全”,它涵盖了监理机构的质量监理和安全监理两个方面,是整个监理机构的核心工作内容。不能认为安全监理工作就是专职安全监理人员的事情,与质量监理人员无关。

本节从影响安全的4个因素进行分析,对每个因素的重要性和监理机构的内部分工进行阐述。

一、控制人的不安全行为

人的不安全行为,主要是指承包商施工人员违章指挥和违章作业,是施工现场众多安全事故发生的主要原因。

监理机构的控制途径是:(1)在监理机构内部,明确这项工作由安全监理和其他现场监理共同实施控制,为此监理机构需要推行安全监理工作“横向到边”工作制度,现场监理人员均有责任制止违章行为;(2)安全监理对承包商安全管理人员和特殊工种作业人员查验上岗资质,确保从业人员的素质符合工程要求;(3)安全监理督促承包商做好作业人员尤其是协力队伍的安全教育和培训,安全教育和培训工作应贯穿于施工全过程。

监理机构通过控制人的不安全行为,可以起到减少和预防施工现场个体伤害事故的发生。

二、控制物的不安全状态

物的不安全状态,主要是指永久工程、临时工程、船舶机械设备、安全设施等的不安全状态。物的不安全状态,是施工现场发生群死群伤事故的主要原因。

1. 控制永久工程的不安全状态

永久工程的质量包括设计质量和施工质量。控制永久工程的不安全状态,对监理机构来讲,也即控制永久工程的施工质量。在监理机构内部,由质量监理人员实施控制。监理机构只要确保工程的施工质量符合设计文件和施工规范及验收标准要求,即能避免因永久工程施工质量不良而引发的质量安全事故,监理的职责就算完成。

2. 控制临时工程的不安全状态

临时工程包括施工现场临时用电、施工栈桥、施工码头、施工平台、承重支架、脚手架等。临时工程的质量包括设计质量和施工质量,对监理机构来讲,应控制临时工程的设计质量和施工质量。若临时工程的设计质量和施工质量不良,往往引发工程安全重大事故,应引起监理机构的高度重视。

监理机构控制的途径是:(1)在监理机构内部,明确这项工作由质量监理和安全监理人员共同进行控制,明确两者的分工和责任;(2)审查承包商编制的临时工程设计和施工方案(含安全专项施工方案),由质量和安全监理共同审查,质量监理审查临时工程的设计质量和施工方案,安全监理审查临时工程的安全技术措施,审查意见汇总后由总监签署;(3)监督承包商按批准的临时工程施工方案(含安全专项施工方案)进行施工,由质量和安全监理共同监督,质量监理监督临时工程的施工质量,安全监理监督临时工程施工过程中的安全;(4)督促承包商对已完工的临时工程进行验收,质量监理对临时工程的施工质量进行复核验收,安全监理对临时工程的安全设施进行复核验收,两者均合格后同意使用;(5)督促承包商对临时工程在使用过程中的质量和安全状况进行经常性的检查,质量监理对临时工程质量状况进行巡视,安全监理对临时工程的安全设施状况进行巡视,发现问题要及时通知承包商进行处理。

安全监理通过控制临时工程的不安全状态,可以减少和避免重大安全事故的发生。

3. 控制大型施工起重机械、施工船舶的不安全状态

大型施工起重机械、施工船舶包括塔吊、龙门吊、桥面吊机、汽车吊、履带吊、码头座吊、驳船船用吊机、交通船、施工船舶、材料船及辅助船舶等。这些大型施工起重机械、施工船舶的性能和安全状况不良,也容易引发安全事故,监理机构不可忽视这些设备的不安全状态。

监理机构控制的途径是:(1)在监理机构内部,应明确这项工作由安全监理实施控制;(2)这些设备在投入使用前,由安全监理实行准入验收,验收有两种方式:第一种方式,凡承包商现场拼装的施工起重机械,比如塔吊、龙门吊及桥面吊机等需请有资质的检测单位进行验收,并出具检测报告,该报告是安全监理同意使用的依据;第二种方式,凡承包商采购或租赁的施工起重机械或施工船舶,比如汽车吊、履带吊及各类施工船舶等只需备齐相关证书,报监理组查验,经同意后方可使用。经过安全监理准入的施工船舶,监理机构发给承包商专用标志旗悬挂于施工船舶上,作为验收合格标识;经

过准入的大型施工起重机械，在施工过程中悬挂验收合格标识牌；(3)这些设备在使用过程中的安全状态，由安全监理通过检查这些设备安全装置的可靠性进行控制；(4)进行大型起重吊装作业前和吊装作业过程中，实行吊装令制度，安全监理要对吊装令进行复核检查和在吊装作业过程中实施旁站监理。

安全监理通过控制大型设备的不安全状态，可以有效地减少因大型设备不良而引发的安全事故。

4. 控制安全设施的不安全状态

安全设施主要是指各类安全防护设施和物料、施工用电安全装置和设施、消防器材和设施、施工机械安全装置等。安全监理对这些安全设施的质量安全状况要实施控制。

监理机构控制的途径是：(1)在监理机构内部，明确安全设施由安全监理实施控制；(2)安全监理主要通过安全巡视或检查的方式发现问题，并要求承包商及时整改。

安全监理通过控制安全设施的不安全状态，可以减少安全事故的发生。

三、控制环境因素影响

1. 施工对环境的影响

施工对环境的影响，也即文明施工问题。随着人民生活水平的不断提高，文明施工越来越受到重视。安全监理还承担着文明施工监理工作。

监理机构控制的途径是：(1)在监理机构内部，明确此项工作由安全监理实施控制；(2)安全监理主要通过检查或巡视的方式，掌握施工现场文明施工和环境保护状况，及时向承包商提出整改要求；安全监理检查内容包括施工场地、材料堆放、现场住宿、现场防火、治安、施工现场标牌、保健急救及社区服务、废弃物处置等方面。

2. 不利环境因素对施工的影响

不利环境因素主要是指热带气旋、强冷空气、雷击、浓雾、海底管线等。跨海大桥施工海域自然环境不同于一般江河湖海，可能还有众多海底管线，如果不加以防范，容易发生群死群伤和财产损失等恶性事故，是监理工作的难点和重点。

监理机构控制的途径是：(1)在监理机构内部，明确此项工作由安全监理实施控制；(2)审查承包商编制的应急预案或安全防护措施；(3)当施工中遇到不利的环境时，安全监理要提醒承包商及时启动应急预案或采取安全防护措施;(4)督促承包商检查应急预案或安全防护措施实施后的效果,以便及时调整和完善应急预案或安全防护措施。

四、控制管理上的缺陷

承包商管理上的缺陷对安全生产影响很大。由于监理机构的工作并不能代替承包商,因此监理机构应督促承包商建立一套系统化、程序化并具有自我约束、自我完善机制的安全生产保证体系,这是控制和减少安全事故的根本途径。

监理机构控制的途径是:1)在监理机构内部,应明确承包商的安全保证体系由安全监理进行检查;2)安全监理从承包商进场开始直至工程结束,要自始至终关注承包商安全保证体系的运行,安全监理主要工作是:审查承包商安全组织机构与职责权限是否符合要求;审查承包商编制的安全生产保证计划是否符合要求;检查承包商的安全教育和培训情况;检查承包商的安全技术交底制度是否落实;检查承包商的安全检查活动是否正常;检查承包商安全生产措施费的使用情况等。当发现承包商安全生产保证体系运行不良,安全监理应及时要求承包商整改。

实践证明,只有承包商的安全保证体系有效运转并贯穿施工全过程,才能预防和减少安全事故的发生。

第六节　东海大桥补充的安全管理工作和制度

由于东海大桥工程是国内第一座动工兴建的真正意义上的跨海大桥,在东海大桥施工过程中,可资借鉴的施工安全管理经验不多。监理机构和业主除了按照预先设置的安全管理制度开展工作外,根据工程实施中遇到的实际情况,又及时提出和补充了安全管理工作和制度,对全桥安全管理和防止群死群伤重大安全事故的发生起到很关键的作用,这些安全管理工作和制度表现在以下方面。

1. 施工临时房屋的安全管理

承包商的房屋搭建应考虑热带气旋袭击,位于山体脚下的房屋还要注意山体可能发生滑坡。

2. 防雷安全管理

东海大桥由于海域宽阔,施工平台、栈桥、施工生产和生活区、油库、变电房等部位可能发生雷击,承包商在这些部位安装了防雷设施。

3. 防热带气旋及强冷空气袭击安全管理

东海大桥施工高峰期共有施工船舶305艘,如此众多的施工船舶,安全管理难度很大。东海大桥针对热带气旋和强冷空气制订了专门的安全管理制度,提出和落实了东海大桥施工船舶专用避风锚地,实行了台风快报制度,并设计了台风快报表式,"十防九空也要防"成为东海大桥参建单位防热带气旋袭击的基本准则。

4. 桥梁已完构筑物(含临时结构物)防船舶撞击安全管理

针对东海大桥工程在施工过程中,桥梁已完构筑物(含临时结构物)被船舶撞击事件的发生,及时制订了船舶撞击已完构筑物后的事故报告程序及质量安全处理程序。

5. 船舶离退场报告制度

针对2003年3月6日,参与××港区施工的一艘打桩船,在完成施工任务后,锚泊在工程附近海域,因风浪导致船体进水而沉没,造成多人伤亡。针对××港区发生的这一安全事故,及时提出了东海大桥的施工船舶全部实行离退场报告制度,并设计了报告表式。

6. 交通船舶的安全管理

东海大桥工程在施工前期,交通船安全管理主要存在两个问题,一是有大量的渔船当作交通船使用,二是超载。跨海大桥工程施工需要大量的交通船,而周边地区交通船数量显然不能满足跨海大桥施工的需要,业主与海事部门针对这一实际情况提出:承包商以渔船作交通船的,均应向海事部门申请临时载客证书和限制载客人数并严格控制超载。

7. 安全事故报告程序管理

东海大桥工程专门设计了事故报告流程,规范了事故报告书。

8. 开展安全专项施工方案和安全监理细则的编制

在东海大桥施工过程中,国家颁布了《建设工程安全生产管理条例》,东海大桥对安全专项施工方案编制范围、内容及报审程序进行了调整,全面实行安全监理细则编制和向承包商进行交底的制度。

9. 桥面施工安全管理

东海大桥在桥面施工时,针对桥面施工标段多,施工车辆多,桥面洞口多,桥面施工车辆安全管理问题突出,在施工过程中,及时采取了四项安全管理措施:一是明确各承包商在桥面行车安全管理方面的责任;二是对桥面洞口和湿接缝盖板搭设提出要求;三是设置桥面及洞口的安全标识标牌;四是业主专门请保安公司在桥头设置岗亭,禁止无关车辆和人员上桥。

第七节　值得注意的几个问题

1. 监理规范问题

建议国家有关部门在修订监理规范时明确安全监理工作内容和安全监理程序。现行《建设工程监理规范》(GB 50319—2000)尚无明确的安全监理工作内容和安全监理工作程序,由于《建设工程安全生产管理条例》中规定了监理单位的安全责任,建议在修订该监理规范时予以研究。

2. 安全监理工作的重点

安全监理要始终关注承包商的安全生产保证体系,并作为安全监理工作的重点,此项工作从承包商进场就要抓起,直至贯穿施工全过程,这是安全监理最根本的控制途径。

预防群死群伤事故的主要途径是控制施工方案、安全专项施工方案、应急预案和大型施工设备的安全准入,预防个体伤害事故的主要途径是控制违章指挥和违章作业。

安全监理工作范围广,工作量大,监理机构在开展安全监理工作时,应根据不同程度的安全风险,抓住重大危险源和不利环境因素实施控制。

3. 关于安全监理工作内容

不同的工程项目,安全监理的工作内容应有所不同。国内各地方及业主对安全监理的要求不尽一致,工程所处的环境也不一样,安全监理的工作内容也应有所区别。

设定安全监理工作内容时应有依据。东海大桥安全监理在工作过程中,形成了一套适合本工程的安全监理工作内容,这些工作内容是依据国家法律法规和地方规定与本工程实际情况相结合而形成。

安全监理应及时并严格地执行国家法律法规和地方规定。由于安全监理是一项政策性很强的工作,国家和地方政府还将会出台或完善相应的法律法规和行政规定,安全监理工作内容和要求具有动态性,安全监理应及时执行和遵守国家的法律法规和地方规定。东海大桥的安全监理在开展工作过程中,及时按照新颁布的国家法律法规和地方规定改进工作。比如,2004年2月1日,《建设工程安全生产管理条例》施行,东海大桥原要求编制报审的安全专项施工方案范围过窄,已不符合条例的精神,安全监理及时明确了承包商应编制的安全专项施工方案范围。

从安全控制的途径来看,质量和安全监理工作的接口至关重要,监理机构内部应以文件的形式明确两者的工作分工和职责。

4. 安全管理应警钟长鸣

从事安全管理工作,必须警钟长鸣,以下一篇文章摘自2005年2月份的《报刊文摘》:

有一种安全是虚假的

二战结束后,英国皇家空军统计在战争中失事的战斗机和牺牲的飞行员以及飞机失事的原因和地点。其结果令人震惊,夺走生命最多的不是敌人猛烈的炮火,也不是大自然的狂风暴雨,而是飞行员的操作失误。

更令人们不解的是事故发生最频繁的时段,不是在激烈的交火中,也不是在紧急撤退时,而是在战斗机完成任务,凯旋归来,即将着陆的几分钟里。

但是心理学家对这个结果丝毫不惊讶,他们说这是典型的心理现象。在高度紧张过后,一旦外界刺激消失,人类心理会产生"几乎不可抑制的放松倾向"。飞行员在敌人的枪林弹雨里精神高度集中,虽然外界环境恶劣,但由于大脑正处于极度兴奋中,反而不容易出纰漏。

在返航途中飞行员精神越来越放松,当他终于看到熟悉的基地,自己的飞机离跑道越来越近时,他顿时有了安全感。然而恰恰是这一瞬间的放松,酿成大祸。因此人们管这种状态叫"虚假安全"。

在人生的路上,也有很多"虚假安全"。当成功近在咫尺的时候,千万别放松警惕。

记住,没有取得的成功,不是你的成功。

东海大桥于2005年5月25日主体结构合龙,2005年5月26日及28日各发生1起伤亡事故。这在东海大桥工程施工高峰期和施工最危险时期也未曾有过,有人认为是由于全桥主体结构完成,人的思想上出现麻痹而放松警惕,酿成事故,因此安全管理必须警钟长鸣!

5. 关于安全监理是否进行旁站的问题

关于对危险性较大的分项分部工程施工作业,是否进行旁站安全监理的问题,在国家颁布的《建设工程安全生产管理条例》、建设部发布的有关文件、交通部颁布的《公路水运工程安全生产监督管理办法》(交通部令2007年第1号)以及《公路工程施工监理规范》等均没有提出明确要求。因此,监理机构不需要开展安全方面的旁站监理工作,但应加强巡视。

值得注意的是,监理机构在开展安全监理工作时,还应当按照当地政府部门的有关规定和按照施工监理合同组成文件的要求,决定是否实施旁站监理。比如,上海市建设和管理委员会有明确要求,对危险性较大的分项分部工程施工作业，安全监理应当旁站。

6. 关于安全监理工作如何才算做到位的问题

自从2004年2月1日起施行的《建设工程安全生产管理条例》明确规定了监理单位的安全责任后，在工程监理行业引起了不小的震动，其中之一是安全监理工作如何才算做到位的问题。编者认为，国家建设部新闻发言人答记者问的一篇报道，可以供安全监理人员参考：

建设部新闻发言人就《关于落实建设工程安全生产监理责任的若干意见》有关问题答记者问

(2006-11-24)

近日，建设部印发了《关于落实建设工程安全生产监理责任的若干意见》(建市[2006]248号，以下简称《若干意见》)。为帮助公众更好地理解《若干意见》的内容和精神，建设部新闻发言人接受了记者的采访。

记者：为什么要制定《若干意见》？

新闻发言人：建设工程安全生产关系到人民群众生命和财产安全，是人民群众的根本利益所在，直接关系到社会稳定大局。造成建设工程安全事故的原因是多方面的，建设单位、施工单位、设计单位和监理单位等都是工程建设的责任主体，但对于监理单位要不要对安全生产承担责任，在什么样的情况下承担责任，一直存在着争议。《建设工程安全生产管理条例》(以下简称《条例》)已经把安全纳入了监理的范围，将工程监理单位在建设工程安全生产活动中所要承担的安全责任法制化，那么监理单位就必须贯彻执行，切实履行《条例》规定的职责。由于《条例》只是对监理企业在安全生产中的职责和法律责任作了原则上的规定，《条例》实施后，一方面，工程监理单位和监理人员感到缺少可操作性的具体规定；另一方面，政府有关部门在处理安全生产事故时，对《条例》理解和掌握的尺度不尽相同，致使有的一些地方把监理单位和人员的安全责任无限扩大，所有的安全生产事故，主管部门都要处罚监理单位和监理人员。为此，建设部组织制定了《若干意见》。

记者：制定《若干意见》的总体思路是什么？

新闻发言人：制定《若干意见》的总体思路主要把握了以下三点：一是以《条例》为依据，将安全监理的工作内容具体化，明确相应的工作程序；二是要将监理单位和监理人员承担的安全生产监理责任界定清楚；三是指导监理单位建立相应的管理制度，落实好安全生产监理责任。

记者：监理单位应该如何实施建设工程安全监理工作？

新闻发言人：工程监理单位实施建设工程安全监理工作概括为四个方面：

一是要制定监理规划和实施细则，二是审查全面，三是检查督促到位，四是正确行使停工指令，并及时报告。

《若干意见》要求监理单位，要按照有关要求，编制包括安全监理内容的项目监理规划，明确安全监理的范围、内容、工作程序和制度措施，以及人员配备计划和职责等；对危险性较大的分部分项工程，监理单位还应当编制监理实施细则。

《若干意见》要求监理单位在施工准备阶段主要做好五个方面的审查、审核工作。一是审查施工单位编制的施工组织设计中的安全技术措施和危险性较大的分部分项工程安全专项施工方案是否符合工程建设强制性标准要求；二是审查施工单位资质和安全生产许可证是否合法有效；三是审查施工单位项目经理和专职安全生产管理人员是否具备合法资格，是否与投标文件相一致；四是审核施工单位的特种作业人员的特种作业操作资格证书是否合法有效；五是审核施工单位应急救援预案和安全防护措施费用使用计划。

《若干意见》要求监理单位在施工准备阶段和施工阶段，主要做好六个方面的检查督促工作。一是要检查施工单位在工程项目上的安全生产规章制度和安全监管机构的建立、健全及专职安全生产管理人员配备情况，督促施工单位检查各分包单位的安全生产规章制度的建立情况；二是定期巡视检查施工过程中的危险性较大工程的作业情况；三是核查施工现场施工起重机械、整体提升脚手架、模板等自升式架设设施和安全设施的验收手续；四是检查施工现场各种安全标志和安全防护措施是否符合强制性标准要求，并检查安全生产费用的使用情况；五是监督施工单位按照施工组织设计中的安全技术措施和专项施工方案组织施工，及时制止违规施工作业；六是督促施工单位进行安全自查工作，并对施工单位自查情况进行抽查。

《若干意见》要求监理单位应对施工现场安全生产情况进行巡视检查，发现存在安全事故隐患，应书面通知施工单位，并督促其立即整改；情况严重的，监理单位应及时下达工程暂停令，要求施工单位停工整改，并同时报告建设单位。施工单位拒不整改或不停工整改的，监理单位应当及时向工程所在地建设主管部门或工程项目的行业主管部门报告。

记者：如何界定监理单位的安全生产监理责任？

新闻发言人：《条例》第五十七条对监理单位在安全生产中的违法行为

的法律责任做了相应的规定。《若干意见》严格依据《条例》的规定，对安全生产监理责任做了详细阐释。为指导监理单位履行好规定的职责，《若干意见》要求监理单位该审查的一定要审查，该检查的一定要检查，该停工的一定要停工，该报告的一定要报告。《若干意见》也明确，监理单位履行了规定的职责，施工单位未执行监理指令继续施工或发生安全事故的，应依法追究监理单位以外的其他相关单位和人员的法律责任。也就是说，监理单位履行了《条例》规定的职责，若再发生安全生产事故，要依法追究其他单位的责任，而不再追究监理企业的法律责任。这样，政府主管部门在处理建设工程安全生产事故时，对监理单位，主要是看其是否履行了《条例》规定的职责。

记者：施工单位拒绝按照监理单位的要求进行整改或者停止施工的，监理单位应向哪个部门报告，报告的形式有哪些？

新闻发言人：当施工单位拒绝按照监理单位的要求进行整改或者停止施工的，监理单位应及时将情况向当地建设主管部门或工程项目的行业主管部门报告。报告有信函、传真和电话等形式，其中以电话形式报告的，应当有通话记录，并及时补充书面报告。

记者：落实安全生产监理责任主要采取了哪些措施？

新闻发言人：为落实好安全生产监理责任，《若干意见》要求监理单位一要健全监理单位安全监理责任制，二要完善监理单位安全生产管理制度，三要建立监理人员安全生产教育培训制度。通过落实责任制，建立完善制度，促使监理单位做好安全监理工作。

7. 关于环境保护、文明施工监理与安全监理的关系

我国在建设项目环境保护管理工作中，相对比较重视工程前期的环境影响评价工作和工程的竣工环境保护验收工作，而对工程施工期所带来的生态环境、水土流失、景观影响及环境污染等问题，管理上相对薄弱。为了有效地控制工程施工阶段的生态环境影响和环境污染，从20世纪90年代，我国相继在一些国家重点工程开展了施工期工程环境监理试点，如2002年动工的上海国际航运中心洋山深水港一期工程以及东海大桥工程曾专门委托社会企业开展专门的环境监理工作。

文明施工是相对于野蛮施工、混乱施工而言。文明施工特征是按照设计要求及施工技术规范，严密组织施工，并做到施工现场场地清洁，井然有序，没有随地乱扔的废旧材料及工具；工人的调度安排随工程需要而定，没有因窝工而到处闲逛或聚坐长时间闲谈的情况；施工中的废水废渣不随处

乱排乱放。

文明施工监理工作属于安全监理工作的一部分,而环境监理工作具有较强的专业性,非一般工程监理单位可以胜任,业主应专门委托专业单位进行监理。二者也存在着联系,当业主在委托环境监理时应注意分清环境监理与工程监理两者的工作内容,使之不发生重叠。

监理机构在履行安全监理工作过程中,可能会碰到业主或政府安监部门认为专业性强的环境监理工作是安全监理工作的一部分,编者认为,要开展真正的环境监理工作,需要专门的人才和仪器设备,目前国内工程监理单位难以胜任,显然,这属于超出监理机构工作范围。

8. 关于罚款制度的问题

随着国民经济水平的提高,国家更关注安全生产,我国大型公共建筑工程的业主也更加重视施工安全。在国内出现了业主制订安全生产奖罚条款的现象,这种现象还比较普遍,有的业主将安全生产奖罚条款写入施工合同,有的业主在工程招投标完成后,单方面制订对承包商的安全奖罚规定,当发生安全险情或安全事故,业主则按照制订的罚款条件对承包商进行处罚。编者认为,业主这种管理安全的心情是可以理解的,但方式是不妥当的。

监理机构不应当参与罚款活动。实际上,监理机构对施工现场出现的安全隐患或安全事故,不是缺少手段,而往往是未充分或未及时利用监理的手段,比如对出现重大安全隐患或安全事故的处理,该下达监理工程师通知的,未下达监理工程师通知,该下达停工令的,未下达停工令,或未向业主或建设行政主管部门报告等。

东海大桥工程以及建设中的上海长江大桥工程没有制订安全罚款制度,施工安全管理依然受控,因此,编者不主张监理机构执行业主制订的罚款活动,也不主张工程项目业主制订有关安全管理的罚款制度。

9. 安全监理工作任重而道远

国家应逐步提升和创造开展安全管理工作环境。在逐步提高全社会的经济水平基础上,首先是进行安全文化建设,逐步提高人们的安全意识和观念;其次是进行安全行为文化建设,通过走安全技术培训的路子,逐步提高人们的安全技术素质;再次是进行安全制度建设,制订和完善安全法律法规和从严执法;最后是进行物态文化建设,搞安全生产离不开资金投入,安全生产费用要确保。有理由相信,随着国民经济水平的提高,国家不断重视安全生产以及逐步形成开展安全管理的良好环境,必将逐步地减小安全伤亡事故的发生率，直至实现单项工程安全生产“零事故”目标。

安全管理是一门综合性学科，涵盖的专业知识面很广。从事跨海大桥工程安全监理，涉及的知识面很多，不仅要对特殊工种如起重工、架子工、电工、电焊工、潜水工、锅炉工等有关知识有所了解，还要对大型施工设备如各类施工船舶、大型施工机械、安全设施与物料、不利施工环境因素以及桥梁施工方法等有所熟悉，因此，做好安全监理工作也不容易。

从事安全监理在当前还面临一些困难。一是人力资源尚不适于开展安全监理工作需要，由于安全监理制度才刚刚起步，各监理单位需要配备适量的高素质安全监理人才，这有一段较长的路要走，目前人力资源不足；二是安全监理工作范围太宽，监理机构在安全监理人数配置上也面临困难，比如按照监理机构总人数的10%配置安全监理人员，一个总人数10名的监理机构，仅有1名安全监理，从安全监理工作角度来看，既要懂监理业务知识，还要懂法律法规、各种技术规范中的强制性标准、机械、船舶、用电、安全管理、文明施工、环境保护等专业知识，甚至还要旁站，这实际上是勉为其难，而配置多名安全监理势必将增加监理成本，也即增加业主的费用；三是承包商专职安全管理人员的素质、地位以及待遇也有待提高，施工安全管理主要依靠他们进行，安全监理并不能代替承包商的安全管理工作；四是安全监理责任大，工作压力大，难以吸引优秀的专门人才从事安全监理工作。因此，安全监理工作任重而道远！

第八节　监理机构自身安全管理

此处以东海大桥为例，说明从事跨海大桥施工监理自身存在的安全风险和生活及工作中的艰辛，供将来参加跨海大桥施工监理人员借鉴。

(1)有两名监理人员在跨船时大拇指韧带拉伤，几个月才好；(2)II标一监理员在从“大力号”浮吊跨到栈桥时，脚跟先着地，导致脚关节粉碎性骨折，被送回家中休养；(3)III标监理人员，由于淡水供应紧缺，淡水储存于铁箱中，煮出的米饭呈褐色，洗澡也很困难；II、III标部分监理人员常年住在已架设的箱梁肚子里，经受了湿度和海风两大威胁；(4)IV标监理人员，因为副通航孔施工平台面积较小，监理人员在平台上和民工同住于一个集装箱；(5)V标部分监理人员常年住在平台上，平台嘈杂，活动空间小，监理人员休息和饮食条件很差，部分监理人员表现为身体不适，出现上火和便血；V标一监理员在跨船时，腿部被船挤伤，一条腿险些被船撞扁；(6)VI标测量监理人员，一是要在桩基的临时夹桩杆件上开展测量工作，有坠落大海的风险，二是要带着沉重的 GPS 仪器攀爬海上测量平台，三是要常年驻打桩船及多功能驳；(7) VII 标一监理员从岸上跨船时，掉入海中，被救起；(8) VIII 标一监理突发脑梗被送上海某医院，对岛上监理人员的身体素质和年龄提出更高要求，也给驻岛监理人员产生一定的心理压力，此人愈后被送回家。

总之，我们的体会是，宽阔海域对监理人员心理威胁很大，上下船过程对监理人员生命威胁较大，而驻荒岛、驻船、驻平台等对每个监理人员思想提出严峻考验。

加强监理机构自身安全管理的主要措施如下。

(1)组织措施

在监理机构内部建立自身安全管理网络，经常性地开展监理机构内部安全教育与培训工作，提高监理人员自身安全意识；做好监理机构的后勤保障工作。

(2)技术措施

针对施工现场或不利环境因素，列出对监理人员自身安全威胁较大的危险源，并告知全体监理人员；教育进入施工现场的监理人员必须正确穿戴安全防护用品；在危险性较大的施工现场夜间值班监理人员至少应有 2 人，以便相互照应。

(3)制度措施

在监理机构内部，制订安全管理制度，对违反安全管理规定的监理人员进行教育。

第六章　工程监理的收尾工作

按照交通部《公路工程竣(交)工验收办法》(交通部2004年第3号令)规定,公路工程分为交工验收和竣工验收两个阶段。对于规模较小、等级较低的小型项目,交工验收和竣工验收可合并进行。

有关公路工程竣(交)工验收的监理工作,应按照交通部《公路工程竣(交)工验收办法》(交通部2004年第3号令)以及交公路发[2004]446号《关于贯彻执行公路工程竣交工验收办法有关事宜的通知》以及业主和当地档案馆的有关要求进行。

第一节　交工验收阶段

交工验收是检查施工合同的执行情况,评价工程质量是否符合技术标准及设计要求,是否可以移交下一阶段施工或是否满足通车要求,对各参建单位工作进行初步评价。

交工验收由项目法人负责。项目法人负责组织公路工程各合同段的设计、监理、施工等单位参加交工验收。拟交付使用的工程,应邀请运营、养护管理单位参加。交工验收提出的工程质量缺陷等遗留问题,由施工单位限期完成。

公路跨海大桥工程交工验收一般分两个层次进行,先完成合同段工程交工验收,再进行整个项目工程交工验收。

按照交通部的规定,监理工程师在交工验收时应提交监理独立抽检资料、质量评定报告以及监理工作总结。在工程交工验收阶段,总监理工程师应组织监理人员开展如下工作:

一、编制监理文件

1. 工程质量评价报告

在监理工作中,监理工程师应及时开展已完工程的质量评定工作,按照事先划分的分项、分部及单位工程进行评定。在施工合同段交工验收前,由驻地监理工程师组织编制施工合同段工程质量评价报告。在项目工程交工验收前，由总监理工程师组织编制项目工程质量评价报告。

目前，有关工程质量评价报告的编制内容未具体规定，一般按如下内容编制。

(1)工程及施工概况；

(2)工程质量目标及质量评定依据；

(3)工程质量监理的主要内容、程序及方法；

(4)工程质量控制情况；

(5)工程质量评价；

(6)结论。

工程质量评价报告实例见附录四所示，供读者参考。

2. 监理工作总结

在施工合同段交工验收前，由驻地监理工程师组织编制施工合同段监理工作总结。在项目交工验收前，由总监理工程师组织编制项目工程监理工作总结。

监理工作总结应按照《公路工程施工监理规范》的要求进行编制，一般包括如下内容。

(1)工程概况；

(2)监理组织机构及工作起、止时间；

(3)关于工程质量工程进度工程费用监理及合同管理的执行情况；

(4)分项分部单位工程质量评估；

(5)工程费用分析；

(6)对工程建设中存在问题的处理意见和建议；

(7)照片或录像。

二、整理监理竣工资料

监理竣工文件共编制两个版本：第一个版本是当地档案馆所需归档的监理文件，此版本文件应按当地档案馆的要求进行整理。第二个版本是建设单位、接管单位所需归档的监理文件，此版本文件应按业主的要求进行整理；一般来讲，档案馆所要求归档的监理竣工文件只是监理竣工文件的一部分，归档的监理文件要求为原件，而移交业主的监理竣工文件比移交档案馆的竣工监理文件要多，文件可以为复印件。

驻地监理组应按两个版本先各整理出一套文件，经业主、档案馆等单位验收合格后，再复制和装订成所需要的文件套数。

工程交工验收合格后将这两个版本监理竣工文件按照要求的文件套数分别向业主和档案馆移交，并办理书面移交手续。

东海大桥工程监理竣工文件共 3 套，其中移交档案馆的监理竣工文件 1 套共 31 盒，移交业主的监理竣工文件 2 套(即业主和接管单位各 1 套)，每套 76 盒。

东海大桥工程监理竣工文件编制办法见附录五所示，供读者参考。

三、检查承包商的施工竣工资料

驻地监理工程师应组织监理人员对承包商的施工竣工资料整理情况进行检查，提出书面整改意见，并检查承包商对整改意见落实情况。

四、做好剩余工程的监理工作

在进行交工验收前，承包商未能完成的剩余工程可能有：不影响通车试运营的工程项目以及工程缺陷的修补工作等。

驻地监理工程师和总监理工程师应安排好对这些剩余工程的监理工作。

五、参加交工验收

驻地监理工程师应组织监理人员参加合同段工程交工验收，由驻地监理工程师向交工验收小组汇报合同段工程监理工作总结。

总监理工程师应组织驻地监理工程师参加项目工程交工验收，由总监理工程师向交工验收小组汇报项目监理工作总结。

第二节　竣工验收阶段

竣工验收一般在通车试运营两年后进行。竣工验收是综合评价工程建设成果，对工程质量、参建单位和建设项目进行综合评价。

竣工验收由交通主管部门按项目管理权限负责。交通部负责国家、部重点公路工程项目中 100km 以上的高速公路、独立特大型桥梁和特长隧道工程的竣工验收工作；其他公路工程建设项目，由省级人民政府交通主管部门确定的相应交通主管部门负责竣工验收工作。

竣工验收委员会由交通主管部门、公路管理机构、质量监督机构、造价管理机构等单位代表组成。大中型项目及技术复杂工程，应邀请有关专家参加。项目法人、设计单位、监理单位、施工单位、接管养护等单位参加竣工验收工作。

在工程竣工验收前，总监理工程师应及时组织监理人员开展如下工作。

一、剩余工程的检查验收

总监理工程师应及时组织监理人员对交工验收遗留工作进行检查，必要时对承包商的遗留工程竣工资料进行检查，向业主提交遗留工程质量评价报告和监理工作总结，参加遗留工程交工验收。

二、编制监理工作报告

总监理工程师应组织编写监理工作报告，监理工作报告格式应按照交公路发[2004]446号《关于贯彻执行公路工程竣交工验收办法有关事宜的通知》进行编制，编制内容如下：

(1)监理工作概况：合同段监理组织形式、管理结构、人员投入情况；

(2)工程质量管理：质量管理措施，施工过程中质量检查情况汇总，质量问题和事故处理情况总结，工程质量评定情况；

(3)计量支付、工程进度和合同管理情况；

(4)设计变更情况；

(5)交工验收中存在问题及处理情况；

(6)对设计单位、施工单位和建设单位评价；

(7)监理工作体会。

三、参加项目竣工验收

总监理工程师应组织有关人员参加项目竣工验收会议，向竣工验收委员会汇报监理工作报告。

附录一　上海长江大桥工程监理交底文件

一、监理组织机构

(1)监理联合体

本桥监理单位为中铁武汉大桥工程咨询监理有限公司、上海市市政工程咨询管理有限公司、上海隧道工程质量检测有限公司组成的联合体，中铁武汉大桥工程咨询监理有限公司为监理的主办单位。

中铁武汉大桥工程咨询监理有限公司负责总监办总部及 B2、B3、B4、B5、B6 标段监理工作，上海市市政工程咨询管理有限公司负责 B0、B1、B7、B8 标段监理工作，上海隧道工程质量检测有限公司负责全桥监理的试验工作。

(2)总监办

总监办是监理联合体的派出机构，代表监理联合体负责监理合同的履行。总监办按两级机构设置，即总监办总部和驻地监理组、监理试验室，实行总监办领导下的驻地监理组、试验室负责制。

总监办总部设工程技术部、安全环保部、合同信息部、综合管理部 4 个部门，主要负责相应职能工作的规划，对各驻地监理组、监理试验室的工作进行指导、检查和监督。

(3)监理组、监理试验室

监理组和监理试验室负责相应工作范围内的现场监理工作，主要职责是按照国家法律法规和地方规定、各种技术规范、监理规范、总监办编制的监理规划、监理交底文件及总监办批准的监理实施细则开展工作，并及时、准确、全面地向总监办反映工程实施过程中的各种信息。

全桥设 6 个监理组和 1 个监理试验室。第 I 标监理组负责 B0、B1 标段施工监理，第 II 标监理组负责 B2 标段及钢管桩制造监理，第 III、IV 标监理组负责 B3、B4 标段的施工监理，第 V 标监理组负责 B5 标段的施工监理，第 VI 标监理组负责 B6 标段施工监理，第 VII 标监理组负责 B7、B8 标段施工监理。监理试验室设在崇明岛，另在长兴岛、沈家湾岛设监理收样室各

1 个。

钢结构监理试验检测委托中国船舶工业无损检测中心进行，负责全桥钢管桩、100m 钢叠合梁及主通航孔钢箱梁制造的监理试验检测工作。

二、一般规定

(1)全桥各施工标段应按照统一的单位工程、分部工程和分项工程划分进行施工管理和质量评定，全桥单位工程、分部工程和分项工程划分另见文件。

(2)全桥各施工标段应按照统一的竣工资料表式进行填报，竣工资料表式另见文件。

(3)全桥设计文件(包括图纸、设计说明、设计变更)由总监办统一发放，请认准图纸上有三个图章(即设计出图章、设计审图章和总监办发图章)者为有效图纸，避免用错。

(4)全桥各施工标段报送的文件份数(不同的文件，份数不同)见竣工资料表式汇编。

三、开工报告

承包商进场后，应尽快向监理组递交开工报告，在递交开工报告前，应完成一系列准备工作，这些准备工作主要在以下方面：

(1)建立项目管理体系、质量保证体系和安全生产保证体系

①组建为实施本工程的项目管理体系、质量保证体系和安全生产保证体系，体系结构应健全和完整；

②在总体施工组织设计中应准确反映体系的建设和管理；

③安全生产保证体系应符合《施工现场安全生产保证体系》(DGJ 08—903—2003)规定和要求；

④承包商进场的主要质量和安全生产管理人员应与投标文件基本一致，并符合本工程项目的实际需要；

⑤安全生产管理机构的设置和专职安全生产管理人员的配备还应符合建设部建质〔2004〕213 号文的要求。

(2)编制总体施工组织设计

①总体施工组织设计的组成内容应符合《公路桥涵施工技术规范》(JTJ 041—2000)的规定；

②总体施工组织设计应尽快组织编制，经承包商企业技术负责人审查

后报送监理组（本桥需经承包商企业技术负责人审查的文件有三种，即总体施工组织设计、安全生产保证计划和安全专项施工方案）；

③总体施工组织设计中的总进度计划应同时采用网络图和横道图两种方式表示；

④总体施工组织设计中的质量、安全内容应符合现行的法律法规、技术标准和规范的要求。

(3)编制施工现场安全生产保证计划

①施工现场安全生产保证计划应按照《施工现场安全生产保证体系》(DGJ 08—903—2003)的规定和要求进行编制；

②施工现场安全生产保证计划应与总体施工组织设计同步策划，经承包商企业技术负责人审查后报送监理组；

③施工现场安全生产保证计划应单独编制报审。

(4)办理“五项”施工手续

承包商应办理的有关手续主要有：向上海市公路工程安全监督站办理安全报监手续；向上海市当地安全生产监督局（区县）办理开工备案手续；向上海海事局申办《水上水下施工作业许可证》；向上海市公路工程质量安全监督站申报安全质量标准化达标工地手续；向管线单位办理管线保护监护手续。

由于各标段施工情况不尽一致，承包商应结合自身标段的特点，办理施工所需的手续，同时应向监理组备案。“五项”手续最迟应在相应工程（含临时设施）施工前办妥。

(5)编制报送应急预案

承包商编制报送的应急预案有：管线保护应急预案、防台防汛应急预案、防冬雾及强冷空气袭击应急预案、防人员落水应急预案和防溢油应急预案。

由于各标段施工情况不尽一致，承包商应结合自身标段的特点，编制施工所需的应急预案，并向监理组报审。应急预案最迟应在相应的工程部位（含临时设施）施工前或季节来临前完成编制报审工作。

(6)申报“三类”安全准入

全桥实行三类安全准入，即施工船舶、大型起重机械及特殊工种作业人员的准入。

施工船舶包括交通船、施工船舶、材料船及辅助船舶四类，承包商将这些船舶的证书和船员证书报监理组查验，经同意后方可投入使用。

大型起重机械包括塔吊、桥面吊机、施工电梯、龙门吊、汽车吊、履带吊、码头吊、驳船船用吊机等,凡承包商经现场拼装的施工起重机械,应请有资质的安装单位进行安装,并请有资质的检测单位进行检测,检测合格后,向监理组报送检测合格证书,方可投入使用;凡承包商采购或租赁的施工起重机械,应备齐相关证书,报监理组查验,经同意后,方可投入使用。

特殊工种作业人员主要包括起重工、电工、电焊工、吊车司机、起重指挥、水下电焊工、潜水员、司炉工及电梯操作工等,承包商应在相应工程施工前,将特殊工种作业人员岗位证书报监理组查验,经同意后方可上岗作业(安全专职管理人员的证书,由承包商进场时连同项目部主要管理人员证书向监理机构申报,不在此列)。

安全准入的申报,最迟应在相应工程施工前报送监理组。

(7)分包申请

承包商若将合同内部分工程分包给另一家施工企业时,应提前办理分包申请,以便得到监理和业主的批准,承包商向监理组提交如下资料:

①分包商企业的营业执照、企业资质等级、安全生产许可证、企业业绩,在证书的复印件上应加盖分包商的企业公章;

②拟分包施工的工程范围和具体内容;

③分包商的现场组织机构、分包商的主要管理人员、特殊工种作业人员的资格证、上岗证。

分包申请经批准后,方能实施分包,并将分包协议报监理组备案。

(8)施工测量

①编制施工测量方案;

②提交施工测量组织网络、人员配置及资质证书、仪器配置及校验证书;

③提交本标段使用的控制网点及复核成果报审;

④提交临时控制点测设申请;

⑤提交控制网点的保护措施。

(9)材料与试验

①承包商用于永久工程的材料、构配件、设备等应向监理组申报,监理采取的方式有:审核质量保证资料,见证取样或平行抽样试验,或驻厂监理等;

② 承包商的现场试验室应取得临时资质,试验人员应持证上岗;

③ 超过试验室许可范围的试验项目,承包商应委外试验,承包商应审

查委外试验的试验资质等级、计量认证书及试验许可范围等，提前向监理组提交分包申请。

当承包商的总体施工组织设计已经批准，上述事项基本符合要求或基本落实，承包商递交开工报告，监理和业主将批准标段开工报告。

四、分部工程开工报告

在标段开工报告批准后，承包商应向监理组递交分部工程开工报告，以便申请进行标段某个分部工程的施工，分部工程开工报告要求每个分部工程开工前填报一次。

分部工程开工前，承包商应向监理组提交下列资料，经监理组审核同意后，签署分部工程开工报告，承包商方能开始永久性工程的施工。

1）编制施工方案或安全专项施工方案

本桥的施工技术文件分两个层次进行编制，第一个层次为总体施工组织设计，第二个层次为施工方案和安全专项施工方案（对危险性较大的分部分项工程，应单独编制安全专项施工方案）。

（1）施工方案的编制内容应符合《公路桥涵施工技术规范》（JTJ 041—2000）的规定，并应附计算结果、图纸。经批准的施工方案，承包商视实际情况可以变更，但实施变更前，应向监理组办理变更手续。

（2）安全专项施工方案应按照《建设工程安全生产管理条例》及建设部建质〔2004〕213 号文的规定和要求，并结合本工程实际情况进行编制，编制要求如下：

①安全专项施工方案编制范围：施工现场临时用电、基坑支护与降水工程、土方开挖工程、模板工程、大型起重吊装工程、拆除工程、爆破工程等；

②安全专项施工方案编制内容至少包括：专项工程概括、结构设计（附计算结果及详细图纸）、施工或安装及拆除方法、施工过程中的安全技术措施、使用前的验收、使用过程中维护检查制度；

③符合条例规定须组织专家论证的安全专项施工方案，在本项目由业主统一组织专家论证；

④安全专项施工方案应由承包商企业技术负责人审查后再报送监理组；

⑤在报审表内应写明“×××安全专项施工方案”，与施工方案以示区别，便于施工技术文件的管理和保存。

2）编制报送应急预案

同3.(4)条,承包商和监理组在此阶段进行检查确认,涉及该分部工程施工的应急预案是否已经编制和批准。

3)申报安全准入

同3.(5)条,承包商和监理组在此阶段进行检查确认,涉及该分部工程施工的安全准入是否已经申报和批准。

4)编制施工放样(验收)测量方案

承包商应在施工方案中编制分部工程施工放样(验收)测量方案,连同测量人员资质证书、仪器校验证书报审。

5)标准试验

承包商的标准试验(如混凝土配合比等)应提前进行,并通知试验监理人员进行监理和开展平行试验。

施工方案或安全专项施工方案已经批准,其他事项基本符合要求后,承包商递交分部工程开工报告,监理组批准分部工程开工报告。

施工临时设施的施工,不需递交分部工程开工报告,在施工方案或安全专项施工方案经批准后就可以进行施工或安装,比如施工平台、栈桥、承重支架、大型脚手架、爬模、塔吊、门吊、挂篮、桥面吊机、造桥机、架桥机、施工电梯等。临时设施的施工,监理组按照施工方案或安全专项施工方案进行监理,临时设施施工完成后应进行验收,验收合格后投入使用。

五、施工过程中的质量、安全及进度工作

1)施工过程中的质量工作

(1)分部工程开工报告经批准后,承包商可以进行分部工程的分项或工序施工;

(2)分项工程施工结束或工序转序前,承包商要做好"三级"自检工作,即施工人员自检、下道工序人员互检、专职质检员复检,自检合格后填写相应质检报告再报监理人员验收,监理人员验收合格并签字后方可进行下一道工序施工;

(3)承包商的现场试验人员对于施工所需的各种原材料(如水泥、粗细集料、钢筋等)进行取样和试验时,应在监理人员的见证下进行;

(4)监理进行的主要质量工作如下:

①监理进行的试验:验证试验、抽样试验及验收试验频率为15%,标准试验频率为100%。

②监理进行的测量:控制点、加密点复核频率为100%,结构物放样复

核频率为100%，结构物验收测量频率为25%。

③监理进行的结构质量抽检：按照质量检验评定标准规定频率的25%抽检。

(5)重要工序和关键部位(如钻孔桩钢筋笼安装、预应力张拉及压浆、混凝土浇筑、高强螺栓施拧、试验检测、焊接工艺评定)施工前要提前通知监理组，以便监理组安排监理人员进行旁站；

(6)承包商各专业要指定一名技术人员与监理组各专业监理工程师建立工作联系，负责接受监理工程师指令，传递相关工作信息。

2)施工过程中的安全工作

(1)承包商应按照《施工现场安全生产保证体系》(DGJ 08—903—2003)和编制的安全生产保证计划开展各项安全管理活动，并建立各种基础台账；

(2)设置船舶调度室，合理调遣船舶，认真填写调度日志，做好大型拖带航次的"拖航计划"并办理相关的签证报关手续；坚持气象预报的收集并作好记录；

(3)严格执行"明火作业"审批手续，遵守"十不烧"制度；

(4)严格执行《内河避碰规则》和《水上水下施工作业通航安全管理规定》；

(5)加强交通船的安全管理，严格控制超员超载；

(6)遵守文明施工和环境保护管理规定。

3)施工过程中的进度工作

承包商应按照相关要求，编制施工总进度计划，对已经监理和业主批准的施工总进度计划，在施工过程中，当实际施工进度与总进度计划出入较大时，应及时调整总进度计划，并报监理和业主审批。

(1)年度计划编报

承包商依据业主下达的年度计划和已批准的总进度计划，编制年度计划，报监理和业主审批。

(2)季度计划编报

承包商依据业主下达的季度计划和已批准的年度计划，编制季度计划，报监理和业主审批。

(3)月度计划编报

承包商依据业主下达的月度计划和已批准的季度计划，编制月度计划，报监理和业主审批。

由于本桥施工标段较多，在施工过程中，相邻施工标段可能会存在工序衔接和交叉施工作业的现象，对某个施工标段的部分施工节点，业主和监理可能要求这些节点提前施工或滞后施工，对此承包商应有准备，并调整施工作业计划。

六、中间交工

当某个分部工程完成，承包商应及时汇总分部工程的各种质量检验报告、原材料及试验报告，汇总分项工程质量评定，进行分部工程质量评定，自评合格后，向监理组提出中间交工申请，填报中间交工证书，以便监理组审核后，签认中间交工证书。中间交工证书，每个分部工程填报一次。

七、工程计量

承包商每月应统计经监理组质量验收合格的工程量，填报《验工月报》，监理组进行现场计量，并按照施工合同约定的工程量计算规则和支付条款，审核验工月报。《验工月报》格式由总监办提供。下列情况暂不予计量：

(1)未经监理验收的工程量；

(2)不符合施工合同规定的工程量；

(3)虽经监理检验，但质量不合格的工程量；

(4)质量保证资料不全或未及时向监理提供质量保证资料的工程量。

八、质量验收

单位工程施工完成，承包商应全面整理单位工程的竣工资料，进行单位工程质量自评和编写单位工程施工总结，报送监理组审核，监理组审核同意后，承包商递交单位工程验收申请。

质量验收以单位工程为验收单元，分为初验、终验和核验三个层次。单位工程初验由承包商组织；单位工程终验由业主组织；单位工程核验由质监站主持。

九、竣工报告

当承包商已完成合同内工程施工，经质量验收合格后，应及时填报工程竣工报告。

十、主要工作程序(略)

十一、主要工作制度

1)质量检查制度

全桥工程质量检查由总监办组织,邀请业主参加,每月进行一次;每次工程质量检查结束后,由总监办对各标段存在的质量问题进行分析和整理,形成书面文件,向承包商通报并抄送业主。

2)安全生产检查制度

全桥安全生产检查由总监办组织,邀请业主参加,每月进行一次;每次安全生产检查结束后,由总监办对各标段存在的安全隐患或问题进行分析和整理,形成书面文件,向承包商通报并抄送业主。

3)会议制度

(1)全桥例会

全桥例会有生产计划例会和安全生产例会,生产计划例会要求项目经理、项目总工参加,安全生产例会要求负责安全生产管理的项目副经理、安全管理人员参加,全桥例会每月进行一次,会议由业主主持。

(2)标段例会

标段第一次工地会议由总监办主持,承包商、监理和业主参加;标段例会由监理组主持,承包商和监理参加,会议一般每周举行一次。

4)监理交底制度

本桥实行监理向承包商交底的制度,监理交底制度分为两个层次,第一个层次为监理总体交底,在标段第一次工地会议上进行,交底由总监办进行;第二个层次为质量监理细则和安全监理细则交底,在相应分部工程(含大型临时工程和设施)开工前,由监理组进行交底。

5)施工月报制度

承包商应在规定时间内(每月 2 日),向监理组、总监办和业主各报送一份上月施工月报,施工月报格式。具体要求见附件 2。

6)质量、安全事故报告制度

当发生质量或安全事故时,承包商应以最快的速度向政府有关部门或单位报告,同时向监理组和业主进行报告,24h 之内报送书面事故快报。具体要求见附件 3、4。

7)防台防汛及防强冷空气袭击报告制度

本桥实行防台防汛及防强冷空气袭击报告制度，其中防台采用"三报"的方式，即发布台风消息、台风警报、紧急警报时，承包商向监理组和业主各报送一次，具体要求见附件5。

8）船舶撞击桥梁构筑物报告制度

当发生船舶撞击已建桥梁构筑物（含施工临时设施）时，承包商应按以下程序进行处理：

（1）以最快速度向海事部门、监理组和业主报告，24h之内报送书面事故快报，具体要求见附件6；

（2）当发生船舶撞击已建桥梁构筑物（含施工临时设施）时，无论有无结构物损伤，承包商应填报质量问题（事故）报告单，以便及时消除构筑物可能存在的质量隐患，具体要求见附件3。

9）施工船舶离退场报告制度

经监理组准入的施工船舶，承包商因某种原因中途离开现场，或该船舶已完成本项目的施工任务时，承包商应及时向监理组办理施工船舶离退场手续，以便监理组掌握施工船舶的动态，进行进度控制和开展安全监理工作，具体要求见附件7。

10）大型起重吊装令制度

全桥执行沪市政建（2003）159号文的规定和要求，具体要求见附件8。

十二、附件（具体内容略）

附件1　主要监理工作程序（略）

附件2　施工月报（略）

附件3　质量问题（事故）报告制度及处理程序（略）

附件4　安全事故报告制度（略）

附件5　防台防汛及防强冷空气袭击报告制度（略）

附件6　船舶撞击已建桥梁构筑物报告制度及处理程序（略）

附件7　施工船舶离退场报告制度（略）

附件8　大型起重吊装令制度（略）

上海长江大桥总监理工程师办公室编制

二〇〇五年九月

附录二　脚手架安全监理实施细则

一、工程概况

1. 工程概况

上海长江大桥工程位于长江口长兴岛与崇明岛之间，全长16.55km，其中B5标是主通航孔桥，跨径布置为92+258+730+258+92=1430(m)。斜拉桥为双塔双索面全漂浮结构体系。

边墩、辅助墩均为矩形空心截面双柱式混凝土结构，墩身底高程均为+4.0m，标准截面尺寸7.0m×5.5m，壁厚0.6m。边墩顶部呈喇叭形，其顶高程为+48.9m，高度为44.9m；辅助墩身为直柱形，顶高程为+51.3m，高度为47.3m。

按照承包商所报审施工方案，边墩、辅助墩采用翻模法进行施工，并在墩身四周搭设脚手架，以进行墩身施工相关作业工作。

本安全监理实施细则即针对承包商编制报审的边、辅助墩脚手架安全专项施工方案而编制。

2. 气象条件

桥区属亚热带海洋性季风气候，冬冷夏热，四季分明，春季多雾，夏季受热带气旋影响，冬季偶遇降雪，气候温和，雨量充沛。

(1)气温

历年极端最高气温38.1℃；历年极端最低气温-9.4℃；多年平均气温15.6℃；最高月平均气温27.2℃；最低月平均气温4.1℃。

(2)降水

最大年降水量1324.8mm；最小年降水量678.1mm；年平均降水量989.1mm；年平均雨天120d。

(3)雾

多年平均雾日28d；最多年雾日40d；最少年雾日17d。

(4)风

桥区属东亚季风区，以偏北风和东南风为多，风向随季节性而变化，

4~8月盛行南向风,11 月至次年 2 月盛行偏北风。实测 10 分钟最大平均风速为 25m/s。

3. 专项工程概况

由于墩身高度达 47.3m,为了确保安全,承包商采用了分两节搭建脚手架的方式,第一节脚手架搭设高度为 25.8m,在完成墩身第六节混凝土施工后,再搭设第二节脚手架,第二节脚手架支承在高程 +25.9m 的钢牛腿上,钢牛腿附着于已施工完成的墩身,脚手架搭设高度为 25.4m,其平面布置与第一节脚手架相同。

脚手架搭设在已施工完成的承台上,沿着墩身四周布置,其平面呈方框型,长边为 11.7m,短边为 10.2m,宽度为 1.2m。

脚手架采用 ϕ48mm ×3.5mm 的扣件式钢管结构形式,脚手架高度随着墩柱施工同步接高。整个脚手架还设有与墩身相连杆件。

4. 专项工程的实施和使用计划

该脚手架安全专项施工方案已经通过上海长江大桥总监理工程师办公室于 2006 年 12 月份的审查和批准。承包商初步定于 2006 年 12 月下旬开始搭设脚手架并与墩身施工进度同步接高。根据承包商总体计划安排,约在 2007 年 7 月拆除脚手架。

二、专项工程特点简析

1. 脚手架基础较为牢固

由于该脚手架搭设于已完工的承台顶面上,承台面能提供给脚手架足够的竖向承载力,脚手架基础较为牢固。

2. 脚手架防倾覆稳定是关键

由于脚手架处于宽阔无遮挡的长江口江面上,脚手架从搭设至拆除跨越半年多时间,且脚手架高度较高。脚手架受大风袭击较为频繁,而且还要有保障措施抵抗台风正面袭击,因此确保脚手架倾覆稳定是关键。脚手架与墩身的连接应有足够的抗拉力和压力的连接杆件,其连接强度应经计算确定,严格按照安全专项施工方案进行预埋件的施工。

3. 脚手架应分段验收

由于该脚手架搭设与墩身施工同步进行,脚手架在接高过程中即已投入使用,应采用分段验收分段挂牌使用,脚手架接高搭设完毕时应进行最后验收。

4．脚手架钢管质量应进行控制

脚手架采用钢管搭设，应对钢管的材质证明书等进行查验，对钢管壁厚进行量测，确保符合本安全专项施工方案的要求。

5．脚手架使用过程中的安全检查

在脚手架使用过程中，应经常对脚手架的安全状况进行检查，尤其是在热带气旋或大风后应及时检查，及时采取加固措施。

三、安全监理工作依据

(1)《中华人民共和国安全生产法》

(2)《建设工程安全生产管理条例》

(3)《施工现场安全生产保证体系》(DBJ 08—903—98)

(4)《建筑施工安全检查标准》(JGJ 59—99)

(5)《建筑施工扣件是钢管脚手架安全技术规范》(JGJ 30—2001)

(6)《建筑施工高处作业安全技术规范》(JGJ 80—91)

(7)《施工现场临时用电安全技术规范》(JGJ 16—88)

(8)《上海长江大桥安全生产管理规定》

(9)《上海长江大桥监理规划》

(10)经审批的本安全专项施工方案

四、安全监理工作流程

脚手架安全监理的工作流程见附二图1。

五、安全监理控制要点、工作方法与措施

1．安全监理控制要点

(1)脚手架专项施工方案执行情况检查

经审批的脚手架安全专项施工方案应严格按照执行，当方案在实施中承包商认为需要变更，且涉及脚手架安全时，应书面提前办理方案变更手续，经同意后承包商实施变更。

监理组对安全专项施工方案执行情况的检查，采用在脚手架搭设过程中按规定巡视和脚手架搭设完毕参与验收的方式。当发现实际搭设情况与安全专项施工方案有较大差异，且涉及脚手架安全时，应书面向承包商发出整改要求。

监理组对安全专项施工方案执行情况的检查，由结构监理和安全监理

人员共同进行。

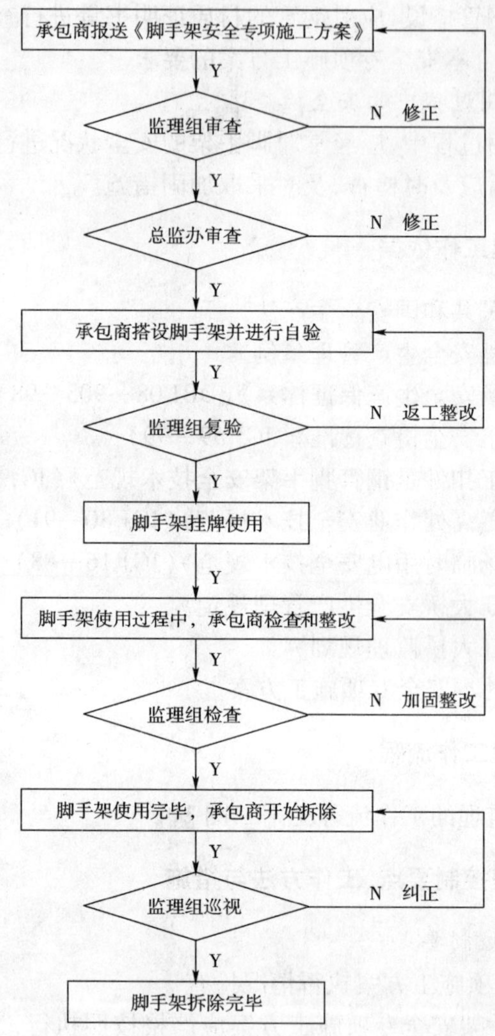

附二图1 脚手架安全监理工作流程图

(2)脚手架搭设作业安全检查

承包商应按国家法律、法规和相应安全技术规范、规定进行施工作业。监理组由安全监理进行巡视检查,当发现违规作业,如架子工无证上岗,高处作业未系安全带,未按规定戴安全帽等现象时应当场纠正和制止,问题较为严重时,应向承包商发出相关指令整改。

(3)脚手架验收

脚手架搭设完成，承包商应自行组织验收，验收合格后，报监理组复核验收，监理组验收合格后，签署脚手架合格验收单，承包商挂牌使用。

当发现不合格时应查明原因，同时要求承包商整改，整改后再进行验收，验收合格后挂牌使用。

(4)脚手架在使用过程中的安全检查

脚手架在验收合格后投入使用，使用过程中还应定期检查，确保安全。监理组应要求承包商及时自检(一般为一个季度一次)，监理组由安全监理进行定期检查(一般为一个季度一次)，检查情况应记录备案，如发现存在安全隐患时，并及时要求承包商进行加固处理。

安全监理检查的重点内容：杆件是否变形，扣件、螺栓是否松动，连墙件是否稳妥可靠，防护设施是否完好。

(5)不定期检查

脚手架在遭受大风、热带气旋等恶劣天气后，安全监理应督促承包商立即进行检查，检查内容同上，以确保脚手架处于安全状态，将检查情况留下记录。同时监理组结构监理、安全监理也应对脚手架的受损情况进行检查，发现存在安全隐患时，及时要求承包商加固处理。

(6)脚手架拆除作业安全检查

脚手架的拆除顺序应按照安全专项施工方案所规定的顺序进行，安全监理应进行巡视，当发现拆除顺序不符合安全专项施工方案所规定的作业顺序时，应予制止。

安全监理对脚手架拆除作业进行巡视，是否有违规作业现象，如有应予纠正。

2. 安全监理工作方法

(1)审查文件

安全监理与结构监理共同对承包商报送的安全专项施工方案或补充方案进行审查，提出审查意见，报监理组长签署后报送总监办审查。

审查文件应从脚手架的设计、搭设施工方案及安全措施两方面进行，重点审查是否符合有关工程强制性标准的规定。通过审查文件的方法，控制脚手架的设计、搭设施工方案及施工安全措施。

(2)巡视与验收

脚手架搭设过程中，安全监理通过巡视现场，监督承包商按照安全专项施工方案实施作业，并控制可能出现的违规作业现象。

脚手架搭设完成，安全监理应在承包商验收的基础上进入现场进行复核验收,通过验收,控制脚手架的搭设质量。

(3)检查

脚手架在使用过程中,监理组应督促承包商进行经常性的检查,尤其是在大风或台风过后,应及时检查,使脚手架始终处于安全状态。

3. 安全监理工作措施

在脚手架搭设过程中,安全监理针对施工现场出现的一般安全问题,可以:

(1)下达安全监理联系单;

(2)下达安全监理指令。

在脚手架搭设过程中,安全监理针对施工现场发现较为严重的安全隐患或违反有关程序时,应向监理组长报告,监理组可以下达工程施工暂停令。

六、监理的工作分工

安全和结构监理人员共同对脚手架的安全进行监理,两大专业监理人员应加强沟通,互通信息,及时发现问题,及时要求承包商整改,以确保脚手架处于安全状态。

本专项工程监理的分工如下:

监理组组长:××× 总负责

监理组安全组长:××× 分管本专项工程安全监理工作

结构监理:××× 参与脚手架安全监理工作

安全监理:××× 按监理细则开展安全监理工作

上海长江大桥总监办工程师办公室

第Ⅴ标监理组

附录三　安 全 表 式

承包商用表（A 类）

A1 施工船舶进场准入申报表

A2 施工船舶离退场申报表

A3 起重机械进场准入申报表

A4 安全员及特种作业人员准入申报表

A5 市政、公路工程安全吊装令

A6 市政、公路工程安全监控备案申报表

A7《安全监理指令书》整改回复

A8 强冷空气、台风袭击快报表

A9 职工伤亡事故快报

A10 职工工伤事故报告书

A11 安全生产月报

安全监理用表（B 类）

B1 安全监理实施细则报审表

B2 安全监理联系单

B3 安全监理指令书

B4 工程事故名称

B5 安全监理巡视检查记录表

B6 安全监理日记

B7 安全监理现场会议备忘录

B8 单位分部分项工程安全监理工作计划系统表

B9 安全监理工作月报

施工船舶进场准入申报表

A1

施工单位(章):　　　　施工单位申报人:

施工单位负责人:　　　　申报日期:

序号	1	2	3	4
船名				
船籍港				
船种				
航区				
长/宽/吃水(m)				
水面以上高度(m)				
总吨(t)				
载重吨(干舷)				
主机功率(kW)				
VHF				
联系人及手机				
船员人数				
消防设备				
救生设备				
防污设备				
标志旗编号				
申报进场时间				
监理组审查意见				
安全监理签字:			驻地监理工程师签字:	

注:施工船舶进场前(包括陆续进场的施工船舶)必须向监理组申报船舶安全准入,递交相关安全证书复印件。经所属监理组审查合格同意后,方可投入使用。

施工船舶离退场申报表

A2

编号：

______________标监理组： 依据本项目《施工船舶离退场报告制度》的规定，我单位根据目前工程情况，决定离退场以下施工船舶： 1. ____________（船名）标志旗编号______，截止于_____年_____月_____日退场。 2. ____________（船名）标志旗编号______，截止于_____年_____月_____日退场。 3. ____________（船名）标志旗编号______，截止于_____年_____月_____日退场。 上述施工船舶离退场手续已齐全，特此报送，请查收。 施工单位（章）： 施工单位负责人（签名）： 申报日期：
监理组审核意见： 监理组（章）： 安全监理（签名）： 驻地监理工程师（签名）： 日期：

本表式一式两份，由施工单位填写。监理组、施工单位各一份。

起重机械进场准入申报表

A3

编号： 第 页 共 页

序	机械名称	规格型号	机械有效证照 （检测报告、使用证、操作证）	申报进场日期	监理组验收、审查意见

填表人： 日期：	施工单位负责人： 日期：	安全监理： 日期：	驻地监理工程师： 日期：

安全员及特种作业人员准入申报表

A4

施工单位(章):____________　工程名称:____________　编号:

制表人:　申报日期:

序	姓　名	性别	工　种	发证部门及编号				复证期限	监理审查意见
				建设行业证书编号	发证日期	劳动部门证书编号	发证日期		
1									
2									
3									
4									
5									
6									
7									
8									
9									
10									
11									
12									
13									
14									
15									
驻地监理工程师签字:				安全监理审查签字:					

注:随着工程进展,陆续进场的特种作业人员,施工单位须及时向监理组申报,经审查同意后,方可进行作业。

市政、公路工程安全吊装令

A5

编号：

一、工程概况			
工程名称：		工程部位：	
项目经理：		技术负责人：	
吊装部位：		吊装时间：	
吊装内容:(附简图)			
二、起重机械工况：			
1. 型号及名称：		2. 吊臂长度：	
3. 吊索具情况：		4. 最大起重量：	
三、设备检查：			
1. 制动装置：		2. 钢丝绳：	
3. 安全装置：		4. 设备检测准用证编号：	
四、作业区情况：			
1. 路基情况：		2. 作业区范围内设施保护：	
3. 持证上岗情况：		4. 通信联络：	
5. 指挥人员(姓名)：		6. 司机人员（姓名）：	
五、交底内容： 交底人（签名）： 被交底人（签名）：			
六、填表人（签名）： 监理复核人（签名）： 技术负责人（签名）： 发令人:(项目经理签名)			

年　　月　　日

市政、公路工程安全监控备案申报表

A6

编号：

申报单位(章)		工程名称	
工程地址		项目经理	
联系地址		联系电话	
施工日期		备案类型	
安全技术和监护措施	项目经理签名：		
现场监理审核意见	项目总监签名：		
建设单位意见	业主项目负责人签名：		

填表人：　　　　　　　　　　　　年　　月　　日

填写说明：

1. 该备案表系指深基坑、大桥施工、塔式起重机拆装、大型起重吊装，施工风险为二级以上或在敏感地区施工的重点项目；
2. 该表必须在施工10天前报监督机构备案；
3. 专项质量、安全技术方案和企业批复作为附件一并申报。

《安全监理指令书》整改回复

A7

编号：

____________标监理组：

我施工单位于______年______月______日收到《安全监理指令书》后，现已整改完毕。现将整改纠正落实的情况回复（反馈）如下，请监理组予以复查销项。

施工单位（章）：

施工单位负责人（签字）：

日期：

监理组复查意见：

安全监理（签字）：

驻地监理工程师（签字）：

日期：

抄报：

抄送：

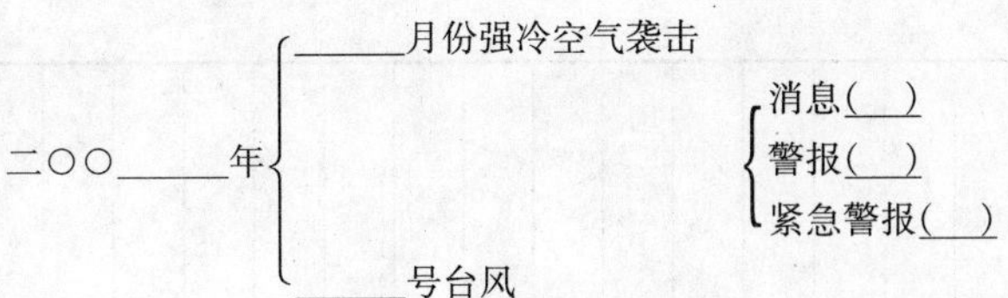

强冷空气、台风袭击快报表　　　　A8

要求:1. 各施工单位当收到强冷空气袭击或台风消息、警报、紧急警报时,务必在收悉后一小时内将此表检查实施的情况分别报告所属监理组和大桥指挥部工程部(可以电传)。

2. 一般情况下按消息、警报和紧急警报分三次报告。中途若有意外变化,随时报告。

______标监理组并大桥指挥部工程部:

序号	检查和准备的项目	实施情况
1	现场船舶撤离情况 未撤离的船舶(船名、简述原因) 应急救助船舶的配备	
2	调度室值班人员到位情况	
3	施工单位领导值班到位安排的情况	
4	按等级人员撤离的情况	
5	大临设施(包括生活、办公住房及仓库)	
6	塔吊等各种起重机械	
7	发电机房	
8	造桥机	
9	各类模板及模架	
10	各类挂篮	
11	各类脚手架	
12	各类悬挂物的拉结或加固	
13	防汛墙及防汛闸门	
14	排水设施	
15	其他	

施工单位(章):

项目经理(签字):　　　　　　　　　　安全监理(签字):

年　月　日　时报　　　　　　　　　　年　月　日　时

施工单位防抗——台风（或强冷空气）撤离疏散情况统计表

A8-1

序号	施工船舶撤离疏散情况				施工人员撤离疏散情况			
	船舶名称	避台地点	撤离时间	拖轮	撤离总数	撤离起至地点	撤离时间	留守人数和地点
1								
2								
3								
4								
5								
6								
7								
8								
9								
10								
11								
12								
13								
14								
15								
16								
17								

填报单位：　　　　填报人：　　　　填报时间：

职工伤亡事故快报

A9

致____________标监理组：

<table>
<tr><td colspan="3">事故发生时间</td><td colspan="6">年 月 日 时 分</td></tr>
<tr><td colspan="3">事故发生的工程名称</td><td colspan="6"></td></tr>
<tr><td colspan="3">事故发生的地点</td><td colspan="6"></td></tr>
<tr><td colspan="9">事故发生的企业(包括总、分包企业)</td></tr>
<tr><td colspan="3">名 称</td><td>经济性质</td><td>资质等级</td><td>直接主管部门</td><td colspan="3">业别</td></tr>
<tr><td colspan="3">总包</td><td></td><td></td><td></td><td colspan="3"></td></tr>
<tr><td colspan="3">分包</td><td></td><td></td><td></td><td colspan="3"></td></tr>
<tr><td colspan="9">事故伤亡人员 其中:死亡 人,重伤 人,轻伤 人</td></tr>
<tr><td>姓名</td><td>伤亡程度</td><td>用工形式</td><td>工种</td><td>级别</td><td>性别</td><td>年龄</td><td>籍贯</td><td>事故类别</td></tr>
<tr><td></td><td></td><td></td><td></td><td></td><td></td><td></td><td></td><td></td></tr>
<tr><td></td><td></td><td></td><td></td><td></td><td></td><td></td><td></td><td></td></tr>
<tr><td colspan="4">事故的简要经过及原因初步分析
(必须说明在从事何种工作时发生的事故以及事故发生的部位)</td><td colspan="5"></td></tr>
<tr><td colspan="3">事故发生后采取的措施及事故控制的情况</td><td colspan="6"></td></tr>
<tr><td colspan="2">报告单位(盖章)</td><td colspan="3"></td><td colspan="2">报告时间</td><td colspan="2"></td></tr>
</table>

职工工伤事故报告书

A10

1. 施工单位名称：
2. 发生事故班组/船舶：
3. 发生事故日期：　　年　　月　　日　　时　　分。
4. 发生事故地点(水域)：
5. 事故类别：　死亡　　人;重伤　　人;轻伤　　人。
6. 工伤人员情况表：

姓名	伤害程度 死、重、轻	工种及职务	学历	性别	年龄	本工种工龄	受过何种安全教育	估计财物损失

7. 事故的经过和原因:(主要原因、直接原因、间接原因)

8. 预防事故重复发生的措施,执行措施的负责人,完成期限以及措施执行情况的检查人：

9. 对事故的责任分析和对责任者的处理意见：

10. 施工单位负责人(签名及盖章)：

年　　月　　日

注:此表是指事故报告的格式,若填写不下,可另附页。

××大桥工程

A11

安全生产月报

二○○______年______月份

内容提要：

1. 当月安全生产情况
2. 当月在场施工船舶数量
3. 当月在场大型起重机械数量
4. 当月特殊工种作业人员数量
5. 附表

A11-1 施工安全自查情况汇总表

A11-2 安全生产自查自纠报表

A11-3 事故(月)报表

施工单位(章)：

施工单位负责人(签字)：

二○○______年______月______日报

1. 当月安全生产情况：

2. 当月在场施工船舶数量：

序	船　　名	序	船　　名	序	船　　名
1		7		13	
2		8		14	
3		9		15	
4		10		16	
5		11		17	
6		12		18	
合计艘数：					

3. 当月在场大型起重机械数量：

汽车吊数量	履带吊数量	龙门吊数量	塔吊数量	其他大型起重机械数量
合计大型起重机械数量：				

4. 当月特殊工种作业人员数量：

电工人数	电焊工人数	吊车司机人数	起重指挥人数	其他特殊工种作业人员数
合计特殊工种作业人员数：				

施工安全自查情况汇总表

A11-1

施工单位名称：　　　　　　　　资质等级：　　　　　　　　经济类型：

<table>
<tr><td rowspan="2">单位工程名称</td><td colspan="13">检查项目名称</td></tr>
<tr><td>安全管理</td><td>文明施工</td><td>船舶安全管理</td><td>各类脚手架</td><td>基坑支护与模板工程</td><td>“三宝”“四口”及临边防护</td><td>施工用电</td><td>物料提升机与外用电梯</td><td>塔吊与大型起重机械</td><td>特种作业人员持证</td><td>拆除(或爆破)工程</td><td>大型起重吊装</td><td>施工机具</td></tr>
<tr><td></td><td></td><td></td><td></td><td></td><td></td><td></td><td></td><td></td><td></td><td></td><td></td><td></td><td></td></tr>
<tr><td colspan="14">评价(应简单描述存在的缺陷和不足以及改进的措施)：</td></tr>
<tr><td colspan="3">检查人员</td><td colspan="5"></td><td colspan="3">施工单位负责人</td><td colspan="3"></td></tr>
</table>

年　　月　　日

A11-2

安全生产自查自纠报表

施工单位名称：__________ 工程名称：__________

序	自查出的问题	整改措施	整改人	完成时间
1				
2				
3				
4				
5				
6				
7				
8				
9				

施工单位负责人：__________ 填表人：__________ 填报日期：

说明：1. 如若填不下，可另附页。

2. 此表每月 26 日前由施工单位报监理组。

A11-3

事故（月）报表

施工单位名称：＿＿＿＿＿＿施工总人数：＿＿＿＿＿＿工程名称：＿＿＿＿＿＿

发生事故日期：＿＿＿＿＿＿年＿＿＿＿月＿＿＿＿日＿＿＿＿时＿＿＿＿分

事故类别：＿＿＿＿＿＿主要原因分析：＿＿＿＿＿＿

受害人姓名	伤亡情况（死、重、轻）	工种及级别	性别	年龄	本工种工龄	受过何种安全教育	歇工总日数	经济损失		附注
								直接	间接	
事故经过和原因：										
预防事故重复发生的措施：						落实措施负责人				

施工单位负责人：＿＿＿＿＿＿ 制表人：＿＿＿＿＿＿ ＿＿＿年＿＿＿月＿＿＿日

注：1. 事故经过和原因、措施栏如填不下，可另附页。如当月无事故，也须每月填写此表，报所属监理组。

2. 此表每月 26 日前报所属监理组。

安全监理实施细则报审表 B1

工程名称: 编号:

致:总监理工程师办公室 我组根据监理规划、安全专项施工方案、设计文件、技术规范等已完成了__________监理细则的编制,请予以审查。 监理组〔章〕:__________ 驻地监理工程师:__________ 日　　期:__________
审查意见: 总监办〔章〕:__________ 总监理工程师:__________ 日　　期:__________

注:本表一式三份,经总监审查后,总监办、监理组、承包商各一份。

安全监理联系单

B2

编号：

致施工单位：

安全监理人员(签字)：
日期：
驻地监理工程师(签字)：
日期：

抄报：
抄送：

安全监理指令书

B3

编号：

致施工单位：

施工单位负责人(签字)：

日期：

安全监理人员(签字)：

日期：

驻地监理工程师(签字)：

日期：

抄报：

抄送：

工程事故名称

B4

编号：

兹于　　年　　月　　日　　时,在　　　　发生的事故
简要经过：
事故性质：
事故原因：
人员伤亡：
造成损失：
采取措施：
初步处理意见：

附:事故调查详细资料　　安全监理(签字)：　　日期：

安全监理巡视检查记录表

B5

检查类型：　　　　　　　　　　　　　　　　　　编号：

<table>
<tr><td>单位名称</td><td></td><td>工程名称</td><td></td><td>检查时间</td><td>年　月　日</td></tr>
<tr><td>检查单位</td><td colspan="5"></td></tr>
<tr><td>检查项目或部位</td><td colspan="5"></td></tr>
<tr><td>参加检查人员</td><td colspan="5"></td></tr>
<tr><td colspan="6">检查记录</td></tr>
<tr><td colspan="6">检查结论及复查意见：

检查负责人：</td></tr>
</table>

填表人：

安全监理日记

B6

编号：

工程名称		标段名称	
施工单位		项目经理	
气象			
施工内容			
安全状况			
处理意见			
安全监理：(签字) 日期：		驻地监理工程师：(签字) 日期：	

安全监理现场会议备忘录

B7

编号：

工程名称		会议编号	
日期： 开始时间：		地址： 结束时间：	
参加人	安全监理工程师及主持： 建设单位： 施工单位： 安全管理人员： 其他人员：		
抄送： 本次会议备忘录共附　　页		记录管理人： 驻地监理工程师：	

B8

单位分部分项工程安全监理工作计划系统表

编号：

单位工程名称	工程进度	各风险点罗列	安全控制对象	检点情况	备忘
安全监理人员(签章)： 日期：			驻地监理工程师(签章)： 日期：		

××大桥工程

B9

安全监理工作月报

二〇〇______年______月份

内容提要：

1. 当月工程概况
2. 当月安全生产状况
3. 当月安全监理所做的主要工作及对主要安全问题的处理情况
4. 下月安全监理工作重点和打算

附表：

B9-1 安全监理检查月报表

B9-2 伤亡事故(月)报表

××大桥工程总监理工程师办公室第__________标监理组(章)

二〇〇__________年________月________日报

1. 当月工程概况：

2. 当月安全生产状况：

3. 当月安全监理所做的主要工作及对主要安全问题的处理情况：

4. 下月安全监理工作重点和打算：

注：如若填写不下，可另附页。

安全监理检查月报表

B9-1

单位工程名称	建筑施工管理及评价							船舶施工管理及评价			
	安全管理文明施工状况	施工机械安全状况	施工用电安全状况	高处作业安全状况	拆除作业防火防爆安全状况	季节性防护安全状况	个人防护安全状况	船舶管理	海务管理	机务管理	施工作业
本月发出的安全监理联系单、安全监理指令、暂时停工令各多少份？整改后回复反馈多少份？											
对施工单位安全生产保证体系运行状况及文明施工状况的评价意见：											
安全监理(签字)：								驻地监理工程师(签字)：			

B9-2

伤亡事故(月)报表

施工名称:__________施工单位总人数:__________工程名称:__________

发生事故日期:__________年______月______日______时______分

事故类别:__________主要原因分析:__________

受害人姓名	伤亡情况（死、重、轻）	工种及级别	性别	年龄	本工种工龄	受过何种安全教育	歇工总日数	经济损失		附注
								直接	间接	
事故经过和原因:										
预防事故重复发生的措施:						落实措施负责人				

驻地监理工程师:__________制表人:__________　__________年______月______日

注:1. 事故经过和原因、措施栏,若填不下,可另附页。工地如当月无事故,也须每月填写此表。

2. 此表每月29日前由各监理组报总监办。

附录四　东海大桥工程质量评价报告（洋山深水港一期工程）

东海大桥工程，是上海国际航运中心洋山深水港的配套工程，是一座为洋山深水港区提供陆上通道、供水、供电及通信条件的专用高速公路桥梁。桥上设双向6车道，全宽31.5m，大桥全长32.5km。是我国建造的第一座海上桥梁。

东海大桥工程于2002年6月开工，至2005年5月完成主体工程贯通，历时35个月。其后完成了桥面铺装、水、电、通信及交通设施安装，于2005年10月全面竣工。

本评价报告的工程范围，为东海大桥全桥工程（不含陆域打入桩施工）包括主体工程和附属工程的34个合同标段。共划分为48个单位工程、154个分部工程及28 030个分项工程。

一、工程及施工概况

1. 桥位

东海大桥起于上海市南汇区芦潮港码头以东约4km处，经新老防浪堤间的吹填陆域进入杭州湾北部海域向东南延伸，先在浙江嵊泗县大乌龟岛登陆，经大乌龟岛与颗珠山间的新建海堤到颗珠山岛，再跨越颗珠山岛与小洋山岛间的海域到达本桥终点小洋山港区。

2. 设计标准

（1）车辆荷载等级、车速、车道

按汽车-超20级设计，挂车-120验算，并按全桥集装箱重车满布，车辆轴距为10m进行计算复核。设计行车速度80km/h，双向六车道高速公路标准。

（2）地震烈度：大桥按地震烈度7度进行抗震设计。

（3）设计及通航水位

非通航孔按50年一遇水位加50年一遇波浪设计，用100年一遇水位加100年一遇波浪高进行校核。

通航水位采用历史最高潮位 4.02m(国家 85 高程)。

(4)风荷载

100 年一遇 10m 高度处,设计风速 V_{10} = 42.0m/s。

(5)桥面限坡

最大纵坡 3%,桥面横坡 2%。

(6)设计基准期:100 年。

3. 桥式及结构概况

1)桥式:东海大桥工程,总体上分为四个区段,依次为:

①上海岸陆域引桥,桥长约 3.7km;

②上海岸防浪堤至大乌龟岛海上桥梁,桥长约 25.3km;

③大乌龟岛至颗珠山岛海堤及路堑,长约 1.8km;

④颗珠山岛至小洋山岛海上桥梁(颗珠山桥),桥长约 1.7km。

全桥海上桥梁长约 27km,共设四处通航桥孔,其中:5 000t 级主通航孔一处,通航孔跨度为 420m;1 000t 级辅助通航孔一处,通航孔跨度 140m;500t 级辅助通航孔两处,通航孔跨度分别为 120m 及 160m。颗珠山桥的主桥,由于工程水文地质原因,也采用了 332m 大跨度结构。其余非通航区段采用 50m、60m、70m 跨度。陆域引桥采用 28 ~ 30m 跨度。

全桥共布置 492 孔桥梁,494 组墩(台),由于每组桥墩设计为 1 ~ 2 个独立式承台和 2 ~ 4 个独立式墩身,故全桥共有承台 984 个,墩身 1 102 个。

2)结构形式

(1)上部结构:全桥上部结构有两种类型

①斜拉桥

a. 主通航孔:主跨 420m 斜拉桥,钢混结合箱形主梁,单索面结构,倒 Y 形钢筋混凝土主塔。

b. 颗珠山主桥:主跨 332m 斜拉桥,钢混结合箱形边主梁,双索面结构,门式钢筋混凝土塔柱钢管横梁。

②PC 箱形连续梁

a. 变高度 PC 箱形连续梁:三个辅助通航孔桥,主跨分别为 120m、140m、160m 均为变高度 PC 箱形连续梁,二个单箱单室结构并列布置。

b. 等高度 PC 箱形连续梁:陆域及海上非通航海域,采用不同跨度的等高 PC 箱形连续梁,二个单箱单室结构并列布置。计有 28m、29m、30m、44.5m、50m、59m、60m、70m 八种跨度。

(2)下部结构

①墩身：桥梁墩身均为钢筋混凝土结构，陆域、近岛段及颗珠山引桥墩身为实体截面，海域墩身为箱式截面。

②基础：全桥共有两种类型。

a. 打入桩基础

(a)钢管桩钢筋混凝土承台基础：ϕ1 500mm 钢管桩用于海区非通航孔、颗珠山桥东引桥，主辅通航孔桥的边墩及主通航孔防撞墩。

(b)PHC 桩钢筋混凝土承台基础：ϕ1 200mmPHC 桩用于海区 90 ~ 109 号墩，ϕ600mmPHC 桩用于陆域北延伸段桥。（新老防浪堤间陆域桥梁也采用 ϕ600mmPHC 桩，但不属本监理合同范围）

b. 钻孔桩钢筋混凝土承台基础：计有 ϕ1.5m、ϕ1.6m、ϕ2.0m、ϕ2.5m、ϕ3.0m、ϕ3.2m 六种直径钻孔桩。分别用于浅海段、主通航孔斜拉桥主墩及辅助墩、辅助通航孔桥的主墩、近岛段、颗珠山主墩及西引桥墩。

4. 参建单位(略)

5. 主要施工方法

东海大桥各类结构的施工方法及重要施工工艺，是由承包商编制施工组织设计和专项施工方案及工艺，经监理组审查，总监办审核报建设单位批准后定案实施。部分重大复杂的施工方案还组织了专家评审。总监办考虑到本桥的特殊性，在审核施工方案时，采取了积极主动的方式，在承包商编制方案之前，先与之交换意见，编制过程中随时了解方案情况并提出意见及建议，最后系统审核文件，不仅缩短了文件审核周期，也增加了审核深度，保证了审核质量。

全桥各承包商采用的施工方法及选用设备，正确、合理，并有创新，保证了全桥工程施工按计划有序推进。在全桥施工中，没有发生因施工方案及工艺不当而造成安全质量事故。

1)基础施工

(1)打入桩基础施工

①海上打入桩基采用打桩船一次整根沉桩，利用以 GPS 技术研制的海上打桩定位测量系统定位。承台采用预制混凝土吊箱围堰施工，由运输船、浮吊、水上混凝土工厂及工作船配合施工。

②陆域打入桩基础，采用移动式打桩机沉桩，承台基坑开挖支护立模，混凝土由岸上工厂及罐车供应，移动式吊机配合施工。

(2)钻孔桩基础施工

①深海墩钻孔桩基础，采用独立式海上平台，由旋转式钻机泥浆护壁成

孔,固定式或移动式吊机配合施工。承台采用有底钢吊箱围堰灌注混凝土,混凝土由平台固定式工厂或水上混凝土工厂供应,泵送入模,运输船及工作船辅助施工。电力由平台发电机供应,淡水由船舶供应。

②浅海段、近岛段及颗珠山西引桥钻孔桩,采用栈桥及平台结合方案施工,旋转式和冲击式钻机、泥浆护壁成孔、移动式吊机配合施工,承台采用有底或无底钢套箱灌注混凝土。混凝土由岸上工厂拌制,由罐车经栈桥供应,泵送入模。

近岛段445号墩水文地质复杂,钻孔桩基础采用了钢护筒—导管架—底围堰一体化钢平台封底混凝土固桩新方法建造海上施工平台,由浮吊及水上混凝土工厂配合施工。

2)墩身施工

全桥墩身施工采用预制安装及就地灌注两种方法。

(1)非通航孔60m及70m跨低墩采用预制安装方法,墩身及墩帽在沈家湾岛预制基地整体制造,经海上运输,在墩位用浮吊安装,就位后就地灌注墩身与承台间湿接头。部分高墩采用底节预制安装,上节就地灌注或分节预制安装两种方法施工,混凝土由水上混凝土工厂供应泵送入模,浮吊、工作船配合施工。

(2)其余墩身及主塔施工,采用就地灌注混凝土方法。

①陆域段及设有栈桥段的墩身,采用简易脚手支架和钢模,移动式吊机配合施工,混凝土由岸上混凝土工厂拌制,罐车供应,泵送入模一次灌注完成。

②辅助通航孔及部分70m跨预应力高墩采用钢脚手支架、固定式墩旁塔吊及钢模板分节段施工,混凝土由水上混凝土工厂供应,泵送入模,运输船及工作船配合施工。

③斜拉桥墩及主塔施工,以海上平台为依托,采用钢管支架、固定式塔吊及爬模分段灌注混凝土,混凝土由平台及水上混凝土工厂供应,泵送入模,运输船及工作船配合施工。

3)上部结构施工

(1)混凝土箱梁施工

全桥PC箱形连续梁采用了五种施工方法。

①预制安装:60m及70m跨连续箱梁,单幅整孔在沈家湾预制基地制造,滑移至专用出海栈桥,2 500t浮吊装船运至桥位。浮吊架设成简支状态,支于临时支座上。就地灌注墩顶处箱梁湿接头混凝土,成连续梁,然后

转换至正式支座。

②支架法制梁:陆域及颗珠山西引桥,28 ~ 50m 跨箱梁,采用满布支架法就地灌注箱梁混凝土。陆域 30m 以下跨度连续梁,以每幅一联为一施工单元,先灌注底板及腹板混凝土,再灌注顶板混凝土,50m 跨连续梁以每幅一孔为施工单元,全断面一次灌注混凝土。混凝土由岸上混凝土工厂供应泵送入模,移动式吊机配合施工。

③移动模架(造桥机)制梁:浅海段及颗珠山东引桥 50m 跨连续梁各采用两台造桥机安装在左右幅,单幅逐孔向前推进就地灌注箱梁每孔分界点设在距墩身约 1/4 跨度内,混凝土全断面一次灌注完成。混凝土由泵送入模。

④顶推法施工:近乌龟岛段 50m 跨连续箱梁,利用岛上基岩露头的条件,建造制梁顶推台座,两幅箱梁分别采用多点顶推法完成 8 孔连续梁施工,顶推质量约 12 000t。然后各支点按规定顺序落梁至正式支座上。

⑤悬臂浇注施工:三座辅助通航孔的变高度连续箱梁,采用悬臂浇注法施工。0 号段及边孔直线段在支架上灌注混凝土,其余节段采用移动式挂篮对称悬浇梁体混凝土。混凝土由水上混凝土工厂供应,泵送入模,工作船及运输船配合施工。

(2)斜拉桥主梁施工

两座钢混主梁斜拉桥的钢梁,在工厂分节段制造,在工厂预拼后钻制拼接板钉孔。主通航孔的混凝土桥面板在工厂制成的钢梁节段上浇注,张拉完横向预应力后,除锈涂装出厂。颗珠山主桥钢梁节段工厂预拼后除锈涂装出厂,桥面板在工地预制,钢梁架设后再安装。钢梁分节段海运至桥位,由桥上吊机拼装,拼接用高强度螺栓,采用扭矩法施拧、紧扣法检查。斜拉索运至桥面,由塔吊及塔顶卷扬机挂索,塔上一端张拉。主梁安装由监控单位对索力、线型、应力及温度进行监控,下达施工指令。主梁中跨合龙,采用合龙前线型调整,对合龙口进行长时段(3d)连续测长测温,确定合龙温度及合龙段制造长度,设置横向调位装置并辅以调索的综合技术措施,顺利一次合龙。

6. 施工技术创新

各施工单位,针对海洋施工环境、大型装配式结构及高性能混凝土的施工关键技术,进行了专项研究,开发了多项施工新技术,对本桥工程安全、优质按期竣工起到了关键性作用。

(1)GPS 海上打桩定位测量技术。中港集团公司利用 GPS 技术,研制的海上打桩定位测量系统,安装在打桩船上,保证了海上沉桩定位快速、准确。

(2)混凝土吊箱围堰承台施工技术。中港集团公司与设计单位结合,研究采用的混凝土有底吊箱围堰,解决了预制、安装及钢桩连接抗海上风浪等问题,保证了612个海上承台施工的安全和质量并提前完工,为全桥按期竣工创造了有利条件。

(3)导管架建造海上施工平台技术。上海建工集团公司利用海床稳定的有利条件,借鉴海上采油平台的建造技术,研究设计了导管架建造海上桥梁施工平台的方案。在短期内成功建造了两座各为5 000m^2的海上平台,比传统方法工期短、质量可靠、建造施工安全、抗风浪能力强,为主塔墩施工赢得了更多的有效工期和足够的施工场地,保证了斜拉桥按期竣工。

(4)超大型混凝土承台蓄热温保湿养护技术。主航道斜拉桥主塔墩承台混凝土数量达8 200m^3,一次灌注完成。建工集团公司通过模拟试验研究,采用双底双壁半封闭钢套箱及保温措施(承台混凝土内不设循环水降温系统),使承台混凝土先整体升温,再整体降温,并使其内外温差控制在温度应力较低的状态,对承台混凝土进行蓄热保温养护,取得成功。

(5)大型混凝土箱梁场内运输技术。60m及70m跨预制混凝土箱梁,每孔重达1 600~2 000t,体积庞大,预制期需要从制梁台座运至存梁台座,再运至出海码头,在国内尚属首次。中铁大桥局集团公司研究了一整套运输方案及设备,采用高位制梁、滑移运梁方法,运梁小车、MGB高分子材料及不锈钢摩擦副。并采用高横移道和低纵移道设计,解决混凝土箱梁转向运输等问题,保证了运输中箱梁安全,满足了670榀箱梁按计划出海的要求。

(6)大型混凝土箱梁安装技术。60m及70m跨混凝土箱梁整孔安装,在国内也属首次,缺乏施工设备和施工实践。中铁大桥局集团公司,为此研制了吊重2 500t中间起吊式运架一体“小天鹅”号浮吊。上海市政二公司采用了吊重2 500t“大力”号浮吊,并研究制定了确保箱梁安装位置准确和安全的专项架设工艺和墩顶调位、对中设备,保证了全桥670榀箱梁安全、优质按期架设完成。

(7)钢护筒—导管架—底围堰一体化结构封底混凝土固桩在水文地质条件复杂海域建造施工平台技术。近岛段445号墩位水深流急,无覆层,岩石起伏陡峻,φ3.0m钻孔桩范围岩石高差达3.0m,施工平台难以建造,钻孔桩开孔困难，是本桥基础施工的控制性工点，中铁大桥局集团公司研究采用钢护筒—导管架—底围堰一体化平台结构设计，一次将700余吨平台结构吊入海床并灌注底围堰内封底混凝土固桩技术，将钢平台与起伏陡峻的岩石牢固连接，安全、快速建成了抗风浪强的施工平台，赢得了较多的有效施工期，同时解决了钻孔桩开孔困难问题，安全、优质按期建成了水文地质条件复杂的海上基础工程。

(8)高性能混凝土施工技术。东海大桥的各类结构，大量采用防腐高性能混凝土，国内缺乏对此类混凝土施工工艺的系统研究及施工实践。本桥各参建施工单位通过初期施工中出现的问题，组织攻关，研究施工工艺，采用综合技术措施，保证了全桥混凝土的施工质量。技术措施包括控制部分材料的细度和掺量优化配合比。根据结构不同特征、施工环境及施工季节，采用蒸养和自然养护、保温保湿养护，通过对混凝土结构不同部位的测温监控，合理选择蒸养温度、保温材料及保温时间。尽可能延长降温和拆模时间。部分结构采用早期预加部分预应力。针对长大结构通过测温合理布置蒸汽管道保证总体养护温度均匀。加快混凝土灌注速度使长大结构尽早进入整体均匀养护状态等。

二、工程质量目标及质量评定依据

1. 质量目标

东海大桥工程施工质量等级达到优良。

2. 质量评定依据

(1)主要技术标准

①东海大桥工程施工设计图及文件；

②《公路桥涵施工技术规范》(JTJ 041—2000)；

③国家及部委颁布的有关技术标准；

④东海大桥工程施工招标文件的有关规定。

(2)质量评定标准

①《公路工程质量检验评定标准》(JTJ 071—1998)；

②《东海大桥工程专项质量检验评定标准》。

三、质量监理的主要内容、程序及方法

东海大桥施工监理遵照监理规范、监理合同及业主批准的监理规划实施全过程、全方位监理。

1. 监理主要内容

施工监理质量控制,在施工准备阶段,召开第一次工地会议、审核开工令、审核施工组织设计及质保体系、材料复验、标准试验、测量控制网及施工放样复测、审批机械设备准入。施工阶段主要进行工艺试验及工艺的审核、材料抽验及审批、工序检查及审批、质量评定及质量问题处理等,对施工质量进行全方位监控。

2. 监理主要程序

本桥各驻地监理组对各标段工程施工质量进行全过程控制,按开工报告、工序自检及工序认可,中间交工报告、中间交工证书及中间计量的程序组织和开展监理工作。并重点加强了前三个程序的监控。

3. 监理主要方法

各监理组在工程施工质量监理中,采用了试验,测量,对重要工序、隐蔽工程、重要工艺及质量问题处理进行旁站,检查抽检,巡视,指令文件,工地例会及专题例会等方法,对施工质量进行有效控制。

四、工程质量控制情况

1. 施工程序控制

东海大桥全桥施工,严格遵照了施工规范、施工监理规范及业主制订的施工管理办法规定的程序开展工程施工。做到了所有施工问题先申报经审批后再施工的要求。工程分包商及非业主招标采购的材料供应商由承包商先申报资质经监理及业主审批后再签订分包和供货合同。施工组织设计、施工方案及重大方案工艺先申报经监理及业主审批后再实施,原材料及半成品进场后先复验及抽验合格后再使用。施工测量控制网先复测经审核合格后再使用。先申报开工报告,经审批后再开工。分部工程完成后先自检报监理抽检合格后经批准再转入下道工序施工。出现非正常施工或质量问题,先申报经监理、设计及业主审查批准后再处理。承包商提出的变更设计先申报理由及方案,经监理审核,设计及业主审批后再变更。在工序质量控制中,承包商的自检频率及监理独立抽检频率均符合规定和要求。

全桥施工中监理组及总监办共审查、审核审批分包商资质 16 份 ;材料供应商资质 116 份;施工组织设计 92 份;主要施工方案 160 份;重要施工工艺 92 份;开工报告 41 份,质量检验报告单 34 357 份,检验申请批复单 35 830份,非正常施工报告 170 份,质量问题报告 50 份,各类工程业务联系单 812 份,变更设计报告 324 份。监理完成分项工程质量抽检评定7 965

份，分部工程质量评定154份，单位工程质量评定48份。

2. 原材料、半成品、成品的质量控制

(1)原材料质量控制

东海大桥的原材料、半成品及成品按采购方式的不同，分为业主招标采购和承包商自行采购两种。

对业主招标采购的原材料、半成品、成品，由材料供应商向相应标段承包商提供检测报告或质量证明文件，承包商再按技术规范规定的频率进行抽样检验，检验合格后，由承包商向监理组报验，监理组按照技术规范和监理合同约定的频率进行抽检，抽检合格后同意使用。

对承包商自行采购的原材料、半成品、成品，由承包商向监理组报验供应厂家资质文件及材料的检测报告或质量证明文件，经监理审查同意后，批准进货。承包商按照技术规范规定的频率进行抽样检验，监理组采取见证取样，检验合格后，由承包商向监理组报验，监理组按照技术规范和监理合同约定的频率进行抽检，抽检合格后同意使用。

原材料抽验批次及频率见附四表1，抽验频率符合规定，本桥使用的原材料质量受到有效控制且全部合格。

原材料监理抽验统计 附四表1

材料名称	施工单位复验批次	监理抽验批次	监理抽验频率(%)
水泥	1 191	311	26.1
砂	2 156	369	17.1
碎石	3 551	691	19.5
掺和料	988	229	23.2
水	11	17	154.5
外加剂	51	28	54.9
普通钢筋	7 464	1 581	21.2
粗钢筋	52	26	50.0
钢绞线	644	159	24.7

(2)半成品、成品质量控制

本桥使用的半成品、成品，主要有锚具、斜拉索、高强度螺栓、钢筋连接器、钢筋焊接接头、支座及伸缩缝等。凡是非业主招标的供应商，均由总监办进行了资质审查。所有供应商均提供了产品试验资料及合格证书、质保书。斜拉索制造由驻厂监理实施制造监理和质量检查。支座及伸缩缝制造前审查厂方的材质复验资料,业主会同监理对厂方制造工艺进行不定期巡视检查,产品由施工单位负责会同监理进行验收合格后投入安装,高强度螺栓由具有资质的第三方进行验证试验和批量供货的复验,监理对试验进行旁站监理。锚具、钢筋连接器及工地焊接接头由施工单位和监理分别独立取样进行验证试验,批量供货由施工单位及监理按规定进行抽验合格后批准使用。监理抽验批次及频率见附四表2。本桥使用的半成品质量满足设计要求和国家有关技术标准。质量全部合格。

部分半成品监理抽验统计　　附四表2

名　　称	施工单位复验批数	监理抽验批数	监理抽验频率(%)
锚具(套)	20 259	2 886	14.2
夹片(副)	69 919	12 415	17.8
钢筋连接器(组)	6 479	1 636	25.3
钢筋焊接接头(组)	6 608	1 297	19.6

(3)钢结构制造

本桥主要钢结构 ϕ1 500mm 钢管桩和两座斜拉桥钢箱梁的制造,由驻厂监理组实施专项监理。

施工准备阶段,审查了厂方的制造流程及制造工艺、质保体系、焊工资质,组织了焊工考试,检查了工艺装备,对钢材及机械性能和化学成分进行了验证试验,对各类型焊缝的工艺试验进行旁站,并审核了工艺试验报告,试验成果表明各类焊缝性能达到设计技术要求。焊接工艺试验报告经评审批准后,据此完成了焊接工艺的审批。

制造过程中,监理通过旁站、巡视检查、抽测抽验、重点控制原材料投入质量及跟踪(抽验炉号批次及频率见附四表3)切割质量,构件组装、焊接工艺执行情况(焊材烘干、焊接电流、电压、焊速、焊前预热温度及层间温度)、焊缝质量检验、焊后变形及矫形、半成品构件检查及检测、总体组拼尺寸、涂装前除锈清洁度及粗糙度、涂装温度及湿度、涂层厚度及间隔时间,涂层附着力及表面质量等。

钢材抽验统计　　附四表3

项　目	施工单位复验批次	监理抽验批次	监理抽验频率(%)
钢管桩	1 416	112	8
主通航孔斜拉桥钢梁	94	17	18.1
颗珠山斜拉桥钢梁	82	51	62.2

焊缝质量，除外观检查外，制造方和监理（611 所）分别独立对其内部质量采用超声波、射线及磁粉方法对不同类型焊缝进行无损探伤，一次合格率为 97.1% ~100%。监理（611 所）对焊缝无损探伤统计见附四表 4。对重要焊缝（如对接焊、熔透角焊）按设计要求进行了随梁试板的焊缝试验，经监理旁站检查合格。对焊缝中存在的部分缺陷，均按批准的修复工艺进行翻修，经无损探伤合格率 100%。

监理的焊缝无损探伤统计 附四表 4

项目名称		超声波探伤（m）	射线拍片（张）	磁粉探伤（m）
ϕ1 500mm 钢管桩	厂方检测数	1 000 130.0	146 358	/
	监理抽验数	50 124.0	5 039	/
	监理抽验频率%	5	3.4	/
	一次合格率%	97.1	98.3	/
主通航孔斜拉桥钢梁	厂方检测数	37 473.0	4 254	13 143.0
	监理抽验数	9 743.0	468	2 760.0
	监理抽验频率%	26.0	11.0	21.0
	一次合格率%	99	97.8	99.9
颗珠山斜拉桥钢梁	厂方检测数	12 137.4	3 044	10 944.8
	监理抽验数	3 212.1	594	4 378.3
	监理抽验频率%	26.5	19.5	40
	一次合格率%	99.98	98.8	100

钢结构半成品构件经检查抽测合格后，对成品梁段进行检查抽测合格后进入预拼装，经监理检查抽测，其线型及接头质量合格后转入除锈涂装工序。其成品梁段抽检统计见附四表 5。

全桥钢结构制造，材料合格满足设计要求，焊缝质量满足设计技术条件及有关标准，成品质量达到设计和规范要求。

钢结构成品监理抽检统计 附四表 5

项目名称	制造件数	监理抽检数	监理抽检频率（%）
ϕ1 500mm 钢管桩	5 376	1 366	25.4
主通航孔斜拉桥钢梁	103	26	25.2
颗珠山斜拉桥钢梁	65	22	33.8

高强度螺栓施拧质量主要控制以下环节。

①拼接面的摩擦系数试验。每批梁段出厂时厂方提供一组随梁的摩擦

系数试板,承包商委托第三方进行摩擦系数试验,监理进行旁站,试验成果经监理审核合格后,批准使用,全桥钢梁摩擦系数全部合格。

②高强度螺栓扭矩系数试验。按规定批量抽取规定数量的高强螺栓进行扭矩系数试验,监理旁站后确认试验数据。据此计算施工扭矩,经监理审核同意后作为现场施工扭矩。当温度变化时,按规定或经试验调整扭矩系数。

③施拧旁站及质量检查。施拧中,监理旁站检查高栓安装、施拧操作是否符合要求,初拧及终拧后承包商进行自检,监理按规定数量采用自备扳手进行抽检,凡欠拧者要求补拧至规定扭矩,凡超拧者,更换高栓重新按初终拧工序施拧,再进行自检及监理检测。全桥高栓施拧质量达到了设计及技术标准的要求。

3. 桩基础

钢管桩沉桩,由监理人员住船旁站全程监理,对桩位坐标进行校核,检查桩长,记录打桩过程,按双控标准(桩底高程和最后贯入度)检查控制沉桩质量。因气候或地质原因出现桩位偏差过大及沉桩达不到双控标准的部分管桩,均按规定程序报批,根据设计要求进行了补桩或经动测检验其承载力达到设计要求。

钻孔桩施工,除正常钻进巡视检查外,对泥浆指标、孔径、孔深、清孔及沉渣厚度,钢筋笼制造等进行检查及检测。对钢筋笼安装,混凝土拌制及灌注,孔底压浆进行全程旁站监理。对施工中出现混凝土灌注异常的个别桩,经第三方检测后,按批准的方案进行处理,达到了设计要求。全桥有240号墩2~4号及468号墩8号两根桩,因塌孔埋钻难以处理,按规定程序报业主及设计单位批准后补桩处理。全桥钻孔桩施工质量达到了设计要求。

4. 混凝土结构

本桥混凝土结构类型多样、数量巨大,并大量采用防腐高性能混凝土,其质量直接影响到桥梁的使用年限。各参建单位对混凝土的施工质量都给予了高度重视,对混凝土结构施工的各个环节都制订了合理可行的施工方案和施工工艺。对施工初期出现的问题,及时进行专题研究组织有关专家咨询和制订技术措施,及时的完善了施工工艺,保证了本桥混凝土结构的质量。

全桥各类混凝土结构、各部位平面位置及高程监理进行100%的放样复测,各部位结构尺寸,钢筋及预应力束数量及成型质量达到了设计和规范要求。混凝土配合比经监理独立进行验证试验满足防腐高性能混凝土的各项技术指标。混凝土灌注质量监理按规定频率抽样试验全部合格,监理抽验统计见附四表6。各部位混凝土28d强度经数理统计,全部达到设计和规范要求。预应力张拉及孔道压浆进行全程旁站监理,按双控标准(张拉力及伸长量)控制张拉质量。部分结构进行了孔道摩阻力试验并经设计单位校核张拉力。

混凝土施工质量检验统计　　附四表6

名　　称	施工单位检验组数	监理抽验组数	监理抽验频率(%)
混凝土配合比	69	69	100.0
水泥浆配合比	9	9	100.0
水泥砂浆配合比	#2	#2	100.0
混凝土抗压强度	25 547	6 928	27.1
水泥浆抗压强度	5 102	2 079	40.7
砂浆抗压强度	68	13	19.1
混凝土电通量	222	85	38.3
CL+扩散系数	49	11	22.4

本桥混凝土结构施工中存在的主要问题及处理归纳如下。

(1)混凝土结构施工中,难以完全避免的表面蜂窝、麻面,本桥也不同程度的存在,进行了处理。

(2)混凝土缺失、棱角损伤、漏振等缺陷,均先制订修补工艺经批准后清除浮渣及松动部位,清洗烘干,涂刷黏结剂后,以同强度等级号混凝土进行修补、表面打磨平顺。重要部位的修补,按设计要求进行了超声波检查合格。

(3)预应力孔道堵塞。局部堵塞采用通孔器处理达到原孔道状态,较大范围堵塞采用开刀清除方法,其混凝土修复工艺与上述混凝土损伤的修复工艺相同,重要部位修补后进行超声波检查,或按设计要求增加静载试验,检验合格。

(4)混凝土裂缝问题。本桥混凝土出现的裂缝,均为施工过程中产生的收缩或温度裂缝。由于缺乏对防腐高性能混凝土的施工实践和经验,施工初期部分结构裂缝较多,后经参建单位改善材料及优化配合比,改进灌注和养护工艺,混凝土的裂缝得到了及时有效控制。对混凝土出现的裂缝,按设计及业主要求,其宽度等于或小于0.15mm者进行封闭处理。对宽度大于0.15mm者进行压浆处理,首先对压浆材料及方法进行试验,并钻取试样进行检查和试验,合格后制订压浆修补工艺,监理旁站对裂缝进行压浆处理。

东海大桥混凝土结构的施工质量受到有效控制,出现的缺陷得到了严格认真处理,全桥混凝土结构质量达到了设计要求。

5. 工程施工测量控制

本桥首级施工测量控制网由业主委托上海市测绘院分期完成,总监办代业主制订了《东海大桥工程施工测量技术管理办法》规定了首级测量控制网点的使用范围、管理维护及复测要求和承包商设置临时测量控制点的方案审批,测设、复测、审批使用等具体要求。施工监理对控制网进行定期复测,对承包商设置临时控制点的方案进行审批,对其成果进行复测合格后批准使用。对承包商的施工放样进行100%的复测,对竣工工程按规定频率进行抽测。测量监理工作情况见附四表7。

监理测量工作汇总表 附四表7

序号	项　目	次数
1	基本控制网复测	38
2	相邻标段联测	14
3	承包商临时测量控制点方案审批	27
4	承包商设置的临时控制点复测	142
5	承包商施工放样复测	4 714
6	竣工验收复测	3 328

6. 桥梁总体

全桥基础、墩身及梁部结构的中心坐标及高程、全桥轴线及线型的施工质量,是建立在对全桥施工测量进行有效控制的基础上。建设单位委托上海市测绘院完成了首级施工测量控制网。建设单位组织测绘院、施工监理及施工单位,对首级施工测量控制网进行技术交底、测量技术文件及测量标志的交接。建设单位就首级测量控制网的复测、使用、管理、临时控制点的测设等问题下达了《东海大桥施工测量技术管理方法》。其后上海测绘院完成了全桥精密水准测量和加密网的测设(加密网控制点距1km左右)及技术资料的移交。各施工单位按各自的施工需要测设了临时测量控制点,据此进行施工放样。

东海大桥全桥上下部结构施工中心坐标及高程、桥面铺装材质及厚度、伸缩缝及护栏制造安装质量,符合设计要求及技术标准。全桥桥面宽度及轴线、桥面平顺度及线型达到设计和质量评定标准规定的质量要求。

7. 质量问题及质量事故处理

全桥施工中未发生质量事故,发生质量问题50项,见附表(略)。非正常施工记录完整均按规定程序报批。承包商按设计单位批复的处理方法,由监理旁站和检查验收,完成了处理工作,达到了设计要求。

五、工程质量评价

1. 工程质量评定等级

东海大桥工程共划分为48个单位工程,154个分部工程,28 030个分项工程。经监理按质量评定标准,对分项工程的质量检验评定和分部工程的质量评定,全桥各单位工程质量评分及评定等级见表5.1(略)。

(1)分项工程质量评价综述

全桥共28 030个分项工程,监理共抽验评定7 965个分项工程,其中优良类7 935个,合格类30个,分项工程合格率为100%,优良率为99.6%。

(2)分部工程质量评价综述

全桥共154个分部工程,对每个分部工程,监理依据所抽验的分项工程,按照分项工程权值的不同,进行分部工程质量评分,评分结果为:全部合格,优良类154个,分部工程合格率为100%,优良率100%。

(3)单位工程质量评价综述

全桥共48个单位工程,监理依据分部工程的评分值,按照分部工程权值的不同,进行单位工程质量评分,评分结果为:全部合格,优良类48个,单位工程合格率100%,优良率100%。

2. 全桥工程综合评价

(1)履行合同:承建东海大桥工程的所有承包商在施工中遵照国家有关法规及技术标准,严格按照设计文件、施工规范和批准的施工组织设计及施工方案组织施工。并有多项施工技术创新,施工资源投入充分,组织管理工作有效、诚实、守信,均在施工合同约定工期内完成了施工合同约定的工作量。

(2)缺陷及质量问题:所有施工承包商已对工程缺陷及质量问题按设计要求处理合格。

(3)竣工文件:所有施工承包商的竣工文件齐全、真实、完整,已通过业主终审及市质监站核验。

(4)全桥工程质量评价:全桥共48单位工程质量评定等级均为优良,单位工程优良率100%,东海大桥全桥工程质量评定为优良。

六、结论

东海大桥工程所有施工承包商承建的工程达到合同约定的质量等级，同意报请验收。

东海大桥总监理工程师办公室

附录五　东海大桥工程监理竣工资料编制办法

1. 总则

为了做好东海大桥工程监理竣工资料的组档及管理工作，确保东海大桥工程监理竣工资料及时、准确地按照建设单位、上海市城建档案馆的有关要求编制、组卷和报送，编制本办法。

2. 依据

(1)《上海市建设工程竣工档案编制验收及报送规定》；

(2)《洋山深水港(一期工程)东海大桥工程竣工资料编制办法》。

3. 职责

(1)总监办监理竣工资料编制领导小组职责

①编制《东海大桥工程监理竣工资料编制办法》；

②指导并检查各标段监理组竣工资料的整理、组卷工作；

③和建设单位一起验收各标段监理组的竣工资料档案；

④负责东海大桥监理竣工资料(总监办部分)的编制、整理和组卷工作。

(2)各标段监理竣工资料档案编制小组职责

①根据建设单位发布的《洋山深水港(一期工程)东海大桥工程竣工资料编制办法》规定，向所属标段施工单位移交监理测量资料、原材料监理复试资料、监理试验资料、监理分项、分部、单位工程质量抽验评定表各1份。

②根据建设单位发布的《洋山深水港(一期工程)东海大桥工程竣工资料编制办法》规定的监理竣工文件的组卷范围完成本标段监理文件组卷，组卷完成经验收合格后向建设单位移交。

③根据上海市城市规划管理局《上海市建设工程竣工档案编制验收及报送规定》规定的监理文件归档内容，完成本标段监理文件的组卷，组卷完成经验收合格后向建设单位移交。

④各标段监理组应对施工单位所形成的档案(包括竣工图)进行检查和审核，不符合要求的，应要求施工单位整改。

4. 监理竣工文件组成与内容

1)监理竣工文件共编制两个版本,第一个版本是主管部门、建设单位、接管单位所需归档的监理文件,此版本文件应按《洋山深水港(一期工程)东海大桥工程竣工资料编制办法》进行整理;第二个版本是上海市城市建设档案馆所需归档的监理文件,此版本文件应按《上海市建设工程竣工档案编制验收及报送规定》进行整理。各标段监理组应按两个版本先各整理出一套文件,经业主、市城建档案馆等单位验收合格后,再复制和装订。工程交工验收合格后将这两个版本文件分别向业主和档案馆移交。

2)各标段监理组单独组卷监理文件(第一版本)为:

(1)综合文件

①监理总结:工程完工时的监理组编制的工作总结;

②监理合同:I标段北延伸段及VII、VIII标港桥段监理合同附入本标段监理文件中,其他各标监理合同按本文6.(5)条办理;

③监理大纲:总监办编制的监理规划;

④监理实施细则:各类专项监理实施细则(安全监理细则除外);

⑤有关监理的会议纪要。

(2)监理月报

①监理月报;

②有关监理的业务联系单。

(3)检测资料

①单位工程质量评价报告;

②监理检测资料汇总一览表。

3)各标段监理组单独组卷的监理文件(第二版本)

(1)监理合同,按4.(2)条办理;

(2)工程质量、安全、文明施工事故的处理方案报审单及处理过程和结果;

(3)工程质量评价报告:单位工程质量评价报告。

4) 各标段监理组向相应施工单位移交的监理文件组成与内容(由施工单位组卷)

(1)监理测量资料

①导线点监理复测记录;

②水准点监理复测记录;

③控制点监理复测记录;

④临时水准点监理复核记录;

⑤各道工序监理复核记录。

(2)原材料监理复试资料

①水泥监理复试资料;

②钢材监理复试资料;

③粗、细集料监理复试资料;

④粉煤灰监理复试资料;

⑤矿粉监理复试资料;

⑥沥青混合料监理复试资料;

⑦钢筋监理复试资料;

⑧钢梁监理复试资料;

⑨PVC 管监理复试资料;

⑩其他材料、成品半成品、预制构件监理复试资料。

(3)监理试验资料

①水质试验报告;

②钢筋试验报告;

③混凝土标准配比试验报告;

④混凝土级配通知单;

⑤混凝土试块强度汇总表;

⑥混凝土试块强度统计评定;

⑦混凝土试块强度报告;

⑧砂(净)浆级配通知单;

⑨砂(净)浆试块强度汇总表;

⑩其他有关试验、测试报告。

(4)工程质量评定表

①单位工程质量检验评定表;

②分部工程质量检验评定表;

③分项工程质量抽验评定表。

5)总监办监理竣工文件内容有综合文件中的监理合同(协议)、监理规划及其他由总监办负责收集、整理后并入Ⅰ标段监理文件中。

5. 监理竣工资料编制文件要求

(1)各类文件材料规格尺寸,一律按 297mm × 210mm(规格)(A4)(复印纸),小于此裱糊,大于此必须处理。

(2)归档的文字材料必须书写工整,字迹清晰,格式统一,一律以档案墨水书写,严禁使用圆珠笔或铅笔书写签批。

(3)文件材料必须使用专用的蜡线装订,装订孔采用三孔一线方法(孔距8cm),装订线头露在封底,并装入指定的专用硬盒内。每卷排列格式一般为:案卷封面—科技档案—文件材料—备考表—封底。

(4)装订前应逐份检查并去除原用于装订的金属物,以免锈蚀。

(5)每卷装订厚度一般不得超过2cm。

(6)卷内的文件要标明页号,页号每卷从首页“001”开始用页码机顺序编制,一页一号(卷与卷之间不连号)。正面标在右上角,反面标在左上角,空白页、卷内目录、备考表、卷内封面不编页号。裱糊的文件页码全部标在原文件上,不可标在裱糊的白纸上,每页托裱几张文件时,则每张文件上都要标明页号。

(7)每个案卷的卷内目录、案卷封面、备考表、案卷目录必须按大桥分指挥部要求格式填写打印。

6. 监理竣工资料的整理和排列顺序

(1)各标段监理组档案管理人员应及时做好该标段监理组的档案资料的整理、收集、登记工作。

(2)逐件整理收集的文件材料,剔除不需归档的文件,补充缺页,使每份文件有头有尾,互有联系。

(3)监理竣工文件按标段和文种进行分类组卷。

①主管部门、建设单位、接管单位所需归档的监理文件(第一版本),按“综合文件”、“监理月报”、“检测资料”等三类文种组卷,卷内文件排序严格按《洋山深水港(一期工程)东海大桥工程竣工资料编制办法》中监理文件归档范围中的“文件材料名称”栏目排序。

②城建档案馆所需归档的监理文件(第二版本)按《上海市建设工程竣工档案编制验收及报送规定》P. 21“G . 监理文件”一类文种组卷,卷内文件排序按该栏“1、2、3、4”排列。

(4)竣工文件排列原则:批复在前、请示在后;正文在前,附件在后;打印稿在前,手写稿在后。

(5)监理合同、监理大纲(即监理规划)由总监办归入Ⅰ标段监理文件中,其他各标段监理文件在相应文件备注栏内加注:“见Ⅰ标段监理文件”。

7. 监理竣工文件套数

监理竣工文件为两个版本,第一版本为大桥指挥部、接管单位所需监理文件各一套,共二套(两套为复印件);第二版本为城建档案馆所需监理文件为一套（为原件）。

8. 其他事项

（1）钢结构监理组和钢箱梁监理小组有关全桥钢管桩、主通航孔、颗珠山大桥钢箱梁、钢锚箱及拉索制作监理竣工资料整理好后，按本文件要求分别向相应制造厂家及Ⅴ、Ⅵ、Ⅶ标监理组移交监理资料，监理资料由Ⅴ、Ⅵ、Ⅶ标监理组一并组卷。

（2）总监办试验室和611所钢结构监理试验检测资料，在施工及加工制造过程已提交给相应监理组，由各标段监理组移交给相应施工单位或制造厂家组卷，各标段监理组要完成监理检测资料汇总一览表，作为监理文件归档。

（3）为防止在向施工单位或厂家移交监理资料过程中出现文件丢失，造成扯皮现象发生，各监理组务必与移交单位及时办理正式移交手续，应由移交单位及时盖章确认，表式采用"监理检测资料汇总一览表"。

（4）某些监理资料是否归档，在《洋山深水港（一期工程）东海大桥工程竣工资料编制办法》、《上海市建设工程竣工档案编制验收及报送规定》中没有要求，这些文件有：监理日志、监理旁站记录、监理停复工指令、监理工程师通知单、监理声像文件等。各标段监理组对这些资料应按档案要求整理，妥善保管，等候通知处理。总监办汇编的监理月报、全桥监理工作总结、监理声像文件也应按档案要求整理，妥善保管，等候通知处理。

（5）各标段监理组在整理资料过程中，为防止出现返工和损坏资料现象，应按先收集再整理资料，先验收再装订和编页码的程序进行。在整理资料过程中如需在文件上做标识，必须用铅笔，以便擦改。

东海大桥总监理工程师办公室

参 考 文 献

[1] 交通部颁. 海港水文规范(JTJ 213—1998). 北京:人民交通出版社,1998.

[2] 大连工学院,等. 工程水文学(下册). 北京:人民交通出版社,1979.6.

[3] 上海海事局、东海大桥分指挥部编. 东海大桥施工安全手册,2003.5.

[4] 交通部颁. 海港工程混凝土结构防腐蚀技术规范(JTJ 275—2000). 北京:人民交通出版社,2000.

[5] 公路桥涵施工技术规范(JTJ 041—2000). 北京:人民交通出版社,2000.

[6] 公路工程施工监理规范(JTG G10—2006). 北京:人民交通出版社,2006.

[7] 公路工程质量检验评定标准(土建工程)(JTG F80/1—2004). 北京:人民交通出版社,2004.

[8] 公路工程混凝土结构防腐蚀技术规范(JTG/T B07-01—2006). 北京:人民交通出版社,2006.

[9] 黄融,等. 关于东海大桥设计方案优化的思考. 世界桥梁,2004 增刊.

[10] 杨志方. 东海大桥防腐蚀需求与现状. 世界桥梁,2004 增刊.

[11] 皇甫熹,等. 高性能海工混凝土在东海大桥工程中的应用. 世界桥梁,2004 增刊.

[12] 王仁贵,等. 杭州湾跨海大桥总体设计. 公路,2006.9.

[13] 秦顺全. 海上长桥整孔箱梁预制架设技术. 北京:中国铁道出版社,2006.

[14] 屠柳青,等. 杭州湾跨海大桥承台高性能混凝土的试验研究. 公路,2006.9.

[15] 黄国斌. 移动模架在东海大桥浅滩段现浇箱梁施工中的应用. 世界桥梁,2004 增刊.

[16] 胡昌炳. 珠海淇澳大桥主梁悬臂拼装施工技术. 桥梁建设,2000.

[17] 陈明宪. 斜拉桥建造技术. 北京:人民交通出版社,2003.

[18] 交通部第一公路工程总公司. 公路施工手册(桥涵分册). 北京:人民交通出版社,2000.

[19] 黄少文. 东海大桥海上非通航孔墩身施工技术. 世界桥梁,2004.

[20] 过震文. 上海长江隧桥主墩钢套箱的下水及浮运. 桥梁建设,2006.
[21] 苏洪雯,等. 大直径超长混凝土钻孔桩压浆技术的应用. 世界桥梁,2004 增刊.
[22] 方明山. 新工艺、新技术及新材料在杭州湾跨海大桥工程的应用. 公路,2006.
[23] 胡昌炳. 东海大桥安全监理工作内容与依据. 世界桥梁,2006.
[24] 胡昌炳. 东海大桥安全监理的控制途径. 建筑施工,2005.
[25] 晏金桃. 建设项目安全预评价与验收评价指导手册. 金版电子出版公司,2003.